FAUL!

**Der lange Marsch in die kapitalistische
Arbeitsgesellschaft**

Faulheit und Müßiggang kommen in der Suchmaschine Google insgesamt fast 800 000 mal vor. Dabei sollten sie doch nach den herrschenden Moralvorstellungen überhaupt nicht vorkommen. Denn wer in unserer emsigen und hektischen Arbeitsgesellschaft nicht arbeitet, gilt schnell als asozialer, charakterloser und verachtungswürdiger Faulpelz. Ein Urteil, das heutzutage auch gerne auf die Langzeitarbeitslosen gemünzt wird. Und dies hat eine lange Tradition. „Wer nicht arbeiten will, der soll auch nicht essen." Dieses geflügelte Wort zieht sich seit den Anfängen des Christentums bis in unsere Gegenwart wie ein roter Faden durch die gesamte abendländische Geschichte.

In meinem Buch beleuchte ich die geschichtlichen Wurzeln und Traditionen der verschiedenen Faulheitsverbote, um so zur gegenwärtigen Diskussion über die Zukunft der Arbeitsgesellschaft beizutragen.

Dr. Hans-Albert Wulf, Studium der Soziologie, Politikwissenschaft und Philosophie. Wissenschaftliche Tätigkeit am „Soziologischen Forschungsinstitut Göttingen" (SOFI). Wissenschaftlicher Mitarbeiter und Lehrbeauftragter am Institut für Politikwissenschaft der TU Berlin (1980-2005). Dissertation zum Thema „Maschinenstürmer sind wir keine. Technischer Fortschritt und sozialdemokratische Arbeiterbewegung" Seit 2010 Forschungen zum Themenkomplex „Arbeitsethos, Kirche und Kapitalismus".

HANS-ALBERT WULF

FAUL!

Der lange Marsch in die kapitalistische Arbeitsgesellschaft

Bibliografische Information der Deutschen
Nationalbibliothek: Die Deutsche Nationalbibliothek
verzeichnet diese Publikation in der Deutschen
Nationalbibliografie; detaillierte bibliografische
Daten sind im Internet über dnb.dnb.de abrufbar.

Copyright © 2016 Dr. Hans-Albert Wulf
Umschlaggestaltung: Anke Sabrowski
unter Verwendung eines Kupferstichs von
Christoph Weigel (1654-1725)
Herstellung und Verlag: BoD - Books on Demand
Norderstedt
ISBN 978-3-7392-0225-9
Alle Rechte vorbehalten

INHALT

Kapitel 1: Freunde und Feinde der Faulheit — 7

Die Faulheit im Visier des Staates und der Medien — 7
Der Zwang zum Selbstzwang — 10
Was ist Faulheit? — 11
Workaholics und die Kosten des Fleißes — 16
„Das Recht auf Faulheit" — 18
Faulheit als Kampfbegriff — 20

Kapitel 2: Faule und fleißige Mönche — 24

Zu faul zum Beten — 24
Die Töchter und Enkel der Trägheit — 31
„Heuchelei im Mönchsgewand" — 36
„Der Müßiggang ist der Feind der Seele" — 41

Kapitel 3 „Pfui Teufel! Pfui Faulenzer!" — 50

Prolog — 50
Faulteufel — 54
Der Träge im Schleppnetz des Teufels — 58
Die Tücken des Trägheitsteufels — 61
Faule Narren — 66
Epilog — 73

Kapitel 4: Propheten des fleißigen und ordentlichen Lebens — 74

„Der Müßiggänger ist ein unnützer Klotz" (Alberti) — 74
.„Gott mag keine Müßiggänger" (Martin Luther) — 82
. Johannes Calvins Genfer Gottesstaat — 90
„Zeit ist Geld" (Benjamin Franklin) — 100
„Trägheit ist Selbstmord" (Lord Chesterfield) — 107
„Der Müßiggänger ist ein Ungeheuer" (Carlyle) — 115

Kapitel 5: Strafsache Faulheit   124

Auf der Straße   124
Die Torturen der Zucht- und Arbeitshäuser   137

Kapitel 6: „Der Müßiggang ist die Schwindsucht des Lebens" Moralpredigten 1. Teil   150

Prolog   150
Rebellion gegen Gott   154
Faule Hunde und fleißige Ameisen   158
Die Krankheit des Müßiggangs   164
Faule Verelendung   169

Kapitel 7: Das Panoptikum der Faulpelze und Müßiggänger Moralpredigten 2. Teil   175

Träges Gesinde   175
Faule und bequeme Reiche   180
Gelehrte Müßiggänger   186
Faule Eltern - Faule Kinder   191
Wollüstige Müßiggänger   197
Fromme Singvögel   202
Müßige Schlafmützen   208
Geschäftige Müßiggänger   213

Kapitel 8: „Schluss mit der Drückebergerei!" Die Enteignung der Faulheit im Kapitalismus (Taylor, Ford)   219

Kapitel 9: Jenseits der kapitalistischen Arbeitsgesellschaft *(10 Thesen)*   233

Literaturverzeichnis   238

Kapitel 1: Freunde und Feinde der Faulheit

Die Faulheit im Visier des Staates und der Medien

Es war einmal ein König, der hatte drei Söhne. Als er im Sterben lag, rief er sie zu sich und sprach: „Wer von euch der Faulste ist, soll mein Nachfolger werden." Da sprach der Älteste: „So gehört das Königsreich mir. Denn wenn ich schlafen will und es fällt mir ein Tropfen ins Auge, so bin ich zu faul, das Auge zu schließen." „Da bin ich doch noch viel fauler", entgegnete der Zweite. „Wenn ich am Ofen sitze und verbrenne mir dabei die Füße, so bin ich zu faul, sie zurückzuziehen." Darauf der Dritte: „Das ist doch noch gar nichts. Wenn ich aufgehängt werden sollte und hätte den Strick schon um den Hals und man gäbe mir ein Messer, um den Strick zu zerschneiden, so wäre ich dazu zu faul und würde mich lieber aufhängen lassen." Als der König dies hörte, sprach er: „Du bist der Faulste und sollst König werden." Und auch in dem berühmten Märchen vom Schlaraffenland tragen die Faulpelze den Sieg davon. „Jede Stunde Schlafen bringt dort ein Silberstück ein und jedes Mal Gähnen ein Goldstück. Wer gern arbeitet, der wird aus dem Schlaraffenland vertrieben. Aber wer nichts kann, nur schlafen, essen, trinken, tanzen und spielen, der wird zum Grafen ernannt. Und der Faulste wird König im Schlaraffenland."

Dass die Faulen belohnt werden, gibt es freilich nur im Märchen und in der verkehrten Welt des Schlaraffenlandes. In unserer arbeitsamen Gesellschaft steht Faulheit nicht eben hoch im Kurs. „Wer arbeiten will, der findet immer Arbeit. Und wer keine Arbeit hat, ist selbst dran schuld und nur zu faul." Generell wird unterstellt, dass Arbeitslose keine Lust zum Arbeiten haben und deshalb wird ein ganzes Arsenal an Maßnahmen aufgefahren, um Druck auszuüben. Das reicht von Kürzungen des Arbeitslosengeldes, wenn man z.B. eine Vorladung zum Jobcenter versäumt hat, bis hin zum Zwang, irgendwelche oftmals völlig sinnlosen Arbeiten zu verrichten. Und immer wieder bricht über die „HartzIV-Faulpelze" ein Mediengewitter unter der Anführung der Bild-Zeitung herein. Von einer „HartzIV-Sauerei" ist die Rede. „Stoppt die Drückeberger!" „Noch nie wurde so viel geschummelt!" So die seitenfüllenden Schlagzeilen der Bild-Zeitung. (11.04.2012) Und wenn die Arbeitslosen erst einmal als Müßiggänger abgestempelt worden sind, so ist es nicht mehr weit, sie als „Müßiggängster" zu diffamieren. „Es gibt kein Recht auf Faulheit in unserer Gesellschaft" verkündete der frühere Bundeskanzler Schröder 2001 in einem Interview mit der Bild-Zeitung. (05.04.2001) Dass es sich lediglich um eine verschwindende Zahl von Arbeitslosen handelt, die sich nicht korrekt verhalten, wird dabei unter den Teppich gekehrt. Und auch bei diesen handelte es sich meist nur um Terminversäumnisse bei Vorladungen zu den Jobcentern. Die Debatten über faule Arbeitslose und die Verschärfung der Sanktionen folgen bestimmten politischen Konjunkturen. Das hat jedenfalls eine Forschungsgruppe am Wissenschaftszentrum Berlin herausgefunden. „Immer wenn Regierungen ein bis zwei Jahre vor der Wahl stehen und die Konjunktur lahmt, wird die Alarmglocke 'Faulheitsverdacht!' geläutet, auch wenn es keine objektiven Anhaltspunkte dafür gibt, dass die Arbeitslosen fauler geworden sind." (Oschmiansky u.a. 2001)

All diese Vorschriften und Zwangsmittel haben eine lange Tradition. Bereits im 18. Jahrhundert wurde die staatliche Unterstützung von Arbeitslosen mit abschreckenden Repressalien verbunden. „Die Notdürftigen, die der Staat unterhält, müssen ein schlechteres und beschwerlicheres Leben führen als der große tagelöhnerische Haufen, der nicht dürftig ist; denn sonst würde sich niemand scheuen, bald oder spät dem Staat zur Last zu fallen. Überdies muss die Zucht der vom Staat unterhaltenen Armen, insonderheit für Faulheit und Verschwendung sehr strenge und also ihre Freiheit fast militärisch eingeschränkt sein, damit der die Freiheit und das

Wohlleben liebende Mensch einen Abscheu vor der Notwendigkeit der Staatshilfe behalte." (Basedow 1772, S.34f.)

Gegen das gesellschaftliche Arbeitsdiktat sind in den letzten Jahren immer wieder Bücher und Aufsätze erschienen, die das „Lob der Faulheit" anstimmen oder die „Kunst des Müßiggangs" verkünden. Meist geht es dabei um die Frage, wie man der Alltagshektik, dieser allgegenwärtigen Sisyphos-Falle, entrinnen und wie man die Faulheit und den Müßiggang von ihrem schlechten Ruf befreien kann. Mit meinem Buch knüpfe ich an diese Diskussion an, allerdings aus einer anderen, bisher eher vernachlässigten Perspektive: Mir geht es um das Problem, wie dieser epidemische Arbeits- und Geschwindigkeitswahn, der in unserer Gesellschaft mittlerweile fast alle Lebensbereiche durchdrungen hat, in die Welt gekommen ist und wie er sich ausgebreitet hat.

Ich werde die Wurzeln und Traditionen der verschiedenen Faulheitsverbote in unserer Kultur beleuchten und darstellen, mit welchen Druckmitteln und Strafen der Faulheit und dem Müßiggang in den verschiedenen Epochen unserer abendländischen Gesellschaft zu Leibe gerückt wurde. Zumal seit der frühen Neuzeit werden Faulheit und Müßiggang zu universellen Kampfbegriffen. Sie entwickeln sich zu Chiffren einer negativen Didaktik, die den Teufel an die Wand malt, um ihn besser bekämpfen zu können. (Kap. 3)

Es geht mir darum, zu dokumentieren, wie der Kampf gegen Trägheit, Faulheit und Müßiggang als wichtiges Instrument eingesetzt wurde (und wird), um den heutigen disziplinierten und angepassten Menschen zu modellieren. Bei alldem soll der Streifzug durch die Vorgeschichte und Geschichte der kapitalistischen Arbeitsgesellschaft mit all ihren Faulheitsverboten dazu verhelfen, den Blick für ihre Überwindung zu schärfen.

Der Zwang zum Selbstzwang

In seinem Werk über den „Prozess der Zivilisation" hat der Soziologe Norbert Elias diesen gesellschaftlichen Wandel eindrucksvoll dargestellt. Er beschreibt „die Verwandlung der gesellschaftlichen Fremdzwänge in Selbstzwänge, in eine automatische, zur selbstverständlichen Gewohnheit gewordene Triebregulierung und Affektzurückhaltung." (Elias, S. 343) Dies ist ein Prozess, der mit viel Zwang, Widerständen und großen Schmerzen über die welthistorische Bühne gegangen ist.

Eine wichtige Bedeutung spielte hierbei die Verinnerlichung der Zeitdisziplin. Denn die Differenzierung der gesellschaftlichen Arbeitsteilung seit der Neuzeit konnte nur funktionieren, wenn die einzelnen Handlungsketten zeitlich exakt aufeinander abgestimmt wurden. Dies bedeutete, dass die innere Uhr des Menschen auf ökonomische Erfordernisse umgestellt werden musste. Waren bislang die Arbeitsabläufe von der Natur bestimmt, so tritt nun mit der Ausbreitung der kapitalistischen Ökonomie ein neues Zeitreglement an ihre Stelle. Der äußere Zwang der Fabriksirene wird Schritt für Schritt durch Elemente des Selbstzwangs ergänzt und schließlich auch ersetzt. Begünstigt und forciert wurde dieser Wandel durch die Uhrenentwicklung. An die Stelle der Fabriksirene tritt der häusliche Wecker, der gleichsam als Prothese des Selbstzwangs dient.

Bei den Selbstzwängen unterscheidet Elias zwei Varianten: 1. Die **bewusste** Selbstkontrolle; hierzu gehört auch das Gewissen, welches gleichsam als Buchhalter der Seele fortwährend Ist- und Sollwert des eigenen Verhaltens abgleicht und gegebenenfalls Korrekturen anmahnt. 2. Eine **unbewusst** arbeitende „Selbstkontrollapparatur", bei der die gesellschaftlichen Regeln und Verhaltensweisen in Fleisch und Blut übergegangen sind und sich so unwillkürlich wie ein Wimpernschlag zu automatisch funktionierenden Gewohnheiten herausbilden.

Im Laufe der Geschichte haben sich diese „Selbstkontrollapparaturen" immer mehr verfeinert und perfektioniert. In einem 1930 erschienenen Buch mit dem Titel „Sich selbst rationalisieren" wird dem Selbstzwang mit dramatischen Worten eine geradezu existentielle Bedeutung beigemessen: „Sich selbst nicht gehorchen, das ist eine Schande, das ist ein schleichendes Gift, das zermürbt Charakter und Willen sowie Energie, Ausdauer und Selbstachtung wie eine versteckte, unerkannte, schleichende, tückische Krankheit, die den Körper langsam zerstört." (Grossmann, S. 159) Und in einem kürzlich (11. April 2015) erschienenen Artikel der „Wirtschaftswoche" nehmen die Gymnastikübungen des Selbstzwangs geradezu groteske Züge an: „Auch die intelligente Führung der eigenen Person macht die gute Führungskraft aus. Heißt konkret: Sie handelt im Optimalfall stets bewusst, formt die Persönlichkeit und zahlt so auf die ‚Marke Ich' ein."

Was ist Faulheit?

Ob jemand ein Müßiggänger ist, das lasse sich wie bei einer Uhr ablesen: „Die Hände verhalten sich zur Seele, wie der Zeiger einer Uhr zum inwendigen Uhrwerke; dieser deutet auswendig an, wie viel es inwendig geschlagen hat. Steht der Zeiger still, so steht auch das Uhrwerk still. Auf gleiche Weise verraten müßige Hände eine verdorbene, tote Seele." (Wiser Bd.13 1885, S.391) Der radikale Faule hat demnach nur ein einziges Motto: „Wer Arbeit kennt, und danach rennt, und sich nicht drückt, der ist verrückt."
Das absolute Nichtstun erfährt noch eine Steigerung in den sog. Faulheitswettbewerben, die in der neuzeitlichen Literatur immer wieder auftauchen. Am Beginn dieses Kapitels habe ich ein solches Kuriosum vorgestellt. Wer der Faulste ist, wird zum König ernannt. In seinem „Lob des Müßiggangs" zitiert Bertrand Russell eine weitere Variante: Es lagen einst zwölf Bettler müßig in der Sonne und dösten vor sich hin. Da kam ein Reisender vorbei und sprach sie an: „Wer von euch der

Faulste ist, dem schenke ich einen Gulden." Sofort sprangen elf der Bettler auf und streckten dem spendablen Passanten die Hand entgegen. Nur einer blieb reglos in der Sonne liegen und - wie konnte es anders sein - er bekam den Gulden geschenkt.

Faulheit, Müßiggang, Trägheit, Nachlässigkeit, Nichtstun, Schläfrigkeit. Diese Begriffe werden in ihrer geschichtlichen Entwicklung nicht trennscharf verwendet. Im Mittelalter war das Wort Trägheit verbreitet und entstammt dem Kampf der Mönche gegen die Todsünde der Acedia. (vgl. Kap. 2) Faulheit ist das Schimpfwort, das den Diskurs im 16. und 17. Jahrhundert beherrscht. Es ist unmittelbar auf Arbeit bezogen; wer nicht arbeitet, ist faul. Demgegenüber ist das Wort Müßiggang sehr viel weiter gefasst und wird geradezu inflationär für alle nur denkbaren Abweichungen vom „normalen" Verhalten gebraucht.

„Der Hang zur Ruhe ohne vorhergehende Arbeit ist Faulheit." konstatiert der Philosoph Immanuel Kant (1724-1804) (Kant, Werke Bd. VII, Berlin 1917, S.276). Dies ist freilich nur eine dürre und karge Definition. Kants Kollege, der Philosoph Christian Thomasius (1655-1728) hatte bereits 100 Jahre zuvor eine differenziertere Sichtweise. Er unterscheidet zwischen grobem und subtilem Müßiggang. Der grobe Müßiggang bedarf keiner weiteren Erklärung; es ist das offenkundige faule Nichtstun, die Vernachlässigung der verordneten Pflichten. Hier ein Beispiel: Helbling steht im Büro an seinem Schreibpult und die Arbeit ödet ihn wieder einmal unsäglich an. Die Zeit will einfach nicht vergehen. „Er bemüht sich, zu versuchen, ob es ihm möglich sei, den Gedanken zu fassen, dass er jetzt arbeiten müsse." (Robert Walser 1972, S. 219) Um Zeit zu schinden, verschwindet er auf der Toilette, wo er volle zwölf Minuten zubringt. Währenddessen stürzen die Kollegen an sein Pult, um zu sehen, was er denn nun in der letzten Stunde geschafft hat. Und mit Verblüffung stellen sie fest, dass da nicht mehr als drei Zahlen stehen - sowie eine

Vierte im Ansatz! Komplizierter verhält es sich mit dem subtilen Müßiggang, der sich vordergründig fleißig gibt und äußerlich vom Arbeitseifer nicht zu unterscheiden ist. Thomasius gibt ein Beispiel: Ein Bauernknecht drischt fleißig auf der Tenne zusammen mit einer Magd Korn. Das tut er aber nur mit dem Hintergedanken, nach vollbrachter Arbeit die Magd im Heu zu verführen.

Mit solchen Definitionsklaubereien und Feinheiten gibt sich der Volksmund erst gar nicht ab, sondern geht drastisch zu Werke: Der Müßiggänger ist lebendig tot. Er ist ein Leimsieder, Trödelphilipp, Murmeltier, Bärenhäuter, Drückeberger, Pflastertreter, Asphaltspucker, Schlafhaube, Tagedieb. Der Müßiggang ist der Amboss, auf dem alle Sünden geschmiedet werden. Er ist eine Angel des Teufels, womit er die Seele des Menschen fängt. Er ist ein Kopfkissen und Polster des höllischen Geistes. Er ist ein lebendiges Grab des Menschen. Er ist ein Dieb und Räuber des himmlischen Groschens. Der Müßiggang ist ein Verführer der Jugend, ein Verschwender der Zeit, ein schädlicher Schlaf der Wachenden, ein Gift allen menschlichen Seelen, der angenehmste Gast der Hölle, ein weiches Kissen des Teufels, eine sanfte Lagerstätte von allem Übel. Er ist ein Urheber der Diebstähle und Morde, ein Zündstoff der Unzucht, ein Lockvogel der fleischlichen Begierden, ein Lehrer aller Leichtfertigkeiten, eine Schwindgrube aller bösen Gedanken und ungeziemenden Gelüste. Er ist der Tugend Stiefvater, des Teufels Faulbett, der Rost eines ehrlichen Gemüts, das Unkraut eines unbesäten Ackers, die Hauptstadt des Unheils, ein Lehrmeister alles Bösen und der Höllen Pfandschilling.

Kehren wir zur Wissenschaft zurück. Der Philosoph Peter Sloterdijk definiert Faulheit und Müßiggang als „Passivitätskompetenz". Aber auch dieser launige Begriff hilft nicht weiter; denn Müßiggang resp. Faulheit müssen ja nicht notwendig durch Passivität geprägt sein. Passiv ist, wer das, was er tun soll, unterlässt. Das faule Kind, das nicht lernen will, Dienstboten, die keine Lust zum Arbeiten haben, oder Menschen, die schlicht ihre Zeit vertrödeln. Müßiggang kann sich aber auch ausgesprochen aktiv geben. Extrem ist dies beim geschäftigen Müßiggang, beim frommen Müßiggang mit seinen übertriebenen Betorgien oder dem allseits umtriebigen wollüstigen Müßiggänger der Fall.

Mit der Frage, was genau Faulheit ist und welche Ursachen sie hat, haben sich auch die Psychologie und Pädagogik intensiv befasst. Dabei geht es meist um die Ursachen und Formen von Trägheit und Faulheit bei Schulkindern. Ein Dauerbrenner durch die Jahrhunderte. Ein kleines Taschenbuch aus den 1980er Jahren trägt den Titel „Faulheit ist heilbar" und suggeriert damit, dass es sich um eine Krankheit handele. Wenn ein Kind vom Lehrer öffentlich als faul bezeichnet wird, so kann dies sein berufliches Fortkommen nachhaltig beeinträchtigen. Vor einigen Jahren war in einer Berliner Boulevardzeitung als riesige Balkenüberschrift zu lesen: „Faul! Hartherziges Lehrer-Wort auf dem Zeugnis belastet berufliche Zukunft."

Dass ein Fauler bestraft wird, ist in einer Arbeitsgesellschaft nicht verwunderlich. Gibt es aber auch den umgekehrten Fall, dass ein arbeitsamer Mensch mit dem Gesetz in Konflikt geraten kann? Dies ist der Fall, wenn z.B. ein Gelehrter am Sonntag bei offenem Fenster forscht. Die Juristen sind hier sofort zur Stelle und verweisen auf die einschlägigen Paragraphen des Feiertagsrechts. Danach macht sich strafbar, wer öffentlich sichtbar am Sonntag arbeitet. So ist es jedenfalls in einem Buch über das Feiertagsrecht von 1929 zu lesen. (Nass 1929, S.40) Dabei ist es nicht einfach - das geben die Juristen auch zu -, einem Gelehrten am Fenster den Gesetzesbruch nachzuweisen. Welches sind die Indizien? Vielleicht Schweiß auf der Stirn? Wie soll man aber folgenden Fall beurteilen? Es steht einer mit seiner Geige auf der Straße und hat einen Hut für Spenden vor sich hingestellt. Soweit so gut. Er leistet mit seinem Violinspiel eine öffentliche Dienstleistung, die er sich mit Spenden belohnen lässt. Was aber, wenn er gar nicht richtig spielen kann? Wenn er sich fortwährend verspielt? Dann handelt es sich, - so haben es die Juristen geregelt - um keine Dienstleistung, sondern schlicht um Faulheit und Bettelei. (vgl. S. 149).

Müßiggang ist mithin kein absoluter Begriff. Was als Müßiggang oder Faulheit kritisiert wird, hängt von den jeweils vorherrschenden Formen der Arbeit ab. So wurde z.b. in einer Gesellschaft, die von körperlicher Arbeit geprägt war, der Büromensch schnell zum Faulenzer, da sein Arbeiten ja nicht unmittelbar sichtbar ist. (S.186) Wer ist ein Müßiggänger? Der Angler, der bequem auf seinem Anglerstuhl sitzt? Die Katze, die vor einem Mauseloch lauert und auf ihre Beute wartet? Wie steht es überhaupt mit dem Warten? Ist es Müßiggang, wenn jemand in einer Einkaufsschlange steht oder im Wartezimmer eines Arztes sitzt? Gibt es jemanden, der gar nichts tut?

Worin besteht der Unterschied zwischen der Muße und dem Müßiggang. Vor einiger Zeit (2011) brachte der „Spiegel" hierzu eine Titelgeschichte und warf beide Begriffe heillos durcheinander. In der Tat, beide können sich äußerlich aufs Haar gleichen. Der Augenschein kann keinen Unterschied zwischen beiden, Muße und Müßiggang, erkennen. Und doch sind es grundverschiedene Welten. Der Müßiggänger verrichtet nicht das, was er tun soll. Er flieht seine Pflichten, um sich anderweitig die Zeit zu vertreiben, oder faul in der Ecke zu sitzen. Dagegen steht derjenige, der sich der Muße hingibt, unter keinerlei Zwang. Er tut, wozu er Lust und Laune hat. Für ihn gibt es keine äußere Instanz, die mahnend an irgendwelche Arbeitspflichten erinnert. In seiner historisch-klassischen Form verweist der Begriff Muße insofern auf ein bestimmtes gesellschaftliches Verhältnis. Auf die Existenz einer privilegierten Klasse, die jenseits des lästigen Alltagskrams und frei von entfremdeter Arbeit tun und lassen kann, was sie will, ohne dabei zu verhungern oder bestraft zu werden. Heute wird das „altmodische Wort Muße" (Habermas) meist etwas unscharf und ungenau durch den Begriff Freizeit ersetzt; ungenau deshalb, weil Freizeit zwar Inseln der Muße ermöglicht, sie aber nicht automatisch zur Folge hat. Der seit etwa 150 Jahren wachsende Bereich der Freizeit hat die fremdbestimmte Arbeit zwar nicht beseitigt, schafft aber immerhin Voraussetzungen für Phasen selbstbestimmten Lebens.

4. Workaholics und die Kosten des Fleißes

Immer häufiger schlagen heute Geschäftigkeit und Fleißorgien ins Gegenteil, in Ineffizienz, um. Es steht einer immerzu unter Speed. Und wenn er nicht an seinem Schreibtisch sitzt, so ist er doch jederzeit und überall erreichbar. Das Smartphone und der Internetanschluss machen es möglich. Multitasking ist das Gebot der Stunde. Bei alldem verzettelt er sich, weil er immer alles zugleich machen will, und so bringt er letztlich gar nichts zustande. Im Faulheitsdiskurs der Neuzeit wird eine derartige Umtriebigkeit mit dem Begriff des geschäftigen Müßiggangs oder der Tätelei belegt. Der zeitgemäße Begriff hierfür lautet bekanntlich Workaholic, zu Deutsch Arbeitssucht. Einer der ersten, der sich in Deutschland theoretisch und therapeutisch mit diesem Phänomen beschäftigt hat, war der frühere Chefarzt der Hardtwaldklinik Gerhard Mentzel. In einem Artikel aus dem Jahre 1979 vergleicht er die Arbeitssucht unmittelbar und direkt mit der Alkoholsucht. Allerdings genieße die Arbeitssucht im Unterschied zum Trinken einen hohen Grad an gesellschaftlicher Anerkennung. Als Einstieg für die therapeutische Behandlung dieser Sucht hatte Mentzel einen Fragebogen entwickelt, den er seinen Patienten vorlegte. Gleich mit der ersten Frage zielt er ins Zentrum der Sucht: „Arbeiten Sie heimlich (z.B. in der Freizeit, im Urlaub)?" Und: Frage Nr. 7: „Neigen Sie dazu, sich einen Vorrat an Arbeit zu sichern?" (Mentzel, S. 116f.)

In Anlehnung an die anonymen Alkoholiker hat sich in Deutschland der Verband der anonymen Workaholics gegründet. Das Ziel besteht darin, Strategien zu entwickeln, um nicht mehr zwanghaft arbeiten zu müssen und diese Fähigkeit an andere Betroffene weiterzugeben. Heutzutage ist der Begriff Workaholic längst in die Alltagssprache eingegangen und hat sich als gesellschaftliches Massenphänomen ausgebreitet.

Der französische Philosoph und Mathematiker Pascal (1623-1662) hatte eine Vorahnung von den heutigen absurden Formen des Arbeitseifers, als er schrieb, „dass das ganze Unglück des Menschen daher kommt, dass er sich nicht ruhig in seinem Zimmer aufzuhalten weiß." (Pascal, Gedanken, o. J. S.73) Das militante Leistungsprinzip schlägt heute oftmals in sein Gegenteil um. Insbesondere der zunehmende Psychostress verursacht rasant zunehmende Kosten. Schätzungsweise 6,3 Milliarden Euro entstanden 2011 durch psychische Störungen, die auf Probleme am Arbeitsplatz zurückzuführen sind. Deshalb propagieren die Krankenkassen neuerdings das Nichtstun. „Geist und Seele brauchen schöpferische Pausen." Auszeiten, Momente des Nichtstuns und Müßiggang seien geradezu förderlich. Sie stärkten das Gedächtnis und förderten Einfallsreichtum und die Kreativität. (Tkaktuell Nr.2 2012) Diese Erkenntnis ist nicht neu und wurde bereits von dem Philosophen Bertrand Russell (1872-1970) pointiert und zugespitzt vertreten. Für ihn sind fast alle kulturellen Errungenschaften von der Klasse der (privilegierten) Müßiggänger hervorgebracht worden. „Ohne die Klasse der Müßiggänger wären die Menschen heute noch Barbaren." (Russell, Zürich 1950 S.86) Müßiggang ist hier allerdings im Sinne von produktiver Muße zu verstehen. Langsam scheint man zu begreifen, dass bis zum Anschlag zu arbeiten, kontraproduktiv sein kann. Faulheit „rechnet sich" neuerdings; immerhin sind dies erste Schritte heraus aus der Ideologie des kapitalistischen Hamsterrades. Über die Reduktion des Menschen auf einen homo oeconomicus, der nur noch auf Effizienz und Schnelligkeit getrimmt wird, hatte sich bereits der Philosoph Friedrich Nietzsche (1844-1900) lustig gemacht. „Man schämt sich jetzt schon der Ruhe; das lange Nachsinnen macht beinahe Gewissensbisse. Man denkt mit der Uhr in der Hand. Die eigentliche Tugend ist es jetzt, etwas in weniger Zeit zu tun als ein anderer." (Nietzsche 1955, S.190f.).

„Das Recht auf Faulheit"

Der französische Sozialist Paul Lafargue (1842-1911) ist zweifellos der prominenteste Vorkämpfer für Faulheit und Müßiggang. Sein Traktat „Das Recht auf Faulheit" (1883; dt. 1887) hat in der europäischen Arbeiterbewegung für viel Furore gesorgt und wird heute immer wieder neu verlegt. Die Schrift endet mit einer Hymne an die Faulheit: „O Faulheit erbarme du dich des unendlichen Elends! O Faulheit, Mutter der Künste und der edlen Tugenden, sei du der Balsam für die Schmerzen der Menschheit!" (Lafargue, S.48) Indes: Auch hier wird die Suppe nicht so heiß gegessen, wie sie gekocht wurde. Lafargue war kein Anarchist, auch wenn er heute gerne von anarchistischen Gruppen als Herold gegen das herrschende kapitalistische Arbeitsethos ins Feld geführt wird. Er war ein prominenter Vertreter der französischen sozialistischen Arbeiterbewegung des 19. Jahrhunderts und obendrein Schwiegersohn von Karl Marx. Seine beißende Polemik zielt in zwei Richtungen: Zum einen gegen die unmenschliche kapitalistische Ausbeutung, die Erwachsene und auch Kinder in 14 bis 16 stündigen Arbeitstagen ruinierte. Und dies trotz enormer Steigerung der Produktivität durch Maschinen! Zum anderen setzt Lafargue pointiert das Recht auf Faulheit gegen die Forderung des Rechts auf Arbeit, wie es in der 1848er Revolution propagiert wurde. Wenn Lafargue prononciert das Recht auf Faulheit einfordert, so ist dies mithin auch eine Reaktion auf die hymnischen Arbeitsgesänge der sozialdemokratischen Arbeiterbewegung. Vehement kritisiert er, dass die Überhöhung der Arbeit den Arbeitern in Fleisch und Blut übergegangen sei und sich bei ihnen geradezu zu einer Arbeitssucht entwickelt habe. Einer der blumigsten Vertreter dieses Arbeitswahns war der deutsche Sozialist Josef Dietzgen, der über das in der Arbeiterbewegung propagierte „Recht auf Arbeit" noch hinausging und die „Pflicht zur Arbeit" forderte. (Sozialdemokratische Philosophie, S.354) In seiner „Religion der Sozialdemokratie" verklärt er die Arbeit allen Ernstes zum „Heiland" und „Erlöser des Menschengeschlechts." (Religion der Sozialdemokratie, S.195) Lafargue hält dagegen: „Wenn die Arbeiterklasse sich das Laster, welches sie beherrscht und ihre Natur herabwürdigt, gründlich aus dem Kopf schlagen und sich in ihrer furchtbaren Kraft erheben wird, nicht um die famosen Menschenrechte zu verlangen, die nur die Rechte der kapitalistischen Ausbeutung sind, nicht um das Recht auf Arbeit zu fordern, das nur das Recht auf Elend ist, sondern um ein ehernes Gesetz zu schmieden, das jedermann verbietet, mehr als drei Stunden pro Tag zu arbeiten." (S. 48)

Die Arbeiterbewegung befand sich in einem Dilemma: Auf der einen Seite machte sie Front gegen die unmenschlichen Arbeitsbedingungen mit ihren langen Arbeitszeiten in der frühkapitalistischen Produktion. Auf der anderen Seite pochte sie darauf, dass sie mit ihrer Arbeit die Grundlagen für den gesellschaftlichen Fortschritt legte. Mit Faulheit, Bummelei und Drückebergerei hatten die Sozialisten nichts im Sinn. Auch wenn ihnen dies von den Unternehmern bei jedem Streik in polemischer Absicht unterstellt wurde. Gegen solche Vorwürfe wehrte sich die Arbeiterbewegung vehement und drehte den Spieß kurzerhand um. Die Sozialisten, so heißt es, hätten die Arbeit auf ihre Fahnen geschrieben, der Müßiggang sei dagegen typisch für das Bürgertum und die Aristokraten. Und diese sind gemeint, wenn es in dem Kampflied der sozialistischen Arbeiterbewegung, der „Internationalen", heißt „Die Müßiggänger schiebt beiseite!" Lafargue dürfte klar gewesen sein, dass er mit seiner Forderung nach dem „Recht auf Faulheit" die kapitalistische Gesellschaft nicht zum Einsturz bringen würde. Sein „Recht auf Faulheit" ist denn auch in erster Linie ein propagandistischer Traktat und keine unmittelbare Anleitung zum politischen Handeln. Er belässt es bei seiner Forderung nach dem Drei-Stunden-Tag, verzichtet allerdings auf konkrete Strategien gegen den kapitalistischen Arbeitsirrsinn. Über Aktionsformen wie z.B. die kollektive Leistungsverweigerung (Streik) oder Leistungszurückhaltung (Dienst nach Vorschrift, Sabotage, oder auch das Krankfeiern) lässt er sich nicht aus. Dennoch war Lafargues „Recht auf Faulheit" von herausragender Bedeutung für die Arbeiterbewegung, weil er offen propagierte und aussprach, was sonst nicht einmal gedacht werden durfte.

Faulheit als Kampfbegriff

Faulheit und Müßiggang kommen in der Suchmaschine Google insgesamt fast 800 000 Mal vor. Dabei sollten sie doch nach den herrschenden Moralvorstellungen gar nicht vorkommen. Denn in unserer emsigen Arbeitsgesellschaft gilt der Faule gemeinhin als asoziales, charakterloses und verachtungswürdiges Subjekt. Ein Urteil, das heutzutage auch gerne auf die Langzeitarbeitslosen gemünzt wird. Und dies hat eine lange Tradition. „Wer nicht arbeiten will, der soll auch nicht essen." Dieses geflügelte Wort zieht sich seit der Bibel bis in unsere Gegenwart durch die gesamte abendländische Geschichte.

Der historische Kampf gegen Faulheit und Müßiggang war Teil eines Prozesses, in dessen Verlauf den Menschen die Tugenden der Neuzeit antrainiert wurden. Insbesondere für die Entstehung der industriekapitalistischen Gesellschaftsordnung war die Durchsetzung neuzeitlicher Arbeitstugenden, von elementarer Bedeutung. Es genügte nicht, Dampfmaschinen, Webstühle und Spinnmaschinen zu erfinden. Es war ebenso notwendig, Menschen zu „erfinden", deren Psychostruktur der neuen Produktionsweise kompatibel war. Dass auf diesem langen Marsch in die kapitalistische Arbeitsgesellschaft zigtausende Arbeiter auf der Strecke blieben, galt damals als unvermeidlicher Kollateralschaden des Fortschritts. Dieser epochale Dressurakt hatte allerdings bereits lange vor der Entstehung des Kapitalismus begonnen und war zunächst weniger von ökonomischen als vielmehr von religiösen Motiven bestimmt. Bei alledem ging es um die Kontrolle über die innere Natur des Menschen. Hierfür hat die christliche Kirche wesentliche Voraussetzungen geschaffen. Der Kampf gegen Trägheit, Faulheit und Müßiggang und die Verklärung der Arbeit zieht sich durch alle Strömungen des Christentums, ob sie nun katholisch, lutherisch oder reformiert waren.

Historisch beginnt dieser Prozess bereits im frühen Mittelalter mit dem Kampf gegen die Acedia, die Todsünde der Trägheit bei den christlichen Einsiedlern und Mönchen.(Kapitel 2) Seit dem Spätmittelalter steigt die Todsünde der Faulheit und des Müßiggangs in die Niederungen des Alltagsmenschen hinab und entwickelt sich zu einem Laster für jedermann. Ich habe in diesem Zusammenhang ca. 300 katholische und protestantische Predigten vor allem aus dem 18. bis 19. Jahrhundert ausgewertet. Dabei kam es mir darauf an, die Pfarrer und Pastoren möglichst mit Originalzitaten selbst zu Wort kommen zu lassen. Die Predigten dokumentieren eindringlich, wie bereits damals Faulheit und Müßiggang zu universellen Kampfbegriffen gegen gesellschaftliche Randgruppen und alle nur denkbaren Formen abweichenden Verhaltens gedient haben. Dreh- und Angelpunkt eines christlich-tugendsamen Lebens ist die Arbeit. Von Beginn an ist sie göttlicher Auftrag und hatte im Christentum weniger eine ökonomische als eine heilsgeschichtliche Bedeutung. Galt sie traditionell als Fluch und lebenslange Qual im irdischen Jammertal, so erhielt sie in der Neuzeit eine positive Bedeutung. Arbeit wurde zum Medium, über welches die gläubigen Christen den Eintritt ins Himmelreich erlangen konnten. Und dies galt in der protestantischen und katholischen Kirche gleichermaßen.

Bei einer solchen Verklärung der Arbeit ist es plausibel, dass der Gegenpart der Arbeit, der Müßiggang, als sündiges Verhalten gebrandmarkt wurde. Da er ja bekanntlich als aller

Laster Anfang galt, musste er mit allen Mitteln bekämpft und verhindert werden. Und dies gelingt am ehesten, so die Pfarrer und Pastoren, wenn man sein Leben plant und ordnet. Dazu gehört nicht allein die fromme Einhaltung der christlichen Gebote, sondern ebenso eine ordentliche und disziplinierte Lebensführung. Dass man morgens nicht zu lange in den Federn liegen solle. Sieben Stunden Schlaf seien völlig ausreichend. Dass man seinen gesamten Tagesablauf nach einem festen Plan gestalten, also nach einer rigiden Zeitdisziplin vorgehen solle. Der Tagesplan verhindere, dass Zeit sinnlos verplempert und dem Müßiggang zum Fraß vorgeworfen werde. Dass die strikte Reihenfolge der Arbeiten wichtig sei. Dass man immer das Schwierigste zuerst erledigen solle. Und dass man bei der Arbeit konzentriert und systematisch und nach vorgeschriebenen Regeln vorgehen solle. All diese Alltagsvorschriften - und noch einige mehr - bildeten das Korsett, das dem gläubigen Christen Halt und Stabilität in der sündigen irdischen Welt geben sollte. Und da es pädagogisch immer wirkungsvoller ist, den Teufel - die Sünde - an die Wand zu malen, als die Tugend auszupinseln, hat die Kirche damals für jedes Abweichen vom tugendhaften Pfad eine spezielle Variante des Müßiggangs erfunden. Es ist jetzt nicht mehr pauschal von **dem** Müßiggang die Rede, sondern die unterschiedlichsten Typen betreten die Bühne: Der geschäftige und gelehrte Müßiggang, Schlafmützen und faule Kinder, wollüstiger Müßiggang, die Trägheit der Dienstboten und der Müßiggang der reichen Leute. (Kapitel 7)

Neben der moralischen Keule der Kirche hat seit dem 16. Jahrhundert der Kampf gegen Faulheit und Müßiggang zudem massiv handgreifliche Formen angenommen. Bettler und anderes „arbeitsscheue Gesindel" wurden massenhaft verfolgt, vertrieben oder in Zucht- und Arbeitshäuser gesperrt. Dort wurde ihnen dann die neuzeitliche Arbeitsmoral mit Nachdruck eingebläut. (Kapitel 5)

Seit dem 19. Jahrhundert betritt die kapitalistische Ökonomie als neuer Zuchtmeister die welthistorische Bühne und treibt den Menschen wirkungsvoll die Faulheit im Maschinentakt aus. (Kapitel 8) Bei allen Gemeinsamkeiten zwischen dem Tugendkatalog der Kirche und der bürgerlichen Weltanschauung traten jedoch von Anfang an Risse in dieser Liaison auf. Den Vorkämpfern der kapitalistischen Ökonomie schmeckte es überhaupt nicht, wenn die Kirche auf den zeitraubenden christlichen Ritualen, insbesondere dem arbeitsfreien Sonntag und den vielen kirchlichen Feiertagen, beharrte. Ein weiterer grundlegender Dissens lag in der inhaltlichen Bewertung der Arbeit. Die christliche Verklärung der Arbeit und ihre religiöse Überhöhung sollten die Menschen an die Kirche binden und ihrer Kontrolle unterwerfen. Dagegen war das aufkommende kapitalistische Bürgertum schlicht an der Ausbeutung der Arbeitskraft und der Gewinnmaximierung interessiert.

Gegenwärtig haben wir es mit zwei gegenläufigen gesellschaftlichen Entwicklungen zu tun. Auf der einen Seite gibt es trotz der boomenden Konjunktur nach wie vor mehrere Millionen Arbeitslose (2015 3,5 Mill. incl. stille Reserve) Auf der anderen Seite wird in unserer Gesellschaft der Arbeit nach wie vor der allerhöchste Wert beigemessen. Die Arbeit bestimmt den gesellschaftlichen Status eines Menschen und wer keine Arbeit hat, der ist nichts wert. Insofern werden die Arbeitslosen doppelt bestraft.

Neuerdings gibt es Gegenbewegungen zum kapitalistischen Arbeitswahn. Die zunehmende Leistungsverdichtung und Arbeitshektik werden nicht mehr vorbehaltlos hingenommen. Bei alldem geht es letzlich um die Frage, wie man ein sinnvolles und glückliches Leben führen kann, in dem fremdbestimmte Erwerbsarbeit nicht mehr den Ton angibt. Und wenn Arbeit in ihrer heutigen Form nicht mehr die universelle Bedeutung für das Leben der Menschen haben wird, dann wird auch die Geschichte der Faulheit zu ihrem Ende kommen.

Kapitel 2: Faule und fleißige Mönche

Zu faul zum Beten

Es ist zwölf Uhr mittags. Der Einsiedler Antonius sitzt in seiner Zelle und betet. Das Leben, das er führt, ist denkbar eintönig und karg. Er hat sich von jedem menschlichen Kontakt abgeschnitten, er isst und trinkt nur so viel, wie es gerade für sein Überleben nötig ist. Und was ihm besonders zu schaffen macht, ist nicht allein die Einsamkeit und sein ärmliches Leben, sondern vor allem auch die sengende Mittagshitze der Wüste. So ist es nicht verwunderlich, dass ihm sein Leben gelegentlich schier unerträglich wird und er in eine „verdrießliche Stimmung" gerät. Da hilft ihm auch sein Glaube nicht; es droht ihm die Decke auf den Kopf zu fallen und er möchte am liebsten sein ganzes Einsiedlerdasein hinwerfen und auf- und davonlaufen.

So wird es berichtet in einer Geschichtensammlung (Apophtegmata Patrum im Folgenden = Ap) über die glorreichen Taten der Einsiedler, der sog. Anachoreten in der ägyptischen Wüste der frühchristlichen Zeit. Antonius (251-356) war einer der ersten, der sich dorthin zurückgezogen hatte. Angeblich wurde er 105 Jahre alt und gilt als der Urgroßvater aller Anachoreten. Die Hauptaufgabe des Eremiten besteht in den Bemühungen, zu Gott zu gelangen. Dies ist sein Beruf. Allein hierauf ist sein gesamtes Leben gerichtet und allein diesem Ziel hat er sich verschrieben und hierfür gibt es nur einen einzigen Weg: Das immerwährende Gebet. Damit ist allerdings nicht die schlichte Gebetsübung gemeint; nicht allein das Niederknien, Händefalten und einen Gebetstext sprechen. Immerwährendes Beten ist vielmehr ein umfassendes, den gesamten Menschen forderndes spirituelles Projekt. Die Tugenden dieses Gebetsprojektes sind: Beharrungsvermögen, Beständigkeit, Inbrunst, Konzentration, Festigkeit des Glaubens, aufmerksames Lesen der heiligen Schriften.

Die Krise, in die Antonius geraten war, durchlitten viele Anachoreten. Es war gleichsam die Berufskrankheit der

Wüstenmönche. Die „verdrießliche Stimmung", von der Antonius ergriffen wurde, das ist die Acedia. Sie benennt den geschilderten psychischen Zustand des Trübsinns und der Depression, dem die Anachoreten in der Wüste häufig ausgeliefert waren. Die Acedia macht den Anachoreten unfähig zur Ausübung seines Berufs, der Gebetsarbeit. „Das Auge des Überdrüssigen starrt dauernd die Fenster an und wartet auf Besucher. „Die Tür knarrt, und jener springt auf. Er hört eine Stimme und späht aus dem Fenster" (alle, auch die folgenden Zitate bei Bunge, 1995) „Liest der Überdrüssige, dann gähnt er viel, und leicht versinkt er in Schlaf. Er reibt sich die Augen und streckt die Hände aus, und indem er die Augen vom Buch abwendet, starrt er die Wand an." (S. 61) Und weiter heißt es: „Ein überdrüssiger Mönch ist saumselig zum Gebet, und bisweilen spricht er die Worte des Gebetes überhaupt nicht. Denn wie ein Kranker eine schwere Last trägt, so spricht auch der Überdrüssige nie je das Wort Gottes mit Sorgfalt. Der eine nämlich hat die Kraft des Lebens eingebüßt, bei dem anderen hingegen sind die Spannkräfte der Seele erschlafft." (S.63)

Welches sind die Ursachen für derartige Zerfallserscheinungen in der Spiritualität der Anachoreten? Es sind die Dämonen, die hinter diesen Angriffen stecken. Die Dämonen waren ursprünglich Engel, die sich zusammen mit Ihrem Anführer, dem Erzengel Luzifer aus Stolz gegen Gott aufgelehnt hatten. Sie waren deshalb aus den himmlischen Gefilden verstoßen worden und irren seitdem auf der Erde herum. Aus Rache versuchen sie seitdem, die Menschen zum Bösen zu verleiten. Vor allem auf die Anachoreten sind sie eifersüchtig und trachten danach, mit allen Mitteln deren Projekt eines engelsgleichen Lebens, der Vita Angelica, zu hintertreiben.

Eindrucksvoll sind diese Kämpfe in der Lebensgeschichte des heiligen Antonius beschrieben. Bereits auf seinem Weg in die Wüste setzten die Dämonen Antonius zu, um ihn von seinem Vorhaben abzubringen. So legten sie ihm eine Silberscheibe und dann Goldstücke auf den Weg, um seine Habgier zu wecken. Antonius durchschaute diese Manöver, ließ sich davon nicht aus seiner Ruhe zu bringen und setzte unbeirrt seinen Weg in die Wüste fort. Einer der ersten, der sich mit dieser Dämonologie systematisch und schriftlich auseinandergesetzt hat, war Evagrius Ponticus (345-399), der wohl bedeutendste Theoretiker des östlichen Mönchtums in der damaligen Zeit. Evagrius hatte selbst mehrere Jahre als Einsiedler in der Wüste zugebracht und kannte insofern die Anfechtungen der Anachoreten durch die Dämonen aus nächster Nähe. Die Dämonen, das sind die Personifikationen der Sünden der Anachoreten. Bei Evagrius Ponticus gibt es folgende acht Hauptsünden: 1. die Völlerei bzw. Fresssucht (gastrimagia), 2. die Unzucht bzw. Wollust (luxuria), 3. die Habgier (avaritia), 4. den Zorn (ira), 5. den Hochmut (superbia), 6. die Eitelkeit bzw. Ruhmsucht (cenodoxia), 7. die Traurigkeit (tristitia), und schließlich 8. die Trägheit (acedia). Später verringert sich die Zahl auf sieben und es hat sich im Laufe der Zeit eingebürgert, von den sieben Todsünden zu sprechen.

Immer dann, wenn der Mensch in Sünde verfällt, öffnet sich damit ein Einfallstor für die Dämonen. Sie setzen an den schwachen Seiten eines Menschen an, um diese zu verstärken. (Grün, S. 24) Ob die Dämonen ihr Werk verrichten und „ihre brennenden Geschosse" losschicken können, hängt von der spirituellen Verfassung des Einsiedlers ab. „Wenn du dich um das Gebet mühst, dann wappne dich gegen die Angriffe der Dämonen. Halte ihre Schläge standhaft aus. Sie stürzen sich wie wilde Tiere auf dich und deinen Körper." (Evagrius, Briefe aus der Wüste, 1986, S. 282f.) Der Schlimmste von allen ist der Mittagsdämon. Er ist ein Ungeheuer, dessen Körper aus Schuppen und Haaren besteht. Er hat nur ein Auge, und das befindet sich an der Stelle des Herzens. Er erscheint in der Mittagshitze und wälzt sich vorwärts wie eine Kugel und wer ihm ins Auge schaut, der ist des Todes. Sein Angriff auf die Wüstenmönche setzt gegen zehn Uhr morgens ein und zieht sich bis zum Nachmittag hin. Dem Wüstenmönch kommt es dann vor, als stünde die Zeit still, als habe der Tag 50 Stunden. Dauernd sieht er aus dem Fenster und tritt vor die Tür, um zu sehen, ob sich die Sonne vorwärtsbewegt hat. Verbitterung steigt in ihm auf; er beginnt seine Zelle zu hassen; sein gegenwärtiges Leben wird ihm widerwärtig und er sehnt sich zurück nach früheren Zeiten im Kreise von Freunden und Verwandten. Der Mittagsdämon, von dem bereits im Alten Testament die Rede ist, ist der personifizierte Ausdruck der Acedia.

Die Acedia, das ist die Trägheit des Eremiten, die allerdings mit unserer herkömmlichen Vorstellung von Trägheit und Faulheit noch nicht allzu viel zu tun hat. Sie manifestiert sich als Trübsinn und Depression einerseits, und als religiöse Unlust andererseits. Sie tritt auf, wenn sich der Mönch in seiner Gebetsarbeit nachlässig und säumig verhält. Wenn er zu träge wird, sich dem Störfeuer der Dämonen entgegenzustemmen. Der Anachoret gerät dann in einen Teufelskreis. Wenn er sein Gebetsprojekt vernachlässigt, also zu faul zum Beten ist, entzieht er sich selbst seinen spirituellen Boden und gerät in einen depressiven Zustand. Und wenn er einmal in solch eine trübsinnige Stimmung geraten ist, fällt es ihm schwer, seinen spirituellen Weg wiederzufinden.

Die Bemühungen des Anachoreten, die Vita Angelica zu verwirklichen, gingen in zwei Richtungen:
1. Die Loslösung von allem, was ihn an das Irdische binden konnte. Konkret bedeutet dies die Überwindung der verschiedenen Dämonen.
2. Die Hinwendung zum Göttlichen durch Gebet und Kontemplation.

Ein wichtiges Mittel, um die Angriffe der Dämonen zurückzuschlagen, waren die verschiedenen Askeseübungen. Asketisches Leben bedeutet, auf Lebensformen und -inhalte freiwillig zu verzichten, die für den „normal Sterblichen" völlig selbstverständlich und legitim sind, wie z.B. Essen, Schlafen, Sexualität, Besitz oder Kommunikation.

Im Unterschied etwa zur Sexualaskese, die ja immer den vollkommenen Verzicht verlangt, kann die Nahrungsaskese naturgemäß immer nur partiell verwirklicht werden. Denn irgendetwas muss der Mensch schließlich essen, sonst verhungert er. Auf dem Weg hin zum engelsgleichen Dasein war der Körper mit all seinen Bedürfnissen und Trieben für die Anachoreten ein schweres Hindernis und musste im Zaum gehalten werden. Insofern ist es einleuchtend, dass sie ihren Körper wie einen Feind behandelten und mit allen nur denkbaren Askeseübungen traktierten. Über den heiligen Antonius ist zu lesen: „Sooft er vorhatte, zu essen, zu schlafen und anderen körperlichen Bedürfnissen nachzugehen, schämte er sich." (Athanasius, Vita, Kap. 45) Grundsätzlich galt die Devise: „Je mehr der Leib geschwächt wird, desto mehr blüht die Seele." (Ap Nr. 186) Der Sinn der Askese im Leben des Anachoreten bestand also darin, die Hauptsünden zu überwinden. Denn sie sind es, die sich dem Anachoreten immer wieder auf seiner Wanderschaft in den Himmel wie Klötze in den Weg legen.

Als Antonius wieder einmal von der Acedia ergriffen wurde und sich die große Depression über ihn legte, verließ er seine Zelle. Draußen sah er jemanden auf einem Holzschemel sitzen, der genauso aussah wie er. Der aufstand und betete, sich dann wieder hinsetzte und eine Arbeit verrichtete, sich darauf erneut erhob, sich wiederum hinsetzte, um weiter an seinem Seil zu flechten. Es war ein Engel, den Gott geschickt hatte und der Antonius zurief, es ebenso zu machen, zu beten und zu arbeiten. Gebet, Askese und Arbeit müssen in einem ausgewogenen Verhältnis stehen. Ansonsten droht das spirituelle Projekt des Anachoreten jäh in sich zusammenzubrechen. Übertreibungen in der einen oder anderen Richtung sind von Übel.

1. Zu viel beten kann zu Problemen bei der Nahrungsbeschaffung des Anachoreten führen.
2. Wird zu viel und zu intensiv gearbeitet, gerät die Spiritualität unter die Räder der Ökonomie.
3. Ausufernde und extreme Askeseübungen dagegen führen möglicherweise zu bewundernswerten Höchstleistungen. So z.B. bei dem heiligen Simeon, der sich auf immer höhere Säulen stellte. (vgl. S. 203) Sie können sich aber leicht verselbständigen und ihren spirituellen Sinn aus den Augen verlieren.

Neben den kümmerlichen Formen des Broterwerbs spielte Arbeit im Leben der Anachoreten zunächst vor allem eine disziplinierende und therapeutische Rolle; Arbeit gab die Struktur, die für die Gebetsarbeit aber auch für die Askese nötig war. Die Arbeit bei den Anachoreten nimmt ein Stück weit die Regelhaftigkeit der späteren Klöster vorweg. Aber auch in den seit dem 4. Jahrhundert entstehenden Klöstern erhalten Arbeit und Arbeitsamkeit noch nicht die dramatische Zuspitzung wie z.b. im neuzeitlichen Protestantismus eines Luther oder Calvin.

Dass Arbeiten überhaupt zum Leben der Anachoreten gehörte, war keineswegs selbstverständlich. So hatte z.b. eine radikale Sekte in der damaligen Zeit, die Euchiten, die Pflicht zum immerwährenden Beten wortwörtlich genommen und jede Form von Arbeit radikal abgelehnt. Um das Essen und Trinken machten sich die Euchiten keine Sorgen, sondern vertraten einen fatalistischen Standpunkt und vertrauten ganz und gar auf Gott. „Wenn mich Gott am Leben erhalten will, dann wird er wissen, wie er es mit mir machen will. Wenn er es aber nicht will, was nützt es mir dann zu leben?" (Ap Nr. 930)

Einen Kompromiss fand der Abbas Megethios: Er verschärfte sein Fasten und benötigte so weniger Brot. Und da er weniger zum Essen brauchte, musste er auch weniger arbeiten und hatte so mehr Zeit zum Beten. Fasten gehörte zur asketischen Grundausstattung der Anachoreten und zwar deshalb, weil das Essen bei ihnen als ein sinnlicher Genuss galt, den man meiden musste.

Körperliche Arbeit stand längst noch nicht gleichberechtigt neben dem Beten. Sie war der Gebetsarbeit untergeordnet und eine Konzession an solche Mönche, die das einsame Zellendasein nicht ohne Arbeit ertragen konnten. Doch auch dann solle man nur nebenher und ohne Betriebsamkeit gleichsam wie ein Hilfsarbeiter die Arbeit erledigen. Denn: „Die Arbeit ist für die noch geistlich Schwachen." (Isaac von Ninive, zit. nach F. Dodel, S. 98) Radikal kommt dieser Vorrang des Betens vor der Arbeit in folgender kleinen Geschichte zum

Ausdruck: Ein Einsiedler hatte sich vollständig dem Gebet hingegeben und wurde täglich von Gott mit Brot versorgt. Als er sich einmal von einem Besucher zur Arbeit hatte verleiten lassen, stellte Gott seine täglichen Brotlieferungen ein. (zit. Dodel S.100) Die größte Heldentat des Anachoreten ist das Beten; denn „das Beten verlangt Kampf bis zum letzten Atemzug". (Ap Nr. 91) Diese Unterordnung der Arbeit hat sich im Laufe der Zeit gemildert. Jedenfalls klagt darüber der Abbas Johannes: „Als wir in der Sketis (Wüste) waren, bildeten die Werke der Seele unsere Hauptarbeit, und die Handarbeit betrachteten wir als Nebenbeschäftigung. Nun ist das Werk der Seele zur Nebenbeschäftigung verkümmert, und die Arbeit ist zur Hauptsache geworden." (Ap Nr. 277)

Dass Arbeit bei den Anachoreten in erster Linie eine therapeutische Funktion hatte und nicht unbedingt produktiv und wertschöpfend sein musste, belegen viele Berichte. Immer wieder gab es Fälle, in denen ein Anachoret angestrengt und fleißig gearbeitet hatte, um anschließend alles zu vernichten. So sammelte einer das ganze Jahr über fleißig Palmblätter, um sie am Jahresende alle zu verbrennen.

Welchen Arbeitstätigkeiten sind die Anachoreten nun nachgegangen? Meistens flochten sie einfache Matten, Seile und Körbe. Sie betrieben ein wenig Gemüseanbau für den eigenen Bedarf; gelegentlich widmeten sie sich auch einfachen Töpferarbeiten. Also durchweg Arbeiten, die Raum für das Gebet ließen und es nicht störten und die Gedanken nicht gefangen nahmen; deshalb mussten sie auch leicht erlernbar sein. Ideal war das Flechten, weil es sich gleichsam automatisieren ließ. Man konnte es wegen des wiederkehrenden Rhythmus wie im Schlaf verrichten. Gebet und Arbeit verbanden sich so harmonisch und stifteten eine Ordnung in dem ansonsten recht eintönigen Leben der Anachoreten.

Doch was geschieht, wenn diese Gleichung nicht aufgeht, wenn sich diese Harmonie zwischen Beten und Arbeiten nicht einstellt und die Acedia hereinbricht? Der Anachoret verflucht dann seine gesamte Lebenslage und vor allem seine Arbeit wird ihm widerwärtig. Im Extremfall wirft er sein

Flechtwerk in die Ecke und verlässt missmutig seine Zelle, was ja auch nicht verwunderlich ist; denn nachdem die Acedia die Kontemplation und Gebetsruhe vertrieben hat, bleibt von der Arbeit nur noch ihre stumpfsinnige Seite und sie wird dann so eintönig wie moderne Fließbandarbeit.

Die Trägheit und Faulheit in der Form der Todsünde der Acedia ist zunächst also eine rein religiöse Angelegenheit. Sie überfällt den Wüstenheiligen dann, wenn es ihm an der Kraft fehlt, sich gegen die Angriffe der Dämonen zur Wehr zu setzen und er nachlässig beim Beten wird. Trägheit bildet insofern noch nicht den Gegenpol zur Arbeit, sondern zum Gebet. Der von der Acedia ergriffene Mönch ist nicht zu faul zum Arbeiten, sondern -überspitzt gesprochen- zu faul zum Beten.

Im Laufe der Jahrhunderte löst sich die Acedia aus ihrem geistlichen Ursprung und wird schließlich zu einer Todsünde für jedermann. Sie wandelt sich von ihrer Bedeutung als Trägheit und Depression bei den betenden Wüstenheiligen zu Faulheit und Müßiggang im ganz alltäglichen Sinne bei der Alltagsarbeit.

Die Töchter und Enkel der Trägheit

Bei den Einsiedlern diente die Arbeit in erster Linie dazu, das eintönige Leben zu strukturieren, um nicht der Acedia, der geistlichen Trägheit, zu verfallen. In den seit dem 4. Jahrhundert gegründeten Klöstern bekommt die Arbeit zusätzlich eine soziale und ökonomische Komponente und vollzieht sich jetzt in einem arbeitsteiligen und organisierten Prozess. Und damit erweitert sich auch die Bedeutung der Acedia. Hatte der Anachoret nur für sich und seine Zelle zu sorgen, so ist der Klostermönch nun mitverantwortlich für die Klostergemeinschaft.

Pachomius, der zunächst selbst Einsiedler war, gilt als der Urvater des Klosterwesens. Er lebte von ca. 292 bis ca. 346. Er hat die technisch-organisatorischen Grundlagen des Mönchtums gelegt und stellte sein religiöses Programm auf eine solide ökonomische Grundlage. Sein erstes Kloster gründete er im Jahre 325. Bei Pachomius mussten sich die Mönche nicht mehr allein um ihren Lebensunterhalt kümmern. Auch wenn sie einmal nicht arbeiten konnten, z.B. bei Krankheit, waren sie materiell abgesichert. Dies hatte freilich seinen Preis: Bei den Anachoreten standen Gebet und Kontemplation im Mittelpunkt ihres Lebens, die Arbeit war Parergon, Nebenwerk. Bei Pachomius ist die gemeinsame Arbeit unabdingbare Voraussetzung, um die beiden anderen Bereiche, das gemeinsame Essen und das gemeinsame Beten sicherzustellen. Die wirtschaftliche Organisation der Klöster war also Mittel zum Zweck. „Pachomius nahm seinen Mönchen die Sorge für die wirtschaftlichen Dinge, für die Beschaffung des Arbeitsmaterials und den Verkauf der Arbeitserzeugnisse ab, damit sie ihre Gedanken ausschließlich auf die himmlischen Dinge richten konnten." (Bacht, S. 123)

Ein wichtiges Motiv, das Pachomius zu seiner Klosteridee brachte, waren die schwerwiegenden Probleme, denen die Anachoreten ausgesetzt waren. Das solistische Vor-Sich-Hin-Beten und Meditieren unter extrem widrigen Bedingungen, fast gänzlich getrennt von der Kommunikation mit anderen Menschen und nicht zuletzt gequält von den Anschlägen des Mittagsdämons, der Acedia, ließ viele Anachoreten scheitern oder im Chaos versinken. „Das Einsiedlerleben erforderte die reife Persönlichkeit und stellte an den Menschen hohe Anforderungen. Keinesfalls waren alle Eremiten zu solcher Leistung fähig; was vielfach übrig blieb, war ein kümmerliches Menschendasein." (K. S. Frank, 2010, S. 23)

An die Stelle der anachoretischen Anarchie stellte Pachomius das streng geordnete Leben der Mönche. Angesichts der detaillierten Vorschriften darüber was, wie und wann zu arbeiten sei, ließe sich sein Kloster als erstes Arbeitshaus bezeichnen. Der Aufbau einer klösterlichen Ökonomie hatte freilich zwei Seiten: Einerseits sicherte er den Lebensunterhalt der Mönche, die sich dadurch unbeschwerter ihrem Gebet und anderen spirituellen Riten widmen konnten. Auf der anderen Seite bedrohte die Ökonomie die eigentliche religiöse

Sphäre. Die Klöster wurden reicher und fanden Gefallen an diesem Reichtum. Dieses Motiv zieht sich durch die gesamte christliche Ordensgeschichte, dass sich der Wohlstand der Klöster verselbständigt. Und das begann bereits im vierten Jahrhundert, als Pachomius das erste christliche Kloster gründete und seine Ordensgründung so wohlhabend wurde, dass man sich eine eigene Nilflotte leisten konnte. Max Weber hat diese Dialektik treffend auf den Begriff gebracht: „Die Paradoxie aller rationalen Askese: dass sie den Reichtum, den sie ablehnte, selbst schuf, hat dem Mönchtum aller Zeiten in gleicher Art das Bein gestellt." (Weber 1988, S. 545)

In den Klöstern des Pachomius herrschte eine ausgeklügelte Hierarchie und die Arbeit war nach verschiedenen Handwerken gegliedert. Es gab eine klösterliche Landwirtschaft, eine Gärtnerei, eine Schmiede, Bäckerei ein Baugewerbe eine Walkerei, Gerberei und Schuhmacherei; daneben wurden im Skriptorium Handschriften kopiert. Um Schlamperei und Faulheit zu verhindern, hatte Pachomius ein differenziertes System der Leistungs- und Endkontrolle ersonnen, das sich in seiner Grundsubstanz von modernen Systemen kaum unterschied. „Der Hausobere, der den Wochendienst beendet, und der andere, der die kommende Woche übernimmt, wie auch der Klostervorsteher sollen sorgfältig prüfen, was an Arbeit unterlassen oder nachlässig verrichtet wurde. Und sie sollen die Seile zählen, die (die Mönche) im Lauf der einzelnen Wochen gedreht haben, und deren Zahl auf Schreibtafeln aufzeichnen, (die) sie bis zur Zeit der jährlichen Versammlung aufbewahren sollen, auf der Rechenschaft (lat. ratio!) abzulegen ist und allen die Verfehlungen erlassen werden." (Bacht, S. 88)

Derjenige, der die Klosteridee des Pachomius nach Europa gebracht hat, war Johannes Cassianus (360-435). In seinem Werk „Über die Einrichtung der Klöster und die acht Hauptsünden" widmet Cassian ein ganzes Kapitel der Acedia, der Trägheit. Das Werk wurde von Cassian in den Jahren 419-26 geschrieben, also fünf Jahre nachdem er in der Nähe von Marseille eines der ersten abendländischen Klöster gegründet hatte. Den Mönchen wurde hier befohlen, „sich fern zu halten von denen, die nicht der Arbeit obliegen wollen, und die durch die Fäulnis des Müßiggangs verdorbenen Glieder wegschneiden, damit nicht die Krankheit der Trägheit wie eine todbringende Ansteckung auch die gesunden Glieder durch den an sie heran dringenden Eiter verderbe." (Cassian 1877, S. 209) Auch hierbei galt die Devise, wonach der arbeitende Mönch von **einem**, der müßige aber von **unzähligen** Teufeln geplagt wird. Arbeiten wird nun - wie schon bei Pachomius - zu einer Pflicht, um das Klosteranwesen und damit den Lebensunterhalt der Mönche zu sichern. Es handelte sich jetzt auch nicht mehr um ein solistisches Vorsichhinarbeiten des Einzelnen, sondern Arbeit entwickelte sich nun zu einem gemeinschaftlichen Projekt. Dementsprechend differenzierte sich auch die Bedeutung der Acedia. Wie bisher bezeichnete sie einerseits die Trägheit und den Überdruss gegenüber den spirituellen Pflichten des Mönchs, die Unlust am Beten und Meditieren. Hinzu kommt nun aber auch noch der Widerwillen gegenüber der gemeinsamen Klosterarbeit.

Dementsprechend hat Cassian das traditionelle Lasterschema erweitert und differenziert. Jedem der acht Laster werden von ihm acht Töchter unterstellt. Die „Lieblingstochter" der Acedia ist die Otiositas. Ihr widmet Cassian sein besonderes Augenmerk. Sie ist nicht zu verwechseln mit dem antiken Otium, der Muße. Otiositas das ist die faustdicke Faulheit, der Müßiggang, die Arbeitsscheu. Sie tritt bei den Mönchen immer dann auf, wenn sie keine Lust haben, ihrer klösterlichen Arbeit nachzukommen. Sie schließen sich dann gerne von den anderen ab und pflegen ihre schlechte Laune. Oder aber sie sind schläfrig, schlapp und matt. Zu den vorgeschriebenen Gebeten erscheinen sie erst gar nicht. Sie geben sich lieber dem schläfrigen Müßiggang hin und lassen es sich wohl sein in ihrer abgrundtiefen Trägheit. Ganz im Unterschied zu solchen trägen und verdrießlichen Brüdern gibt aber auch den Gegenpart. Es sind dies jene, die unentwegt rastlos mal hier mal dort sich zu schaffen machen. Die sich in alle Dinge hineinhängen, die sie nichts angehen. Die geschwätzig sind und immer ihren Senf dazu geben müssen und dadurch ihre Brüder beim Beten und Meditieren stören. Jene Neugierigen, die überall herumschnüffeln und herumspionieren. Sie sind die Vorläufer der geschäftigen Müßiggänger (vgl. Kap.VI), sind umtriebig allerorten und in ständiger Aufregung. Beide Typen haben ein problematisches Verhältnis zur Klostergemeinschaft: Die einen durch ihre lethargische und passive Art, die anderen durch eine sinnlose allseits störende Hyperaktivität.

In einem nächsten Schritt - seit dem Spätmittelalter - entwickelt sich die Acedia zu einer **weltlichen Alltagssünde** für Jedermann. Es geht nun schlicht um die Faulheit und Trägheit im profanen Arbeitsleben. Der eine, so heißt es, hat schlicht keine Lust zu arbeiten, gibt sich dem Müßiggang hin und lungert den ganzen Tag herum. Ein anderer hat zwar eine Arbeitsstelle, ist aber bei seiner Arbeit ausgesprochen missmutig und sehnt mit allen Kräften den Feierabend herbei. Ein Dritter flieht die Arbeit, wo er nur kann. Kaum hat er mit der Arbeit begonnen, schon hört er wieder auf. Bestenfalls macht er Dienst nach Vorschrift. Aber noch lieber verweigert er sich ganz, schwänzt seine Arbeit und bleibt lieber im Bett liegen. Der Vierte geht zwar zu seiner Arbeitsstelle hin, verrichtet seine Aufgaben aber nur mit dem größten Widerwillen. Dementsprechend richtet er mehr Schaden an, als dass er etwas zuwege bringt. Alles wird unter seinen Händen nur zu Pfuschwerk. Da gibt es aber noch einen Fünften, der auf den ersten Blick recht fleißig zu sein scheint. Er ist immer in Aktion und rührig. Das Problem ist nur, dass er nie bei der Sache bleibt und nie etwas zu Ende führt.

Später bei Antoninus, dem Erzbischof von Florenz (1389-1459), verzweigt sich die Familie des Müßiggangs und der Trägheit noch weiter. War in dem Lasterschema von Cassian lediglich die otiositas für Faulheit und Müßiggang zuständig, so kommen bei Antoninus nun noch etliche andere, gleichsam als Enkel der Acedia, hinzu. Solche Formen der Differenzierung und Klassifizierung von Sünden, Vergehen und menschlichen Unarten haben eine lange Tradition. Immer geht es darum, den Sündenkatalog möglichst detailliert aufzufächern, um die Übertretungen und Abweichungen umso wirkungsvoller kontrollieren, ahnden und bestrafen zu können. Ein Musterbeispiel hierfür sind die christlichen Bußbücher (vgl. S. 60)und die Beichtspiegel.

Heuchelei im Mönchsgewand

„Wie herrenlose Hunde streunen und vagabundieren diese Mönche durch die Lande. Ohne jeden Auftrag, ohne festen Wohnsitz, ziehen sie von einem Klöster zum anderen nach der Art wurzelloser Landstreicher umher." (Augustinus, S. 59) Und damit schadeten sie dem Mönchswesen insgesamt. Die Gefahr für die gerade erst gegründeten Klöster lag darin, dass sie Menschen anzogen, die nicht aus spirituellen Motiven ins Kloster eintraten, sondern schlicht um sich den Bauch vollzuschlagen oder sich dem Müßiggang hinzugeben: „Es ist ja nicht ersichtlich, ob sie mit dem festen Entschluss gekommen sind, Gott zu dienen, oder ob sie einem Leben in Dürftigkeit und harter Arbeit entfliehen wollten, um in Müßiggang Kost und Kleidung zu empfangen..." (Augustinus, S.43); darüber hinaus geben sie den anderen Mönchen ein schlechtes Beispiel und zersetzen ihre Moral und Frömmigkeit, indem „sie die Faulheit preisen". (S.44) Und so komme es, so die Warnung, dass ganze Klöster durch zügellosen Müßiggang und den Anschein von Heiligkeit zugrunde gerichtet würden.

Der Kirchenvater Augustinus (354-430), der Wesentliches zur Gründung von Klöstern in Nordafrika beigetragen hat, polemisiert in einer kleinen Schrift (ca. 400) mit dem Titel „Die Handarbeit der Mönche" (alle folgenden Zitate aus dieser Schrift) gegen diese Strömung im Mönchtum, die sich an den bereits erwähnten Euchiten orientiert. Dabei seien diese Mönche überhaupt nicht faul, wenn es darum ginge, ihren ungeordneten Lebenswandel zu rechtfertigen. Allenthalben beriefen sie sich dabei auf die Bibel. „Ich wünschte deshalb", mahnt Augustinus, „diese Faulpelze, die mit ihren Händen müßig sein wollen, wären auch mit ihren Zungen ganz müßig." (45) Die faulen Mönche, so Augustinus, verdürben Menschen, die sich dem Mönchsleben weihen wollten: „Doch nun hören sie das müßige und verschrobene Geschwätz dieser Mönche, über das sie sich infolge ihrer Unerfahrenheit als Anfänger im klösterlichen Leben kein Urteil bilden können, und werden von der Seuche angesteckt und zu demselben schmachvollen Betragen verführt und sie preisen nun die Faulheit." (44) Augustinus geht mit den trägen Mönchen hart ins Gericht und spricht von „Heuchelei im Mönchsgewand" und „erheuchelter Heiligkeit". (59)

Im neuen Testament finden sich eine Handvoll von kleinen Geschichten und Zitaten, die sich kontrovers mit der Pflicht zur Arbeit und der Kritik an der Faulheit auseinandersetzen. Berühmt ist die Geschichte von Maria und Martha, die in der gesamten mittelalterlichen Kirchengeschichte immer wieder erzählt wird. Einst kam Jesus mit seinen Jüngern in ein Dorf, wo er von einer Frau mit Namen Martha in ihr Haus eingeladen wurde. Martha ging sofort daran, sich um das leibliche Wohl ihrer Gäste zu kümmern; machte sich am Herd zu schaffen und schenkte ihren Gästen Wein ein. Währenddessen saß Marthas Schwester Maria Jesus zu Füßen, um seinen Worten zu lauschen. Als Martha ihre Schwester müßig sitzen sah, wurde sie ärgerlich; sie wandte sich an Jesus und bat ihn, Maria aufzufordern, ihr im Haushalt zu helfen. Jesus indes antwortete ihr, sie solle sich nicht so viel um den Alltagskram kümmern. Und man kann sich vorstellen, wie verblüfft Martha war, als Jesus ihr riet, sie solle es so wie ihre Schwester machen; denn die habe „das bessere Teil" gewählt.

Diese Begebenheit benennt das Verhältnis von Vita Activa und Vita Contemplativa, also aktivem nach außen gewandtem Leben und innerer religiöser Einkehr und Kontemplation. Es bezeichnet den im Christentum virulenten Konflikt zwischen weltlichem und geistlichem Leben schlechthin. Dieses Problem trat ja bereits bei den Einsiedlern der ägyptischen Wüste auf, die die Erfahrung machten, dass die Sorge um den

Alltag ihre spirituellen Ziele, nämlich das Einswerden mit Gott, gefährden konnte. Umgekehrt führte aber auch die Gleichgültigkeit gegenüber den elementaren Notwendigkeiten des Alltags, wie Essen und Trinken, in die absurde Sackgasse der Euchiten. Als Argument gegen das biblische Arbeitsgebot wurde von den müßigen Mönchen auch gerne die Geschichte von den sorglosen Vögeln und den Lilien auf dem Felde angeführt, die deshalb hier in voller Länge zitiert wird. „Sorgt euch nicht um euer Leben und darum, dass ihr etwas zu essen habt, noch um euren Leib und darum, dass ihr etwas anzuziehen habt. Ist nicht das Leben wichtiger als die Nahrung und der Leib wichtiger als die Kleidung? Seht euch die Vögel des Himmels an: Sie säen nicht, sie ernten nicht und sammeln keine Vorräte in Scheunen; euer himmlischer Vater ernährt sie. Seid ihr nicht viel mehr wert als sie? Wer von euch kann mit all seiner Sorge sein Leben auch nur um eine kleine Zeitspanne verlängern? Und was sorgt ihr euch um eure Kleidung? Lernt von den Lilien, die auf dem Feld wachsen: sie arbeiten nicht und spinnen nicht. Doch ich sage euch: Selbst Salomo war in all seiner Pracht nicht gekleidet wie eine von ihnen. Wenn aber Gott schon das Gras so prächtig kleidet, das heute auf dem Feld steht und morgen ins Feuer geworfen wird, wieviel mehr dann euch, ihr Kleingläubigen. Macht euch also keine Sorgen und fragt nicht: Was sollen wir essen? Was sollen wir trinken? Was sollen wir anziehen? Denn um all das geht es den Heiden. Euer himmlischer Vater weiß, dass ihr das alles braucht. Euch muss es zuerst um sein Reich und seine Gerechtigkeit gehen; dann wird euch alles andere dazugegeben. Sorgt euch also nicht um morgen; denn der morgige Tag wird für sich selbst sorgen." (Matthäus 6, 25-34)

Dieses berühmte Zitat von den sorglosen Vögeln und den Lilien lässt Augustinus jedoch nicht als Argument gegen die körperliche Arbeit gelten. Es bedeute lediglich, dass wir auf Gott vertrauen und uns nicht kleinmütig sorgen sollen. Deshalb dürfen wir aber die Hände nicht in den Schoß legen. Das göttliche Arbeitsgebot werde, so Augustinus, hier also nicht außer Kraft gesetzt. Luther wird später diesen Gedanken aufnehmen und ebenfalls den Unterschied zwischen Arbeit und Sorge betonen. Augustinus versucht seine faulen Widersacher ad absurdum zu führen. Wenn sie das Gleichnis von den Vögeln des Himmels so interpretierten, dass sie zur Beschaffung ihrer Nahrung und Kleidung nicht mit den Händen arbeiten müssten, so dürften sie auch wie die Vögel keine Vorräte für die Zukunft anlegen (49) und müssten sich im Winter denn auch auf eine beschwerliche Nahrungssuche begeben. Wenn sie tatsächlich wie die Vögel leben wollten, so dürften sie wie diese auch nur Früchte von Bäumen oder Kräuter oder Wurzeln zu sich nehmen. Zudem sollten sie dann ihre Körper entsprechend trainieren, damit sie all diese rohen Speisen vertragen. (48) Ähnlich wie bereits in der Kritik an den Euchiten werden die „trägen Mönche" von Augustinus als inkonsequent dargestellt. Denn wenn sie das immerwährende Beten verfechten, so sei es auch nicht erlaubt, die Speisen zu sich zu nehmen oder diese Speisen tagtäglich zuzubereiten. Im Übrigen, so Augustinus, ließen sich Gebet und Arbeit gut miteinander verbinden, wenn z.B. bei der Arbeit „himmlische Ruderlieder" angestimmt würden. (35) Wenn die „faulen Mönche" das Gleichnis von den sorglosen Vögeln und den Lilien auf dem Felde gegen die Pflicht zur Handarbeit anführten, so sei das schlicht absurd.

Der wichtigste Verbündete des Augustinus gegen den „heiligen Müßiggang" war der Apostel Paulus, der die berühmte Devise formuliert hatte: „Wer nicht arbeiten will, soll auch nicht essen." (2. Brief des Paulus an die Thessaloniker). Dieser Satz ist bis heute hochaktuell und wird seit 2000 Jahren gegen alle Arten von Müßiggängern immer wieder ins Feld geführt.

Die verschiedenen Appelle, arbeitsam und fleißig zu sein, mit Nachdruck und Eifer sich der Handarbeit zu widmen, haben oft einen paradoxen Haken. Sie werden meist von denjenigen vorgebracht, die selbst gar keine körperliche Arbeit ausüben. Und so ist das auch bei Augustinus. Er unterscheidet deshalb zwischen körperlicher und geistiger Arbeit. Mit dem Satz des Paulus, so schränkt Augustinus ein, könne insofern nicht gemeint sein, dass es eine generelle

Pflicht zur körperlichen Handarbeit gebe. Sie gelte nicht ausnahmslos. Wenn einer krank oder sonst wie behindert sei, so sei er davon befreit. Aber auch die geistlichen Würdenträger müssten sich keine Handarbeit auferlegen - seien sie doch oft mit geistlichen Pflichten wie z.b. der bischöflichen Schiedsgerichtsbarkeit überhäuft. Und dies seien Pflichten, welche oftmals sehr viel schwerer wögen als die Handarbeit. Da seien vor allem die kirchlichen Verwaltungsgeschäfte, die Verkündigung des Evangeliums, der Dienst am Altare, sowie das Spenden der Sakramente und der Unterricht in der Heilslehre. Viel lieber würde er selbst irgendwelche körperliche Arbeit verrichten, „als dass ich unter dem verwirrenden Durcheinander fremder Prozesse leide, weil ich weltliche Rechtshändel als Richter entscheiden oder als Vermittler beilegen muss". (60) Angesichts all dieser fortwährenden Verwaltungsarbeiten, denen er ausgesetzt sei, könne er an körperliche Arbeit beim besten Willen nicht denken. Obwohl er ganz persönlich die Handarbeit all diesen bürokratischen Pflichten vorziehe. Ganz zu schweigen von den körperlichen Gebrechen und Krankheiten, welche die Verwaltungsarbeiten mit sich brächten. Der Satz des Paulus, wonach nur derjenige essen dürfe, der auch arbeitet, beziehe sich also nicht nur auf Handarbeit, vielmehr seien hier auch alle Werke geistiger Art gemeint. (3). Nun kommen aber diese faulen Mönche dahergelaufen, welche die Arbeit für sich in Bausch und Bogen ablehnen, und vergleichen sich selbst mit dem Apostel Paulus. „Dementsprechend, sagen sie, handeln auch wir. Wir widmen uns gemeinschaftlicher Lesung mit den Brüdern, die ermattet von der rastlosen Geschäftigkeit der Welt zu uns kommen, um bei uns im Wort Gottes, in Gebeten und Psalmen, in Hymnen und geistlichen Liedern Ruhe finden."(3) Sie reklamierten für sich mithin, dass sie den vom Alltag Geschundenen geistlichen Beistand spendeten und also arbeiteten.

Für Augustinus ist diese Argumentation und Haltung der faulen Mönche eine bodenlose Unverschämtheit: „Sie spielen sich als Hüter des Evangeliums auf und preisen die Faulheit.

Diese Faulpelze!" (45) Was die faulen Mönche betreiben an sogenannter seelsorgerischer Arbeit, sei mit der Arbeit des Paulus überhaupt nicht zu vergleichen. „Haben sie etwa die Länder von Jerusalem bis nach Illycrium mit der frohen Botschaft erquickt? Oder haben sie es auf sich genommen, all die Barbarenvölker aufzusuchen und sie mit dem Frieden der Kirche zu erfüllen?" (27) Aber das, was jene Mönche betreiben, sei nichts anderes als Müßiggang der schlimmsten Art. Für Augustinus sind sie nichts anderes als Vagabunden, die bei ihren Wanderungen allerlei sonderbaren Geschäften nachgingen und sich mit Bettelei durchschlagen. Und als wäre es eine Vorwegnahme der Tiraden gegen die sog. Gammler und Hippies der 1970er Jahre, macht sich Augustin über die langen Haare der arbeitsscheuen Mönche her.

„Der Müßiggang ist der Feind der Seele" (Benedikt von Nursia)

Wer in ein benediktinisches Kloster eintreten will, muss drei Gelübde ablegen. 1. Er muss seinem bisherigen weltlichen Leben radikal den Rücken kehren. So wie auch schon die Anachoreten bei ihrer Wanderung in die Wüste alles, was ihnen lieb und teuer war, hinter sich gelassen haben, so muss der künftige Mönch auf Familie, Freunde, seinen Beruf, sein Haus und seinen Hof und all seinen Besitz verzichten und künftig ein Leben in Armut und Keuschheit führen. (conversio morum) Die Hürden für den Eintritt ins Kloster werden ganz bewusst sehr hoch gelegt, um die Ernsthaftigkeit der Bewerber zu prüfen und den Eintritt spiritueller Tagestouristen oder parasitärer Subjekte, gegen die schon Augustinus Front gemacht hatte, zu verhindern. 2. Hiermit eng verbunden ist das zweite Gelübde, das den Novizen verpflichtet, seinem Kloster lebenslang treu zu bleiben. Gemeint ist hierbei nicht der Ort des Klostergebäudes, sondern der Orden als Institution insgesamt. Es hatte einmal ein Novize ohne jede

Erlaubnis das Kloster verlassen, um seine Eltern zu besuchen. Als er dort ankam, brach er tot zusammen. Ein anderer, der dem Kloster den Rücken kehren wollte, wurde auf der Straße von einem entsetzlichen Untier angegriffen, worauf er zitternd vor Angst ins Kloster zurückkehrte. 3. Grundlage des Zusammenlebens in Benedikts Klöstern ist der bedingungslose Gehorsam gegenüber den Klosteroberen (oboedientia), der sich in der Befolgung aller in der Ordensregel aufgeführten Pflichten ausdrückt. Eine elementare Pflicht sind hierbei die Handarbeit und das Gebet. Beide sind zeitlich genau geregelt. Und wer diese Pflichten nicht einhält, der ist ein Müßiggänger, dem Bestrafung droht. Diese drei vom Mönch eingeforderten Gebote bilden bis heute das Grundgesetz des benediktinischen Lebens. Wer sich nicht auf dessen Boden stellen will oder kann, solle der Klosterwelt besser fernbleiben.

Auf der Grundlage dieser drei Gelübde gründete Benedikt von Nursia im Jahre 529 sein erstes Kloster auf dem Monte Cassino in Italien. Im Laufe der Geschichte entwickelten sich die Benediktiner zu einem der größten und einflussreichsten Orden des Christentums. Gemessen an der ersten Klostergründung durch Pachomius zwei hundert Jahre zuvor stellt Benedikts Kloster einen gewaltigen qualitativen Sprung dar. Pachomius hatte zwar auch schon Richtlinien für das Zusammenleben der Mönche aufgestellt, allerdings wirkten sie verglichen mit Benedikts ausgefeilter Regel eher wie eine schlichte Hausordnung. Bei Benedikt wird pointiert die Mönchsgemeinschaft in den Vordergrund gestellt, während Pachomius sich noch stark am Individualismus der Einsiedlermönche orientiert. So hatten z.B. bei Pachomius die Mönche noch Einzelzellen, während Benedikt gemeinsame Schlafsäle vorschreibt.

Die benediktinischen Klöster gleichen Produktionsgenossenschaften. Allerdings mit einer strengen Hierarchie und religiösem Programm. Mit Müßiggang ist bei Benedikt nicht nur gemeint, dass einer verdrossen und faul in der Ecke sitzt. Müßiggang wird von ihm nicht allein als individuelles

Fehlverhalten des einzelnen Mönches betrachtet, sondern ebenso in einen kollektiven Zusammenhang gestellt. Jede Abweichung von der Klosterregel wird geahndet; ob es sich nun um das Arbeiten oder die religiösen Pflichten handelt oder ob einer schlicht unpünktlich ist: Die Klosterregel bindet den einzelnen Mönch rigoros in das Kollektiv ein. Sein Tagesablauf ist bis ins kleinste durchgeplant und durchrationalisiert. Hierfür sorgten nicht zuletzt die Uhren, die den Tag durchtaktieren. Bezeichnend ist auch, dass die Mönche in ihrer Kleidung schlafen mussten, um allzeit zu nächtlichen Gebetseinheiten bereit zu sein. Die Arbeit der Mönche bestand zunächst aus den Tätigkeiten, die mit der Versorgung des Klosters zu tun haben. Also z.B. die Verpflegung der Mönche und die Instandhaltung der Klosterbauten. Hinzukommen landwirtschaftliche Arbeiten. Benedikt schreibt vor, dass sich innerhalb der Klosteranlage ein Brunnen, ein Garten, eine Mühle zum Mahlen des Getreides und eine Bäckerei befinden sollen.

Ähnlich wie schon bei den Eremiten der ägyptischen Wüste geht es den Mönchen der benediktinischen Klöster um das Projekt der spirituellen Vollkommenheit; dies allerdings unter anderen Rahmenbedingungen. Auch sie befinden sich auf dem Weg zu Gott. Und diesem Ziel ist alles andere untergeordnet. „Sich Gott anzunähern, sich mit ihm zu vereinigen, dies ist das Ziel aller unserer übernatürlichen Bemühungen." (Delatte, S. 782) Der Hauptfeind auf dem Weg dorthin, ist der Müßiggang. „Der Müßiggang ist ein Feind der Seele." Dies ist das übergreifende Motto des Benediktinerordens.

Benedikt hat ungleich stärker als Pachomius nicht allein die Einzelarbeit des Mönches im Blick, sondern darüber hinaus den gesamten klösterlichen Produktionsprozess „Das benediktinische System demonstrierte, wie rationell die Arbeit durchgeführt werden konnte, wenn sie kollektiv geplant und eingeteilt wurde." (Mumfort, S.305) Die Bedeutung Benedikts liegt nicht allein darin, dass er der Handarbeit eine wichtige Bedeutung zugewiesen hat, sondern sein Regelwerk beschreibt zum ersten Mal expressis verbis eine Anleitung zur methodischen Lebensführung. Das benediktinische Arbeitssystem gleicht einem Mechanismus, in dem die einzelnen Teile funktional ineinandergreifen. Wenn nun ein einzelner Mönch sich faul in eine Ecke verkriecht, so schadet er damit dem Kollektiv; etwa so, wie wenn ein Arbeiter Sabotage betreibt und damit den gesamten Produktionsablauf lahm legt. Von daher ist es plausibel, dass bei den Benediktinern Müßiggang als schweres, strafbares Vergehen galt. Die Ähnlichkeit zwischen der benediktinischen Klosterproduktion und der kapitalistischen Produktionsweise ist unverkennbar. (vgl. Treiber/Steinert) Und insofern ist es auch nicht verwunderlich, dass Benedikt heutzutage in Fortbildungen für Manager zu Rate gezogen wird. (vgl. Gehra) Waren die Anachoreten Virtuosen der Einsamkeit, so treten die Mönche bei Benedikt nun in ein Geflecht sozialer Beziehungen: Asketische Meisterleistungen wie bei den Anachoreten sind bei Benedikt fehl am Platz. Askese gibt es zwar auch im benediktinischen Kloster, jedoch in gänzlich anderer Form: Der Gehorsam löst die frühchristlichen Askeseübungen ab. Jetzt ist explizit von der Mühsal und Arbeit des Gehorsams die Rede (labor oboediantiae). Eine Askeseübung ist der Gehorsam insofern, als sie den Mönch dazu zwingt - so paradox es klingen mag - die größte Willensanstrengung zu unternehmen, nämlich den eigenen Willen abzutöten.

„Ein Mönch tritt nur deshalb in das Ordensleben ein, um das Opfer seiner selbst zu bringen. Dieses Opfer ist aber vor allem das Opfer seines Willens. Mit dem höchsten Aufgebote der Kraft dieses nach freien und seiner selbst mächtigen Willens, entsagt er freiwillig sich selbst zu Gunsten des Heils seiner kranken Seele." (Montalembert, S. 51)

In den benediktinischen Klöstern herrscht eine rigide Befehlsstruktur. Die Mönche sind genötigt, unmittelbar und ungesäumt allen Befehlen nachkommen: „Ein Gehorsam dieser Art ist Gott aber nur dann angenehm und für die Menschen beglückend, wenn der Befehl nicht zaghaft, nicht saumselig, nicht lustlos oder gar mit Murren und Widerrede ausgeführt wird. Denn der Gehorsam, den man den Oberen leistet, wird Gott erwiesen." (Regula, Kap. 5, Delatte, S.151) Wer sich nicht unverzüglich den Befehlen der Oberen fügt oder wer die Klosterregel verletzt, muss mit Strafen rechnen. Die Befolgung all dieser Pflichten wird penibel überwacht. Ähnlich wie später die Visitatoren in Calvins Genfer Gottesstaat die Einhaltung eines gottgefälligen Lebens kontrollierten, so waren bei Benedikt sog. circatores (Umherwandler) unterwegs.

Worin besteht nun der Inhalt des klösterlichen Lebens? Bei den Eremiten der ägyptischen Wüste stand das Gebet ganz unangefochten im Mittelpunkt. Arbeit war bestenfalls parergon, Nebenwerk, und dem Gebet untergeordnet. Bei Benedikt vollzieht sich ein Wandel. Beten und Arbeiten sind nun gleichgestellt, wenn sich auch das viel zitierte Motto „ora et labora", „bete und arbeite" nirgendwo in Benedikts Regel findet. Es muss sehr gewissenhaft kontrolliert werden, ob sich Brüder finden, die ihre Zeit mit Müßiggang und Geschwätz verschwenden. „Anstatt sich der Lesung zu widmen, döst er vielleicht vor sich hin oder schwätzt er. Wer sich langweilt, wird zum Apostel der Langeweile, und seine Trägheit wirkt ansteckend." (Delatte, S. 514) Wird er dabei ertappt, so wird er bestraft, und zwar so nachhaltig, dass die anderen Brüder davon abgeschreckt werden. Die Dramaturgie der Bestrafung umfasst mehrere Stufen. Sofern ein nachlässiger und müßiger Mönch angetroffen wird, so soll er in einem ersten Schritt zur Rede gestellt und ermahnt werden. Wenn er sich auch nach der zweiten Abmahnung durch den Abt nicht gebessert hat, soll er öffentlich vor allen zurechtgewiesen werden. In einem nächsten Schritt soll er für eine Zeit aus dem Mönchskollektiv ausgeschlossen werden. Und wenn auch dies keine Wirkung erzielt und er keine Einsicht zeigt, soll er körperlich bestraft werden.

Die Arbeit in den benediktinischen Klöstern umfasst Handarbeit und Kopfarbeit gleichermaßen. Benedikt besteht darauf, dass sich die Mönche nicht auf die geistliche Arbeit, auf Beten und Meditieren beschränken. Er ist strikt dagegen, dass sich die Mönche ausschließlich auf ihre spirituelle Verfeinerung kaprizieren. Er verpflichtet sie sehr nachdrücklich zu äußerlicher Arbeit, sei es Handarbeit oder literarische Tätigkeit. Zur Handarbeit werden die gewöhnlichen Alltagsverrichtungen gerechnet, wie Kochen, Aufräumen, Putzen, Bedienen der Mitbrüder bei Tisch, Sorge um die Gäste in der Herberge, die Krankenpflege, die Betreuung der Fremden an der Pforte. Garten, Werkstätten, Wirtschaftsbetrieb im Wald, Feld, Stall und Hof sind weitere Bereiche. Die geistige Arbeit umfasst Gottesdienst, Lesung, Studium, Schreiben, Malen und Ähnliches. „Um den Müßiggang, den er den Feind der Seele nennt, umso sicherer zu verbannen, regelt er aufs genaueste, den Jahreszeiten angemessen, die Verwendung einer jeden Stunde des Tages, und will, dass siebenmal am Tag das Lob Gottes gefeiert wird, sieben Stunden auf Handarbeit und zwei Stunden für das Studium verwendet werden sollen." (Montalembert, S. 49) Bereits bei Benedikt gibt es eine Auffassung von der Zeit, die sich in der frühen Neuzeit vollends entfaltete. Die Lebenszeit ist kein Geschenk, sondern ein Darlehen, das wir durch ein christliches Leben zurückzahlen müssen. Am Lebensende müssen wir darüber Rechenschaft ablegen und dann entscheidet sich, welchen Weg wir ins Jenseits nehmen, den in den Himmel oder den in die Hölle. Die Zeit wurde wie später bei Benjamin Franklin, Leon Battista Alberti oder Abraham a Sancta Clara als knapper Rohstoff angesehen. Bei Benedikt ist sie ein Gut, welches Gott den Menschen gegeben hat, damit sie damit Gott wohlgefällige Werke verrichten. Um die Zeit möglichst ökonomisch nutzen zu können, hat Benedikt den gesamten Tagesablauf durchtaktiert. Für jede Verrichtung - Arbeiten, Beten, Schlafen, Essen, Lesen - gibt es feste Zeiten. Die Idee einer solchen rigiden und durchtaktierten Zeitplanung war damals revolutionär. Dabei standen allerdings noch nicht Nützlichkeitsüberlegungen im Vordergrund, wie sie viel später für die kapitalistische Ökonomie typisch sein sollten, sondern religiöse Motive waren hier bestimmend. „Die Benediktiner erhoben dieses radikal neue Konzept in den Rang eines moralischen Prinzips. Strenge Einhaltung dieser anspruchsvollen Zeitorientierung galt als lobenswert in den Augen der Kirche und, wie sie glaubten, auch in den Augen des Herrn." (Rifkin, S. 108) Das technische Hilfsmittel, das diese neue Zeitökonomie überhaupt erst garantierte, waren die Uhren. Zunächst Wasser- und Öluhren und dann später mechanische Uhren. Damals hatten die Mönche natürlich noch keine Armbanduhren oder Wecker, es waren Turmuhren, die zu jeder festgeschriebenen Zeit dieses klösterlichen Stundenplans bimmelten. Unpünktlichkeit wurde bestraft: „Wir lassen die unpünktlichen Brüder bewusst auf dem letzten Platz oder abseits stehen, damit sie von allen gesehen werden, sich schämen und deshalb sich bessern." (Regula, Kap. 43; Delatte, S. 46)

Das Ziel bestand darin, dass jeder Mönch die klösterliche Disziplin verinnerlichte. Dass er das eigene Handeln jederzeit selbst überwachte. Und sowohl sich selbst gegenüber als auch Gott gegenüber für sein Tun Rechenschaft ablegte. Um dies zu erlangen, mussten die Kräfte wirkungsvoll und konzentriert gebündelt werden. Disziplin, Ordnung und Zeitökonomie der Mönche dienen ausschließlich diesem Zweck. Und wer sich dem entzieht, macht sich des Müßiggangs schuldig. „Wahrer Meister und Herr seiner selbst ist der, der alle vitalen Kräfte in sich geordnet in der Hand hält, um sie im entscheidenden Moment für das von Gott erwartete Werk einzusetzen." (Kommentar Delatte, S. 149) Hierzu gehört auch die Verpflichtung des Mönchs, seinem Orden treu zu bleiben und sich nicht schmetterlingshaft mal hier und mal dort spirituell anzusiedeln. Er soll sich ganz und gar auf das eine Ziel konzentrieren. Gleichsam wie in einem Brennglas müssten alle Kräfte hierauf gerichtet werden. Jeder Wechsel dagegen würde eine Vergeudung der Kräfte und ein ewiges Neu-Beginnen zur Folge haben. Alles Unstete und Flatterhafte bedeute aber nichts anderes als Müßiggang.

Benedikt legte auf diese Beständigkeit (stabilitas loci) deshalb solch großen Wert, weil er sich mit deren Widerpart immer wieder auseinandersetzen und abquälen musste; und zwar mit dem Phänomen umherschweifender und haltloser Wandermönche in der Frühphase des Christentums wie wir sie ja schon von Augustinus kennen. Hiervon gab es zu Benedikts Zeit zwei Varianten Die einen sind ganz normale Schnorrer und Parasiten, wie es sie überall gibt. Für sie ist die Mönchskutte lediglich ein Vorwand, um sich den Bauch vollzuschlagen und sorglos in den Tag hineinzuleben. Jede Form und Verbindlichkeit ist ihnen ein einziger Gräuel. Und wenn sie genug geschnorrt haben, ziehen sie zum nächsten Kloster weiter. Der zweite Typus sind die Nachfolger der Euchiten (s.o.), die aus einem falsch verstandenen Rigorismus die Radikalität des immerwährenden Betens vertreten. Weltliche Dinge, wie z.B die Arbeit oder gar eine verbindliche Klosterregel sind für sie Ausdruck von Blasphemie und eine Störung des Gebets. Benedikt musste sich mit beiden Gruppen herumschlagen. Da waren zunächst die Sarabaiten, über die Benedikt in seiner Mönchsregel folgendermaßen urteilt: „Sie sind eine ganz widerliche Art von Mönchen. In ihren Werken halten sie der Welt immer noch die Treue. Man sieht, dass sie durch ihre Tonsur (Kranzfrisur) Gott belügen. Zu zweit oder zu dritt oder auch einzeln, ohne Hirten, sind sie nicht in den Hürden des Herrn, sondern in ihren eigenen eingeschlossen: Gesetz ist ihnen, was ihnen behagt und wonach sie verlangen." (Regula Nr. 1, nach Delatte, S. 56f.) Sie sind gleichsam spirituelle Nomaden die sich auf nichts festlegen lassen wollen. Ihr schweifender Lebensstil verträgt sich überhaupt nicht mit der Verbindlichkeit und Regelhaftigkeit der Klöster.

Noch schlimmer als die Sarabaiten sind für Benedikt die Gyrovagen, weil sie auf ihren Wanderungen die Gastfreundschaft der Klöster hemmungslos ausnutzten. „Sie stellen sich bei ihrer Einkehr von der Reise ermüdet, bitten um Wein und ausgewählte Speisen zur Kräftigung. Dabei essen sie oft bis zum Unwohlsein und entschuldigen sich dann mit ihrem durch die Strapazen angegriffenen Magen." (Regula Nr. 15, zit. nach Delatte) Es handelte sich hier also um eine Spezies von ausgekochten Schnorrern und Faulpelzen, die allein schon deshalb nach wenigen Tagen das Kloster verließen, weil sie dort ja arbeiten müssten. Ob es sich nun um Sarabaiten oder Gyrovagen handelt, beide Strömungen können oder wollen sich nicht der Klosterdisziplin und dem klösterlichen Gemeinschaftsleben unterordnen, da sie keiner Arbeit nachgehen wollen. Sie sind, so Benedikt, insofern nichts anderes als Müßiggänger der übelsten Sorte, die dem Programm und den Zielen der Benediktiner, insbesondere ihrer Einstellung zur Arbeit, diametral entgegenstehen.

Kein anderer Mönchsorden in der Geschichte des Christentums hat derart konsequent Religion und Ökonomie miteinander verflochten wie die Benediktiner. Ihre Klöster sind gleichsam Laboratorien zur Einübung der Arbeitstugenden und somit zur Vertreibung von Trägheit, Faulheit und Müßiggang. Sie sind Vorläufer einer methodischen Lebensführung, wie sie sich voll seit der Neuzeit und dann triumphal unter der Ägide des Industriekapitalismus entfalten sollte.

Kapitel 3: „Pfui Teufel! Pfui Faulenzer!"

Prolog

„Das Gute - dieser Satz steht fest - ist stets das Böse, was man lässt." (Wilhelm Busch, Die fromme Helene) Die Sünden und Laster aufs Korn zu nehmen, ist allemal wirkungsvoller, als das moralisch Gute und die Tugenden zu beschreiben oder auszupinseln. Dementsprechend haben die Pfarrer denn auch weniger den Fleiß und die Arbeitsamkeit gepredigt, als vielmehr den Teufel an die Wand gemalt und vor den schrecklichen Folgen der Faulheit und des Müßiggangs gewarnt. Dass der Teufel alle Faulpelze und Müßiggänger ergreifen und sie in sein Höllenreich schleppen werde!

Im 16. Jahrhundert entwickelte sich eine Koexistenz von zwei miteinander verwobenen Teufelsvorstellungen. 1. Der traditionelle Teufel. Der allmächtige Höllenfürst und universelle Herrscher des Bösen, der für alles Übel in der Welt verantwortlich war; für Hungersnöte, Pestilenzen und Kriege. Nachdem der Teufel von Gott abgefallen und aus dem Himmel verstoßen worden war, hatte er sich sein eigenes Reich geschaffen. Er ist nun der Herrscher der Hölle, in die wir alle unweigerlich geraten, wenn wir uns nicht an die christlichen Gebote halten und schwere Sünden begehen. Die Gestalt und das Aussehen des Teufels haben sich über Jahrhunderte kaum geändert. Er hat meist eine schwarze Gesichtsfarbe, rote Hörner, ein rotes Gewand, Fledermausflügel, Kuhschwanz und einen Pferdefuß.

2. Neben diesen Furcht erregenden Vorstellungen vom Teufel etablierte sich seit dem 16. Jahrhundert ein weiteres Teufelsbild. Der Teufel wird nun in den Dienst moralisch-didaktischer Bestrebungen gestellt. Er wird zum Generalnenner für alle menschlichen Sünden und Abweichungen. Ähnlich wie im Kampf der ägyptischen Mönche gegen die Dämonen, wird hier dem Teufel eine ganze Schar von Gehilfen, gleichsam Unterteufeln, an die Seite gestellt. Jeder dieser

Gehilfen ist für eine bestimmte schlechte menschliche Eigenschaft oder Sünde zuständig. Er ist derjenige, der die Menschen zu schlechten Taten anstiftet.

„Das Bemühen um die moralische Besserung des Menschen führt dazu, immer neue Defekte aufzuspüren und in den Mittelpunkt der Betrachtung zu stellen. Dementsprechend vermehrt sich auch die Zahl von Unterteufeln und sonstigen Gehilfen. Sie kriechen nun in sämtliche Poren des menschlichen Alltagslebens. Der Teufel mit seinem Hofstaat hat in dieser Vorstellung zwar seine allmächtige Wucht eingebüßt, dafür ist er aber allgegenwärtig. Das Wirken des Teufels wird nun an den geringsten Übeln und Plagen festgemacht. Schließlich versteigt man sich zu der Vorstellung, dass man selbst Dinge wie das Jucken der Haut oder den Niesreiz dem Teufel anlastet" (Ohse, S.39) Der protestantische Theologe Martin Borrhaus (1499-1564) hat ausgerechnet, dass es nicht weniger als 2.665.866.746.664 Teufel gibt. (in Worten: 2 Billionen 665 Milliarden usw.) (vgl. Roskoff, S.374)

Angesichts solch universeller Teufeleien lag es nahe, die Schuld für alle nur denkbaren menschlichen Unarten und Abweichungen dem Teufel in die Schuhe zu schieben. Mit derartigen Ausreden setzte sich eine Schrift auseinander, die bereits im Titel den Nagel auf den Kopf trifft. „ Der Teufel hat mich verführet. Oder: Die eitle Ausflucht der Sünder, welche, wenn sie gesündigt, die Schuld ihrer Sünden auf den Teufel schieben und also ihre Sünden entschuldigen wollen." Ganz zweifellos, so der Autor, versucht der Teufel allenthalben die Menschen zur Sünde zu reizen und zu locken. Auf seinen Streifzügen durch das sündige Menschenleben nehme der Teufel oftmals seine Unterteufel mit, die noch ärger seien als er selbst, und die folglich „in den Herzen der Gottlosen eine viel festere und beständigere Wohnung haben, als wenn er alleine wäre."(Bernd, S.18)

Allerdings, so wendet der Autor Adam Bernd ein, habe der Mensch „vermöge der himmlischen Gnadenkräfte" die Freiheit, den Reizungen und Verlockungen zu widerstehen. (Bernd, S.18) Befolgt er dies aber nicht, so sei er ein schwachbrüstiger Wicht, der vom Teufel immer wieder zu schlechten Taten verleitet werden könne. Ein harmloses Beispiel: Am Sonntagmorgen geht einer seinen Weg zur Kirche und trifft unterwegs einen Freund. Der beschwatzt ihn, mit ihm lieber das Wirtshaus zu besuchen. Gewisslich sei dies keine Sünde, so der Freund, da er ja erst kürzlich am Gottesdienst teilgenommen habe. Das leuchtet dem anderen ein und man schlendert ohne schlechtes Gewissen statt in die Kirche ins Bierhaus. So und ähnlich verliefen die teuflischen Verführungen. Trotz alledem bleibe es jedoch die freie Entscheidung des Menschen. Schließlich würde er ja nicht „mit Gewalt fortgezerrt und mitgeschleppt." (Bernd, S.15) Alle Versuchungen des Teufels seien nichts anderes als „Beredungen und Beschwatzungen". Der Teufel könne uns zwar zu nichts zwingen, denn schließlich behielten wir ja unsere Freiheit. Er habe allerdings die Macht als Verführer. Um es neudeutsch auszudrücken: Er ist ein Strukturverstärker. Dort wo schon Sünde gedacht oder vorhanden ist, setzt der Teufel an. Und so kann er denn auch Menschen von trägem Gemüt zur Faulheit verführen.

Der literarische Ausdruck dieser neuen Teufelsvorstellungen waren die sog. Teufelsbücher, die sich seit der 2. Hälfte des 16. Jahrhunderts als neues Genre ausbreiteten. Hierbei handelte es sich nicht um Bücher über Magie, satanistische Rituale oder Teufelsbeschwörungen, sondern um moralischerbauliche Traktate gegen alle nur denkbaren Alltagssünden. Es gab den Saufteufel, den Hurenteufel, Lügen- und Lästerteufel, Bettelteufel, Gesindeteufel, Neidteufel, den melancholischen Teufel, Hoffartsteufel, Zauberteufel, Eheteufel, Jagdteufel. und schließlich den Faulteufel.

„Die Tendenz zur Aufspaltung ist ein typisches Gestaltungsmerkmal des ausgehenden Mittelalters, das innig mit dem Geist dieser Epoche verbunden ist. Das Bemühen um die moralische Besserung des Menschen führt dazu, immer neue Defekte aufzuspüren und in den Mittelpunkt der Betrachtung zu stellen. Die immer mehr zunehmende Zahl der Sündenregister im vierzehnten und fünfzehnten Jahrhundert, der

Beichtspiegel, die Aufzählungen und Einteilung der Sieben Todsünden und ihrer ‚Töchter' - sie alle sind Beispiele dieser 'Zergliederungswut'." (Ohse S.64)

Von 1545 bis 1569 wurden ca. 100 Ausgaben von 22 verschiedenen Teufelsbüchern gedruckt und veröffentlicht. Insgesamt waren dies im Gebiet des deutschen Reiches bei einer lesekundigen Bevölkerung von 1 Mill. Menschen ca. 235 000 Exemplare (Grimm S.1760). Die Teufelsbücher waren in dieser Zeit also geradezu eine Mode. Die Verfasser waren meistens evangelische Pfarrer, „die einen kühnen Federkrieg wider die Scharen der Lasterteufel" ausfochten. (Osborn, S.34)

Die damals grassierende Teufelsepidemie hatte freilich am Ende des Mittelalters und zu Beginn der Neuzeit ihren politischen Hintergrund. Der virulente Teufelswahn war Ausdruck einer gesellschaftlichen Entwicklung, in der die bestehende Ordnung ins Wanken geraten war. Das 16. Jahrhundert war eine Zeit des radikalen Umbruchs. Dies drückt sich nicht allein in solch spektakulären Großereignissen wie der Reformation oder den Bauernkriegen aus, sondern manifestierte sich ebenso im Alltag. Im Kampf der Stände gegeneinander. Die mittelalterliche Gesellschaft war dabei sich aufzulösen, aber die neue bürgerliche Gesellschaft mit ihren kapitalistischen Wirtschaftsstrukturen hatte sich längst noch nicht etabliert. Es herrschte eine „neue Unübersichtlichkeit", ein großes Wirrwarr auf der gesellschaftlichen Bühne, wo noch nicht jeder seinen neuen Platz eingenommen hatte resp. von der Bühne verschwunden war. Galt die Ständeordnung im Mittelalter als unumstößlich und geradezu heilig, so löst sich dieses starre System am Ende des Mittelalters auf. Alle ziehen übereinander her. Der Bauer wird als Schwachkopf und dummer August verhöhnt. Der Adel steht wegen seiner moralischen Verkommenheit in der Kritik und die Sittenlosigkeit des Klerus, insbesondere der Mönche, ist immer wieder Stein des Anstoßes.

„Aber so hochmütig und lieblos auch jeder gegen den anderen Stand loszieht, es will doch keiner in seinem eigenen bleiben, denn das mittelalterliche Prinzip, dass der Stand dem

Menschen angeboren ist wie seine Haut, hat längst nicht mehr die Geltung: der Bauer will ein fein gekleideter Städter werden, der Städter ein eisenbeschienter Ritter, der Ritter wieder blickt voll Neid auf den Bürger und seinen behaglichen Wohlstand." (Friedell, S.108)

Faulteufel

Der Faulteufel, 1569 von dem evangelischen Pfarrer Joachim Westphal verfasst, reiht sich ein in die Phalanx der Teufelsbücher. Wie seine Artgenossen so ist auch der Faulteufel literarisch nicht besonders anspruchsvoll. Verbreitet war er - wie die anderen Teufelsbücher auch- als populäre Moralsatire, die allerdings gelegentlich etwas moralinsauer daherkam. Vom Teufel bleibt in Westphals Traktat im Grunde nicht viel mehr übrig als der Name im Titel. Er bedient sich reißerisch der Popularität des Teufels als Aufhänger für seine Polemik gegen faule Menschen aller Art.

Der Teufel ist derjenige, der den Menschen das Leben zur Hölle macht. Gelingt es ihm nicht, die Menschen in sein Reich zu schleppen, so sollen sie sich zumindest auf der Erde abquälen und leiden. Er ist es, der für alle Übel der Welt verantwortlich ist. Der Teufel hindert die Menschen „gerne und fleißig" an ihrem Beruf und mit List und Gewalt versucht er sie zum Gegenteil dessen zu verleiten, was ihre Aufgabe ist. (Westphal, zit. nach Münch 1984, S.80) Des Teufels einziges Ziel ist es, dass die Menschen „sich in Sünden üben und bemühen sollen." (ebd.)

Es gibt Eltern, die sich selber mit saurer Arbeit haben ernähren und es jetzt hinnehmen müssen, „dass ihre Kinder in Teufels Namen müßiggehen und ihren sauren Schweiß verzehren. Oh ein Knüttel her und hinter die Ohren geschlagen!" (ebd. S.85)

Westphal unterscheidet zwei Arten von Müßiggang: Der ehrliche Müßiggang ist die Erholung nach getaner Arbeit; also das, was wir heute Freizeit nennen. Die andere Art, das ist der „schändliche Müßiggang." Dem geben sich solche Menschen hin, die sich ganz ohne vorherige Arbeit in alle nur denkbaren Vergnügungen und Wollustbarkeiten stürzen. Für diese Spezies der Müßiggänger ist jeder Tag ein Feiertag. Der Mensch, so Westphal, ist von Gott geschaffen worden zu guten Werken, nicht aber zum Müßiggang; nicht zum „spielen, huren, buben, schlemmen, prassen, prangen." All dies ist verwerflich; denn „wir sollen das Fleisch abtöten, wenn wir ewig leben wollen." (ebd. S.94)

Arbeit wird von den Menschen gefordert, nicht um damit Güter zu erwerben, sondern um dem göttlichen Willen Gehorsam zu leisten. Denn da ja Gott die Erde verflucht hat, könnten wir mit noch so vieler Arbeit es nicht erreichen, dass die Erde Früchte trägt. Arbeit ist hier dem Menschen nur deshalb auferlegt, „damit sein sündiger Körper gezähmt wird." (ebd. S.95)

Für Westphal gehört es zur menschlichen Bestimmung, dass er immer und fortwährend etwas zu tun haben müsse. So wie es in der gesamten Natur der Fall sei; auch dort sei ja alles in fortwährender Bewegung. Und so könne auch der Mensch nicht ruhen und aufhören, etwas zu denken oder zu wirken. Wenn er nun aber das Gute, das Gott ihm aufgetragen hat, verabsäumt, so tritt in dieses Vakuum sofort und automatisch etwas anderes, nämlich der Teufel mit dem Bösen. Deshalb sollten wir unserem Beruf nachgehen, damit nicht der Müßiggang und „die stinkende, schändliche Faulheit" durch die Hintertür hereinkommen.

Mit Vehemenz schwingt Westphal die moralische Keule gegen alle Arten von Faulpelzen und Nichtstuern. „Sie liegen und faulenzen, schlafen, treiben unnützes Geschwätz und verzehren, was andere erworben haben; oder sie liegen in gräulichen Sünden und Lastern: fressen und saufen, geben sich der Hurerei hin; die Welt ist voll von solchen faulen Tropfen, welche die Erde beschweren." (ebd., S.82)

Der Müßiggänger ist demnach ja gar kein wirklich Lebender, sondern er gleicht einem Toten schon zu Lebzeiten. Der Müßiggang sei im Grunde nichts als die „Vergrabung und Verscharrung" eines lebendigen Menschen. Gerade in jetziger

Zeit (16. Jahrhundert) gehe ja alles drunter und drüber. Die ganze Stadt sei voll von „faulen Lotterbuben und Biergurgeln, die nichts tun, als spazieren und Klinken schlagen. Solche findet man unter den Armen wie den Reichen gleichermaßen." (ebd., S.83) Der Müßiggänger, so Westphals Kritik, ist außerstande, sich auf eine Sache zu konzentrieren. Wie eine Hummel schweift er hierhin und bald dorthin. Später bezeichnet man ein solches Verhalten als geschäftigen Müßiggang und heute als Multitasking.

„Aber ein fauler Müßiggänger ist mit sich selbst nicht eins (Stil an modernes Hochdeutsch angepasst), er weiß nicht was er sich vornehmen will, vagiert und schwärmt mit den Gedanken umher, ist jetzt im Krieg und jetzt daheim, bald gefällt ihm dies nicht und dann das nicht, ist also bald weder daheim noch im Krieg. Jetzt geht er hierher, bald dorthin und wenn er dorthin gekommen ist, so will er aber da nicht bleiben, sondern sich was anderes vornehmen; er weiß also nicht, warum er lebt und auf der Welt ist" schreibt Joachim Westphal in seinem „Faulteufel". (ebd. S.90f.)

Die sozialen Verwerfungen infolge der gesellschaftlichen Umbrüche zu Beginn der Neuzeit machten sich auch auf dem Lande bemerkbar. Das traditionelle soziale Gefüge geriet ins Wanken. Nach den Bauernkriegen war allerhand aus dem Lot geraten. Auch die Domestiken ließen sich nicht mehr alles bieten. Zumal auf dem Land, so Westphals Kritik, wolle keiner mehr arbeiten und es sei dahin gekommen, dass es an Dreschern, Ackerknechten, Mägden und Tagelöhnern mangele. Und selbst die Bettler seien sich zu fein, solche Arbeit anzunehmen. Jeder Nichtsnutz wolle heutzutage Herr sein, ohne dass er überhaupt etwas gelernt habe und könne.

Statt seine Arbeit gewissenhaft zu verrichten, ist der Knecht ins Wirtshaus gegangen, betrinkt sich und hält dort große Reden. Was seine Herrschaft so treibe, das könne er allemal, ja sogar noch besser, mit links. Wenn man ihn nur ließe, so wolle er allen zeigen, was in ihm steckt. Und ähnlich altklug und naseweis schwadroniert die Magd. Zwar weiß sie nicht einmal, wie man Eier kocht, aber zur Herrin würde sie sich vortrefflich eignen. Die Faulheit führt in Westphals „Faulteufel" zu einem vierfachen Schaden für den Christenmenschen:

1. Der Schaden für die Seele: Von Natur aus neigt der Mensch zur Tätigkeit, so hieß es oben: Diese These stellt Westphal aber schon ein paar Seiten später wieder in Frage. Denn Arbeit ist ja bekanntlich eine Strafe nach dem Sündenfall im Paradies. Und eine Strafe wird von den Menschen von Natur aus gehasst. So hatte „der alte Adam gar keine Lust zu arbeiten und er hat die Arbeit gemieden, wie das Wasser die Berge meidet und nicht hinauf in die Höhe fließen mag."(ebd. S. 87) Und wenn nun einer faul ist, so sei dies im Grunde nichts anderes als Gotteslästerung.

2. Der Schaden für den Körper. Hierfür bringt Westphal eine recht eigentümliche Argumentation. Nämlich dass der Müßiggang dem Menschen den Appetit verdirbt, und er alle Lust am Essen verliert. Dies führe wiederum dazu, dass er sich dem Trunk hingibt. Denn so sagen die Faulen: Ein Brauhaus und ein Backhaus können nicht an derselben Stelle stehen. Die Konsequenz sei, dass die appetitlosen Faulen sich aufs Saufen verlegten. Und die grassierende Trunksucht führe dazu, dass ein Mann heute kaum noch 40 Jahre alt werde. Mal sei es der Schlaganfall, mal erwische ihn die Podagra oder das Zipperlein.

3. Der dritte Schaden ist die Zeitverschwendung. Ein Motiv, das sich durch die gesamte neuzeitliche Faulheitsgeschichte zieht und an Intensität gewinnt, je mehr sich die Uhren ausbreiten. Die Zeit sei aber der größte Schatz, den der Mensch besitze. Denn Gold oder Geld, so sehr man deren Verlust auch beklagen und bejammern mag, lasse sich wiederbeschaffen; nicht aber die Zeit. Sie vergeht und zerfließt unwiederbringlich. Sie fließt dahin wie ein Wasser, und wer nicht daraus schöpft, hat sie für immer verloren. Es gibt zwei erlaubte Sphären der Zeitnutzung. Die Berufsarbeit und die fromme Zeitnutzung. Zeit, die für Zerstreuungen, Vergnügungen und Müßiggang zugebracht wird, ist demnach im eigentlichen Sinne überhaupt gar keine richtige Zeit. Im Gegenteil: Es handelt sich beim Müßiggang um eine Zeitver-

nichtungsmaschinerie. Legitim und erlaubt sei demnach nur die Zeit für Gottesdienst und Arbeit, wobei die Gott gewidmete Zeit den Vorrang hat. Dagegen vergrößert die im Alltagsgetriebe verplemperte Zeit nur den Müllhaufen des sinnlos zugebrachten Lebens. Bei der großen Abrechnung am Lebensende schlage sie in deprimierender Weise auf der Sollseite zu Buche.

4. Der vierte Schaden, so Westphal, der aus dem Müßiggang folgt, ist schließlich die Armut. Der Faule stirbt über seinem Wunsche; denn seine Hände wollen nichts tun. So ist es bereits in der Bibel zu lesen. Auch hier geht es wieder um den Balanceakt zwischen Religion und Ökonomie. Man soll zwar fleißig arbeiten, um nicht der Armut zu verfallen, man solle dabei aber keine Reichtümer anhäufen. Arbeiten um reich zu werden, sei nicht nur falsch, sondern auch völlig sinnlos. Denn Gott habe nach dem paradiesischen Sündenfall die Erde verflucht und deshalb könnten wir es mit unserer Arbeit nicht zu Wege bringen, dass die Erde Früchte trägt. Dies stehe allein in Gottes Belieben. Dies will Westphal aber beileibe nicht als Aufforderung zur Faulheit verstanden wissen. Ob sich Westphals Leser solche Mahnungen und Vorhaltungen zu Herzen genommen haben, das wissen wir natürlich nicht. Seine Schrift dokumentiert allerdings den damaligen Zeitgeist, der teuflische Geschütze auffuhr, um den Menschen die Faulheit und den Schlendrian auszutreiben.

Der Träge im Schleppnetz des Teufels

In seiner Zelle karg und still sitzt ein Einsiedler und betet vor sich hin; so wie in grauer Vorzeit der heilige Antonius in der ägyptischen Wüste. (Kapitel 2) Und so wie damals hat sich der Teufel heimlich in die Zelle geschlichen, um den Einsiedler von seinem Gebet abzubringen und ihn zum Bösen zu verleiten. Der jedoch bemerkt den Eindringling, schlägt schnell ein Kreuz und kann so den Angriff des Teufels abwehren. Der Einsiedler stellt den Teufel zur Rede. Dies ist der allgemeine Rahmen von des „Teufels Netz", einem satirisch-didaktischen Gedicht aus der ersten Hälfte des 15. Jahrhunderts. Es wurde in alemannischer Sprache anonym verfasst und stammt offensichtlich aus dem klösterlichen Milieu. Das Ganze ist ein langer Dialog zwischen Einsiedler und Teufel, in dessen Verlauf der Teufel detailliert erzählt, welches seine Ziele und Absichten auf Erden seien. Er habe ein großes Netz geknüpft, um einen Fischzug unter den irdischen Sündern zu veranstalten. Die Metapher vom Fischzug knüpft unmittelbar an Jesus mit seinem Menschenfischertum an. Und die Netzmetapher findet sich - welch ein Zufall - ebenso schon beim heiligen Antonius im 4. Jahrhundert. „Ich sah alle Schlingen des Feindes über die Erde ausgebreitet." heißt es in einem der von ihm überlieferten Sprüche.

Die Antoniusgeschichte zieht sich durch das ganze Gedicht und die bestehende Ständeordnung wird kritisch am Ideal dieses Heiligen gemessen. Das Netz, so der Teufel, schleppe er allerdings nicht selbst, sondern dafür habe er seine sieben Knechte. Diese Knechte verkörpern jeweils eine der sieben Todsünden. Es sind dies der Hochmut, die Habgier, die sexuelle Ausschweifung, der Neid, die Fresssucht, der Zorn und natürlich die Trägheit. Auf jede dieser Sünden geht der Teufel ausführlich ein. In das Netz können aber nur solche Menschen gefangen werden, die entweder bereits gesündigt haben oder anfällig und bereit zur Sünde sind. Dies sei allerdings bei den meisten Menschen der Fall. Nur sehr wenige standhafte, wie z.B. der Einsiedler (=Antonius) könnten den Einflüsterungen und Verlockungen des Teufels und seiner sieben Knechte entgehen.

Der schlimmste der sieben Knechte ist der Trägheitsteufel. Trägheit bezieht sich hier aber noch lange nicht auf die Berufsarbeit, gemeint ist vielmehr die Trägheit gegenüber den christlichen Pflichten. Bei den Einsiedlermönchen und den Klostermönchen war die Acedia eine Art geistlicher Trägheit (vgl. Kapitel 2) Dieses Motiv setzt sich hier nun in veränderter Form fort. Es geht um die Nachlässigkeit bei der Ausübung der religiösen Pflichten. Trägheit bezieht sich also auf den

Gottesdienst, konkret den Kirchgang. Die Kritik richtet sich in erster Linie an die oberen, adeligen Schichten, die lieber lange ausschliefen und stets um ihre Gesundheit besorgt seien. (Barack, S. 287) Ein besonderes Augenmerk richtet der Verfasser von „Des Teufels Netz" auf die Chorherren. Sie seien in besonderem der Trägheit verfallen, da sie allenthalben ihre liturgischen Pflichten schnöde vernachlässigten. Für sie habe sich der Teufel besonders scheußliche Strafen ausgedacht, indem er „die pflichtvergessenen Chorherren eigens frisst, siedet und brät." (Barack, S. 298)

Die Vernachlässigung der christlichen Pflichten ist ein Motiv, das bereits lange vor des „Teufels Netz" immer wieder beklagt wurde. Das Problem bestand darin, dass sich das Christentum im Laufe des Mittelalters von einer exklusiven Religion „spiritueller Virtuosen" (Max Weber), der Mönche, zu einer Volksreligion ausgeweitet hatte. Dies bedeutete, dass nun ein christliches Moralsystem für den „Normalmenschen" geschaffen werden musste.

Um diesen Prozess der religiösen Disziplinierung zu forcieren, wurden sog. Bußbücher erfunden. Die ersten Bußbücher kamen Ende des 6. Jahrhunderts in Irland auf. In ihnen waren einerseits alle denkbaren Vergehen und Sünden aufgelistet, zum anderen wurde für jede Sünde hier gleichsam als Tarif die Art und Höhe der Bußleistung festgehalten; deshalb bezeichnet man diese Form der Beichte auch als poenitentia taxata, Tarifbuße. Durch die Bußbücher sollte das Sündenbewusstsein des christlichen Laien und damit der gesamte Normen- und Sündenkatalog der Kirche verbreitet und gefestigt werden. Dieses Beicht- und Bußsystem hat, so Max Weber, „die Christianisierung der westeuropäischen Welt mit einzigartiger Wucht durchgesetzt." (Max Weber , 1956, S.436)

Wie sollte man aber z.B. die mit der Acedia verbundene mangelnde Inbrunst beim Beten überprüfen? Entsprechend der Popularisierung des Christentums vollzieht sich ein Wandel, auch was die Acedia anlangt. Es ging nun um andere Verfehlungen als bei den betenden Mönchen. Indem die christliche Religion sich nach außen, also ins gemeine Volk kehrt, wandelt sich auch die Bedeutung der Acedia von einer inneren Geisteshaltung hin zu einer äußerlichen Verhaltensweise.

Der träge Mensch, so wird nun kritisiert, hat keine Lust in die Kirche zu gehen. Wenn die Kirchenglocken läuten, dreht er sich in seinem Bett herum, zieht die Bettdecke über den Kopf und schläft weiter. Um Ausreden ist er nie verlegen. So versäumt er den Gottesdienst, weil das Wetter mal zu warm mal zu kalt ist. (Wenzel, S.84) Die Verbreitung der Bußbücher und der Institutionalisierung der Beichte hat einerseits zu einer Stärkung des Sündenbewusstseins und schließlich zur Selbstkontrolle geführt, auf der anderen Seite brachten sie eine Schematisierung und Formalisierung und damit Veräußerlichung der Religiosität mit sich. Und genau dies ist das Thema der Moralsatire von „des Teufels Netz".

Bei seinem Disput mit dem Einsiedler vergisst der Teufel nie zu betonen, dass er es ist, der die Menschen zur Sünde verführt mit dem Ziel, möglichst viele von ihnen in die Hölle zu schleppen. Denn dort war es leer geworden, nachdem Jesus durch seinen Kreuzestod den Menschen die Möglichkeit gegeben hatte, der Höllenqual zu entgehen und in die himmlischen Gefilde zu gelangen. Dem Teufel aber blieb der Himmel verwehrt und hierüber verärgert, sucht er aus Rache mit seinen Gehilfen möglichst viele Menschen in seine Netze zu fangen.

Die Tücken des Trägheitsteufels

Das Netz des Teufels, der die Sünder einfängt, wird von Aegidius Albertinus (1560-1620) in seiner Moralsatire „Lucifers Königsreich und Seelengejaidt" weitergeknüpft. Der tatsächliche Name des Autors lautete wahrscheinlich Gilles Albertsz. Er hatte in Holland gelebt und soll 1579 mit seiner Familie vor der Reformation nach Bayern geflohen sein. 1593 wurde er von Herzog Wilhelm V. zum Hofkanzlisten ernannt.

Albertinus war einer der führenden literarischen Vertreter der katholischen Gegenreformation. Neben seinen 50 eigenen

Schriften, von denen nicht klar ist, inwieweit er sich dabei an andere Autoren angelehnt hat, hat er sich durch Übersetzungen um die Verbreitung der spanischen Schelmenromane verdient gemacht.

„Lucifers Königsreich" steht in der Nachfolge der mittelalterlichen Tugend- und Lasterspiegel. Ähnlich wie in „Des Teufels Netz" treibt auch hier der Teufel sein Unwesen und verleitet die Menschen, den Pfad der Tugend zu verlassen. Albertinus knüpft ebenfalls unmittelbar an die mittelalterlichen Hauptsünden (später „Todsünden") an. Es sind auch hier der Hochmut (Hoffart), der Geiz, die Gefräßigkeit, die Wollust, der Neid, der Zorn und die Trägheit bzw. die Faulheit. Der Teufel verfügt über einen Haufen von Knechten und Dienern und sie alle setzen den Menschen mit allerhand üblen Ränken zu. Wie Jäger machen sie Jagd auf die Seelen der Menschen (Seelengejaidt). Da wird der Mensch von einem Netz überzogen oder es werden ihm verborgene Fallstricke gelegt oder aber er fällt in eine Grube. Immer geht es darum, die Menschen in sündiges Handeln zu verstricken. Damit will sich der Teufel dafür rächen, dass er aus dem Himmel vertrieben wurde und die Menschen von Gott ausersehen sind, des Teufels Stelle im Himmel einzunehmen.

Aus den drei mittelalterlichen Ständen (Adel, Klerus, Bauern) hat der Teufel bei Albertinus einen neuen vierten Stand geschaffen, den Stand der Trägen und Faulenzer. Sie sind dem Teufel besonders lieb und deshalb schwärmt er mit seinen Untergebenen aus, sie zu suchen. Und wenn sie welche gefunden haben, so fahren die Teufel in diese Seelen hinein und beherrschen die Menschen. Es gibt im Teufelssystem des Albertinus zehn verschiedene Ketten, mit denen der Trägheitsteufel die Menschen fesselt. Sie sind den Töchtern der Acedia nachempfunden. Es sind die Halsstarrigkeit, die Vermessenheit, die Schläfrigkeit, der Unfleiß und etliche andere. Allerdings wird hier die Siebenzahl gesprengt, was keine tiefere inhaltliche Bedeutung hat, sondern offensichtlich dem ausufernden und unsystematischen Schreibstil des Albertinus geschuldet ist.

Aegidius Albertinus begnügt sich nicht mit der Beschreibung der zehn Ketten des Trägheitsteufels, sondern lässt, ähnlich wie im „Teufels Netz", nicht weniger als 12 Faulheitstypen quer durch alle Stände folgen. Auch ihm geht es darum, das gesellschaftliche Chaos in der frühen Neuzeit anzuprangern. Die Vertreter dieses vom Teufel geschaffenen neuen Standes der Trägen und Faulenzer sind natürlich keine eigenständige Personengruppe oder gesellschaftliche Schicht, sondern es sind menschliche Merkmale und Eigenschaften, die sich über die Seelen der Menschen stülpen und festsaugen. Ebenso wie bei den Ketten ist Albertinus auch bei seinem Modell der zwölf Varianten des Müßiggangs ausgesprochen unsystematisch und chaotisch. Es finden sich zunächst Vertreter verschiedener Stände, welche ihre jeweiligen Pflichten vernachlässigen. Es beginnt mit der obersten Hierarchiestufe der damaligen Gesellschaft, „den Regenten und Obrigkeiten". Unter ihnen seien jene Müßiggänger verbreitet, die ihre Zeit nutzlos und sinnlos vergeudeten, indem sie sich allen nur denkbaren Wolllustbarkeiten hingäben. Dabei sei es ihnen völlig gleichgültig, wie es ihren Untergebenen dabei geht, ob sie in Not sind und darüber jammern und klagen. Stattdessen vergnügten sie sich bei Reiterspielen wie z.B. dem Ringelrennen, veranstalteten Turniere oder gingen zur Jagd. Es folgen die „unnützen faulen Edelleute", die von Jugend an verzärtelt erzogen worden seien, die nichts lernten, nichts wüssten noch etwas verstünden. Sie seien zu nichts anderem gebrauchen, als hintern Ofen zu sitzen. (Albertinus, S.217f.) Nicht weniger faul sind die Stadtjunker, die „nur das Pflaster treten, spazierten und ihre beste Zeit und ihr Geld in den Trinkstuben verprassten."

Auffällig ist, dass im Unterschied zu des „Teufels Netz" in dieser Aufzählung überhaupt keine Vertreter des Klerus genannt werden. Ob dies damit zusammenhängt, dass Albertinus frommer Christ und zudem aktiver Vertreter der bayrischen Gegenreformation war oder ob er sie hier einfach nur vergessen hat, sei dahingestellt.

Als nächste Gruppe nimmt Albertinus die Handwerker, also die niederen Vertreter des Bürgertums, ins Visier. Es gebe unter diesen welche, die ihre Berufspflichten grob vernachlässigten. Die gar keine Lust hätten ihren Handwerksbetrieb gewissenhaft zu führen. Stattdessen bürdeten sie die ganze Arbeit den Gesellen auf. Und was die Gesellen erarbeiten, das verjubelten die Meister im Wirtshaus. (ebd. S.218) Aber auch die Handwerksgesellen sind nicht unbedingt Unschuldslämmer. Auch sie haben es faustdick hinter den Ohren. Viele von ihnen arbeiten stets nur mit dem größten Widerwillen. Und was sie erarbeitet hätten, verprassten sie in den Wirtshäusern und am Montag, dem blauen Montag, erschienen sie erst gar nicht zur Arbeit. Viel lieber zögen sie dann die Decke über den Kopf und schliefen ihren Rausch aus.

Ging es bis hierher um Vertreter der Stände und Personengruppen, so lässt Albertinus nun noch alle möglichen Vorkämpfer des faulen und müßigen Lebens aufmarschieren. Es beginnt mit den „faulen gemeinen Burschen, Hausschlentzer, Fenstergucker, Muckenbrüter und Ofenhüter, welche vom Bett zum warmen Ofen, vom Ofen zum Fenster, vom Fenster zum Tisch, vom Tisch zum Bett gehen und nur ihrem Abgott, dem Bauch, dienen." (ebd. S.218). Es folgt eine etwas schillernde und nicht leicht zu definierende Spezies der Faulenzer. Solche, die weder studieren noch arbeiten mögen, die sich auf Maulnahrung begeben und z.B. Wirt werden und hier die Gäste betrügen und „allerhand Mischmasch" machten, d.h. die Getränke panschten. Da mögen auch die Schalksnarren nicht hintanstehen. Es sind all jene, die ihren Oberschalk Till Eulenspiegel zum König erwählt haben und sich aus dem Arbeitsleben völlig verabschiedet haben, die sich von „Schimpfen, groben Zoten und Possenreißen ernähren." (ebd., S.218) Aber was genau sind Schmeckbrätel? Ich weiß es nicht. In den Suchmaschinen und auch sonst wo sind sie nicht zu finden. Es scheint aber eine besondere Art von Parasiten zu sein, „ungehobelte und unverschämte Schmarotzer" die vielfältige Methoden ersonnen haben und sich an allen nur denkbaren Orten herumschlagen, um andere Menschen auszunehmen.

Müßiggänger sind aber auch die Karten- und Würfelspieler. Es sei dies ein heilloses Gesindel; Leute die in einer einzigen Nacht ihr ganzes Hab und Gut verspielten, Frau und Kinder ins Elend stürzten und ihre Seele dem Teufel übergeben. Es folgen die faulenzenden Schläfer. Übermäßiges Schlafen mache krank und so sehen sie denn auch aus „mit ihren halboffenen Augen, geschwollenen Mäulern und Goschen und ihren bleichen Wangen. In allem, was sie tun, sind sie „faul, träge, unlustig langsam, grob, unverständig, sichtlos, gehörlos, geruchslos." (Albertinus, S.220) Narren sind sie, weil sie den größten Teil ihres Lebens mit Schlafen verbringen. „Aus dem Schlaf machen sie eine Arbeit und aus der Arbeit einen Schlaf." (ebd.) Wer fehlt denn nun noch in diesem Panoptikum der Müßiggänger? Natürlich! Es sind die gesunden Bettler. Die viel lieber hausieren und betteln und so den wirklich Armen „das Brot vom Maul hinwegschneiden." (ebd. S.222) Sie könnten zwar ein Handwerk lernen, hätten dazu aber keine Lust und geben sich lieber dem Müßiggang hin. Und bisweilen rühmten sie sich, dass sie an einem Tag durch Betteln mehr verdienten, als ein anderer in einer ganzen Woche.

Der Teufel bedient sich all dieser Müßiggänger, wo immer er sie findet. „Zu Hof braucht er sie zum hofieren und prangen, in den Wirtshäusern zum fressen und saufen. In der Kirche aber zum kuppeln, liebäugeln und schwätzen." (ebd, S. 324)

Der Müßiggänger gleicht, so der Vorwurf, dem Hund, der ja neben dem Esel als Ausbund der Faulheit gilt. Du fauler Hund! „Wie der Küchenhund auf der Erde liegt, so liegt der Faulenzer in des Teufels Küche, im zarten und weichen Bett". Und er leidet an den höllischen Mücken, nämlich an bösen Gedanken und teuflischen Versuchungen, die ihm die Seele zerbeißt. Denn es liegt in der Art der Faulenzer, dass sie gern lange schlafen, das Bett fleißig hüten, langsam die Kirche besuchen, stattlich essen, viel schwätzen und spielen. „Denn weil sie inwendig keinen geistlichen Trost haben, so suchen sie auswendig einen leiblichen." Der Teufel gleicht einem Vogel; denn wie die Vögel leicht sind und auf kleinen Zweigen sitzen und durch alle Fenster in die Häuser fliegen, so laufen auch die Teufel allenthalben herum. Und sie sind bei uns und in uns und sehen was in unseren Leibern und Gemütern steckt. „Sie schleichen hinein in unsere Phantasie, sie erwecken schändliche Gedanken und, wie die Vögel, lassen sie allerorten wo sie hinfliegen, ihren Kot fallen." (ebd., S.351) Wenn aber all dies nichts hilft und der Mensch nicht mehr vom rechten Pfad der Tugend abzubringen ist und der Teufel den Menschen nicht mehr an seinen guten Taten hindern kann, so „vergiftet er die guten Werke mit allerhand Sünden des Neids, des Ehrgeizes, des Afterredens und der Uneinigkeiten." (ebd., S.352) Eine weitere Taktik des Teufels liegt darin, dass er zunächst die stärksten Festungen niederreißt und dann das gesamte Land in seine Gewalt bringt. „Und so versucht er als erstes die gelehrtesten und heiligsten Prälaten und Ordensleute zu gewinnen, um dann umso leichter das ganze Volk unterwerfen zu können." (ebd., S.352) Auch dies ist wieder ein kleiner Seitenhieb auf die lutherische Reformation, den sich Albertinus hier nicht ersparen will.

Faule Narren

„Faul und fault, ist zweierlei. Faul ist träg. Fault ist verfault und doch der Faule verfaulet, der Verfaulende ist faul." Dieser Satz stammt nicht von dem Philosophen Martin Heidegger, sondern von einem anderen Sprachkünstler, der 250 Jahre vor Heidegger ebenfalls aus der Gegend von Meßkirch im Schwarzwald stammte. Die Rede ist von Abraham a Sancta Clara (1644-1709), bürgerlich Johann Ulrich Megerle. An seinem 200. Todestag wurde 1910 in seinem Geburtsort Kreenheinstetten bei Meßkirch ein überlebensgroßes Bronzedenkmal enthüllt. Heidegger war zugegen und hat anlässlich dieser Denkmalenthüllung in einem Zeitungsartikel eine überschwängliche Lobeshymne auf den Jubilar gehalten: „Sein schalkhafter Humor, sein sprühender Witz, seine oft beißende Ironie, in eine kurze prägnante, fügsame und biegsame Sprache gefasst, sind nur verständlich in der Tatsache eines künstlerisch-schöpferisch angelegten oratorischen Genies." (Heidegger, 1983 S.3)

Abraham a Santa Clara war ein katholischer Geistlicher, Prediger und Schriftsteller. Mit seinen 600 Einzelschriften gilt er als bedeutendster deutscher katholischer Prediger und Poet der Barockzeit und war weit über seine Wirkungsstätte Wien hinaus berühmt und populär. „Abrahams Redeweise ist drastisch-volkstümlich und satirisch zugleich, nicht fein und vielleicht nicht immer der Würde der Kanzel entsprechend; aber der Mann, aus dessen Mund oft recht skurrile Worte strömten, muss gewaltig imponiert haben." (Illustrierte Geschichte der Literatur Bd.2, S.94) Friedrich Schiller hat ihm in „Wallensteins Lager" in der Rolle des Kapuzinermönchs ein Denkmal gesetzt.

Zehn Jahre lang hat Abraham a Sancta Clara an seinem Hauptwerk „Judas der Erzschelm" (1686-1695) geschrieben. Mit dem Titelhelden Judas hat dieses Buch allerdings herzlich wenig zu tun. Das Leben des Judas Ischariot bildet lediglich den roten Faden durch eine Vielzahl predigtartiger Betrachtungen satirischer, humoristischer und moralisierender Art. Hatte bislang der Teufel mit seinen vielfältigen Gehilfen die sündige Szene beherrscht, so sind es bei Abraham a Sancta Clara nun die Narren, über die er sich in seinen Predigten und Schriften lustig macht. Damit war er allerdings nicht der Erste. Die Narretei beginnt bereits mit Sebastian Brant und seinem berühmten „Narrenschiff" von 1494 und zieht sich durch das gesamte 16. und 17. Jahrhundert. Im Deutschen Sprichwörterlexikon von K.F.W. Wander finden sich 1309 Sprichwörter über Narren.

Narren sind für Abraham all diejenigen Menschen, die den verschiedenen Lastern verfallen sind. Das Fundament all dieser Laster sind auch hier wieder die sieben Todsünden. Darüber hinaus marschieren aber auch vergleichsweise harmlose Kameraden ein. In einem Buch mit dem schönen Titel „Hundert ausbündige Narren", das bis vor kurzem noch Abraham a Sancta Clara zugeschrieben wurde, geht es um den Disputier-Narr, den Katzen-Narr, den Uhren-Narr, den hoffärtigen Prahlnarr, den Modenarr, den saumseligen Narr, den geizigen Narr, den neidischen Narr, den Fressnarr und natürlich darf der faule Narr nicht fehlen. Insgesamt sind es - wie der Titel schon sagt - 100 Typen von Narren. und immer geht es darum, Unarten oder Übertreibungen der Zeit durch den Kakao zu ziehen. Verglichen mit den Teufeln kommen die Narren aber harmloser und gelegentlich sogar liebenswürdiger daher. „Was bisher als Werk des Bösen gegolten hatte, erschien jetzt als menschliche Schwäche, Verirrung und Krankheit; was früher Sündhaftigkeit genannt ward, hieß jetzt Narrheit, ein Begriff der zum Modewort der Zeit wurde." (LaValette, S.143)

In seinen Predigten gegen Faulheit und Müßiggang bedient sich Abraham a Sancta Clara gern skurriler und gelegentlich auch absurder Vergleiche. Hier ein typisches Beispiel: „Fleiß und Fleisch (= fleischliche Begierden) können sich miteinander gar nicht vertragen, sondern sie sind wie die zwei Eimer im Brunnen: Wenn einer oben ist, so muss notwendig der andere hinunter; wenn der Fleiß, ich meine die Arbeit, die Oberhand hat, so wird das Fleisch und dessen Üppigkeit unterdrückt; wann aber das Fleisch herrscht, so nimmt der Fleiß das Valet(= seinen Abschied)."(Judas, S.352)

Insbesondere gegen Faulheit und Müßiggang teilt Abraham a Sancta Clara mächtig aus. „Nichts Närrischers / nichts Schändlichers / nichts Schädlichers/ nichts Verächtlichers ist an einem Menschen/ als das Laster der Trägheit/ und im gegenwärtigen kurzen Leben faulenzen/ wo der Mensch wirken und erarbeiten soll/ damit er dort könne in ewiger Ruhe leben; ein solcher ist ein Faulenz, Narrenz, ja ein Pestilenz. Ein fauler Mensch ist ein Polster des Teuffels/ ein totes Meer, bei welchem schöne Äpfel wachsen, inwendig aber faul, Staub und Aschen sind. Einem Faulenzer sind alle Elemente zuwider und beschwerlich; die Erde/ in welcher er arbeiten soll, ist ihm zu hart; der Wind zu stark, das Wasser zu kalt, das Feuer zu heiß." (zit. nach Münch 1984, S.149) Doch das ist noch nicht alles: „Der Müßiggang ist der Tugend Stiefvater, des Teufels Faulbett, der Rost eines ehrlichen Gemüts, das Unkraut eines unbesäten Ackers, der Tugend Untergang, der Laster Anfang, die Hauptstadt des Unheils, ein Lehrmeister alles Bösen und der Höllen Pfandschilling; wie das Mühlrad, wenn es nichts zu mahlen hat, sich selbst verzehrt und verfaulet; also verdirbt der unbeschäftigte Mensch an Leib und Seele." (zit. nach Münch 1984, S.151) Wer faulenze, schade aber nicht allein seiner Seele, sondern er werde auch am Körper krank; er werde morsch wie ein kranker Baum und schon bald von der Erde hinweggerafft.

Einem, der ausgiebig zu schlafen pflegte, wurde vorgehalten, warum er denn so übermäßig lang das Bett hüte. Wenn er morgens um sieben Uhr erwache, so erwiderte der, stünden da zwei zankende Weiber vor seinem Bett. Die eine sei die Sorge, die andere die Faulheit. Während die Sorge ihm vorhält, dass er seine kostbare Zeit nicht im Bett verbringen solle, hält die Faulheit dagegen, dass er sich ruhig dem Müßiggang hingeben könne, um seinen Leib zu pflegen. Da die beiden sich nicht einigen könnten, so der Schläfer, bleibe er solange im Bett, bis der Zank irgendwann ein Ende nehme.

Der Faule und Saumselige verschiebe immer alles auf den nächsten Tag. Der Faule sei es nicht wert, die Erde zu betreten, er komme nicht in den Himmel, allenfalls auf die Leiter - zum Galgen. Es seien aber die Müßiggänger nicht allein solche, die gar nichts tun und faul herumliegen wie Langschläfer. „In Summa: Die Profession der Müßiggänger, Faulenzer, Pflastertreter besteht im Fressen und Saufen, in Händeln, Spielen, Tanzen und Raufen. Bald sind sie im Wirtshaus, bald in der Herberge. Bald stehen sie auf dem Markt und gaffen die Bauern an, bald sitzen sie in einer Barbierstube, bald im Bier- und Caféhaus und hören allerhand Gewäsch und Plaudereien an." (zit. nach Münch 1984, S.132) Und auch hier gilt, was seit dem Klostergründer Johannes Cassianus immer wiederholt wird, dass nämlich jeder Mensch **einen**

Teufel habe, der Faulenzer aber von ganzen Heerscharen von Teufeln gequält werde.

Einmal hatte Jesus einem Besessenen 6666 Teufel ausgetrieben und diese hatten um die Erlaubnis gebeten, in eine Herde von Schweinen hineinfahren zu dürfen. Warum haben sich die Teufel nicht eine Herde von Pferden ausgesucht oder eine Rudel von Ochsen. Die Erklärung liege auf der Hand: Sie seien dem Faulen verwandt. „Denn kein Tier ist dem Faulenzen so ergeben wie die Schweine; denn ihr ganzes Leben besteht nur im Fressen, Naschen, Liegen, Schnarchen und Grunzen." So jedenfalls die Meinung Abraham a Sancta Claras über die Schweine.

Die Müßiggänger, so der wortgewaltige Prediger, lungerten auf den Straßen herum und brüteten alle nur denkbaren Übel aus. Während andere Menschen ihrer Arbeit nachgingen, verschwendeten sie ihre Zeit sinnlos und brächten nichts als Unheil in die Welt. In den frühen Mönchsklöstern wurde der Gleichklang von Beten und Arbeiten erfunden. Daran erinnert Abraham die Müßiggänger, weil sie ja beides ablehnten. Aber beide gehörten zusammen, das eine wie das andere; beide zusammen glichen „zwei Riegeln, welche dem bösen Feind die Tür verschließen; Arbeiten und Beten sind zwei Flügel, mit welchen der Mensch von den Sünden davonfliegt."

Zeit bedeutet bei Abraham a Sancta Clara noch lange nicht Geld, das sich vermehren lässt, wie es später bei Benjamin Franklin der Fall ist. Die Zeit ist für ihn aber eine Vorleistung bzw. ein Vorschuss Gottes an den Menschen, sie ist kein Geschenk. Ein Geschenk könne man verwenden, wie man wolle; aber wer einen Vorschuss gebe, erwarte als Gegenleistung ein Äquivalent. Gott gibt die Zeit und der Mensch soll sie für gute Taten und ein ordentliches christliches Leben nutzen. Hierin besteht das Tauschgeschäft. Und wenn der Mensch, dereinst im Himmel anklopfe, so müsse er hierüber Rechenschaft ablegen. Um seinen Schäflein die Sache plastischer vor Augen zu führen, bedient sich Abraham a Sancta Clara auch hier wieder anschaulicher, bildhafter Metaphern. So solle sich ein jeder vor Augen führen, wie viele Tage er bislang gelebt hat. Gesetzt den Fall einer ist vierzig Jahre alt, so sind dies insgesamt 14600 Tage. Für jeden Tag gibt es einen Korb. Und wenn er nun stirbt, so muss er Rechenschaft darüber ablegen, was sich in jedem Korb befindet. „Oh wie viele leere Körbe werden unter diesen 14600 sein; denn wie viele Tage hast du mit Faulenzen zugebracht, und an denselbigen nichts Guts getan! Da möchte ich gern dabei sein, wann man einen jedweden Korb wird eröffnen; wie mancher Korb wird voll sein mit lauter Trapulier- und Labet-Karten; denn wie viele Tage hast du mit Spielen zugebracht! Wie viele Körbe wird es geben, worinnen lauter Kandl, Pitschen, Krüge, Gläser, Angster sind; denn wie viele Tage hast du mit Saufen und Schlemmen verbracht! Wie viele Körbe werden darunter sein, welche mit lauter Löffeln angefüllt sind, weil du so viel Tage mit Löffeln und Galanisieren und Scherzen zugebracht! Wie viel Körbe werden allda aufgemacht werden, worinnen lauter Kämme, Bürsten, Kraus-Eisen, Spiegel, Bändel, Musch, Mäsch, Misch etc., sein, weilen du so manche Zeit mit Krausen und Aufzausen (der Haare) hast verschwendet! Was wirst du für eine Rechenschaft geben dem gerechten Gott, welcher dir so viel guldene Zeit spendiert pur und nur zu seinen Diensten und deiner Seligkeit, welche du aber ganz unnütz, ganz fruchtlos verschleudert!" (Judas S.360)

Auch Abraham a Sancta Clara erzählt hier von einem der damals so populären Faulheitswettbewerbe (s.o.), bei denen es wie in der verkehrten Welt des Schlaraffenlandes um Rekorde der Faulheit ging. Es beginnt damit, dass einer zu faul ist, sich aus seinem Lehnsessel zu erheben und auch nur einen Schritt in Richtung Esstisch zu gehen. Ein Zweiter hat es zwar bis zum Esstisch geschafft und setzt sich dort nieder. Allerdings ist er zu faul, Messer und Gabel zu ergreifen. Und auch wenn man das Essen vorkauen und ihm den Mund damit vollstopfte, so sei es ihm immer noch zu mühevoll, das Essen herunterzuschlucken und er wollte lieber verhungern. All dies hörte ein Dritter von seinem Sofa aus an. Vor lauter Faulheit mochte er kaum den Mund auftun und murmelte in seinen Bart: „Ach, wie könnt' ihr nur reden."

Abraham a Sancta Clara wandert in seinem Kampf gegen den Müßiggang bis zu den Einsiedlern der ägyptischen Wüste zurück. (vgl. Kapitel 2) Man habe beobachten können, dass der Teufel immer dann in die Zelle des Einsiedlers hineinspaziert kam, wenn der gerade müßig war. Und er sei immer dann wieder aus der Zelle hinausgegangen, wenn der Mönch mit ehrlicher und nützlicher Arbeit beschäftigt war.

Nichts Schlechtes zu tun, bedeutet etwas Schlechtes zu tun. Dies ist für Abraham kein Widerspruch; denn wenn einer sich nur von den Sünden und Lastern fernhalte, so sei er damit noch kein guter Mensch. Voraussetzung sei allemal, dass er etwas Gutes tue. Denn gleich einem physikalischen Naturgesetz fließen die Sünden sonst notwendigerweise in das Vakuum des Nichtstuns. Um dies zu verhindern, müsse das Vakuum mit guten Taten gefüllt werden, sodass für Sünden kein Raum mehr bleibe. Es reicht mithin nicht aus, das Böse zu vermeiden, sondern wir müssen das Gute tun, um den Müßiggang zu vertreiben. Es müssten gute und nützliche Taten sein. Um dies zu verdeutlichen unterscheidet Abraham a Sancta Clara zwischen dem wirklichen und dem „vermeintlichen Müßiggang". (S.280) Der wirkliche Müßiggang sei dann gegeben, wenn der Mensch gar nichts tue. Dies liegt offen zu Tage. Der vermeintliche Müßiggang dagegen tarne sich mit Geschäftigkeit und sei deshalb schwerer zu erkennen. Zwar sei der Mensch dann mit allen möglichen Dingen beschäftigt, die jedoch völlig nutzlos oder gar schädlich seien.

Die Predigten des Abraham a Sancta Clara sind - so katholisch und altmodisch sie auch daherkommen - Vorboten einer neuzeitlich geregelten Lebensführung. Der Mensch wird in die Pflicht genommen. Er allein ist verantwortlich für sein Leben und er muss darüber Rechenschaft ablegen. Nicht erst am Lebensende, sondern bereits hier und heute muss er sein Leben - Tag für Tag, Stunde um Stunde - bilanzieren.

Epilog

Im Laufe der Geschichte wandelt sich das Bild vom Teufel radikal. Zunächst ist er der machtvolle Höllenfürst, der Unheil aller Arten über die Menschen bringt. In einem nächsten Schritt kriecht der Teufel in die Menschen hinein und manipuliert sie von innen. Von dort ist es nur ein kleiner Schritt bis Mensch und Teufel miteinander verschmelzen und das menschliche Individuum selbst zum Teufel wird. Von seiner Macht ist dabei allerdings nicht viel übrig geblieben. Er verkümmert zum armen Teufel. Dementsprechend nehmen nun auch die Laster und Sünden menschliche Dimensionen an, die wie z.B. der Faulteufel satirisch auf die Schippe genommen werden. Schwere Konkurrenz erhielten die Teufel seit dem 17. Jahrhundert von den Heerscharen harmloser Narren, die sich übers Land ergossenen und über die man sich weidlich lustig machte.

Als sich die Aufklärung seit dem 18. Jahrhundert ausbreitete, gab es für den Teufel keinen Platz mehr und er musste von der welthistorischen Bühne verschwinden. Allenfalls im Kasperletheater ist er heute noch zu sehen. Oder aber er fristet die harmlose Existenz eines Fleckenteufels.

Vollends hatte er seine Rolle als moralische Drohinstanz verloren. An seine Stelle sind mit der kapitalistischen Industrialisierung profanere aber umso wirkungsvollere Zuchtmeister getreten. Um die Menschen von der Faulheit fortzutreiben und sie der Arbeitsdisziplin zu unterwerfen, traten nun andere Mechanismen in Aktion. Der Teufel musste jetzt nicht mehr mit der Hölle drohen, da sich die Menschen in der frühkapitalistischen Fabrik ja bereits unmittelbar in der Hölle befanden.

Kapitel 4: Propheten des fleißigen und ordentlichen Lebens

„Der Müßiggänger ist ein unnützer Klotz" (Leon Battista Alberti)

Leon Battista Alberti (1404-1472) gilt als Universalgenie der Renaissance und prominenter Vertreter des Humanismus. Er hatte sich in erster Linie um die Kunst und Architektur verdient gemacht; er war aber ebenfalls kultur- und geistesgeschichtlich von eminenter Bedeutung durch sein vierteiliges Buch „Della Famiglia", zu Deutsch „Vom Hauswesen". Dieses Werk ist in Dialogform verfasst und verabreicht eine bürgerliche Tugendlehre, die sich an den Prinzipien antiker Philosophie und Lebenskunst orientiert.

Mit Alberti hat sich der deutsche Ökonom und Soziologe Werner Sombart (1863-1941) intensiv auseinandergesetzt. Er präsentiert ihn gegen Max Weber als Kronzeugen für seine These, dass es schon lange vor dem Calvinismus Geistesströmungen gegeben habe, die den kapitalistischen Wertekanon vorbereitet hätten.

Auch wenn Alberti Kirchenrecht studiert hatte, so spielt eine religiöse Begründung seiner Tugendlehre nur am Rande eine Rolle. Nur selten ist bei ihm von Gott und Gott wohlgefälligem Leben die Rede.

Ein Kapitel seines Werkes „Della Famiglia" trägt den Titel „Oeconomicus". Persönlichkeitsbildung und ökonomisches, planvolles und methodisches Handeln gehen bei Alberti eine glückliche Ehe ein. Beide bedingen einander. Alberti sieht seine Aufgabe darin, "mit allem Eifer und Fleiß danach zu forschen, welche Ratschläge nützlich seien, um die Väter und die ganze Familie anzuweisen und zu unterrichten, auf dass sie auf den höchsten Gipfel der Glückseligkeit gelangten und zu keiner Zeit den Launen und Unbilden des Glücks zu erliegen brauche." (Alberti, S.12) Ähnlich wie sehr viel später beim „energetischen Imperativ" von Wilhelm Ostwald (1853-

1932) steht bereits bei Alberti die Optimierung des menschlichen Wohlergehens im Zentrum. Man soll nichts dem unberechenbaren Zufall überlassen, sondern seine Lebensführung möglichst rationell, geplant und zweckmäßig gestalten. „Sei tugendhaft, so wirst du glücklich." Tugendhaftigkeit bedeutet hier aber nicht in erster Linie, die christlichen Gebote einzuhalten und ein Gott wohlgefälliges Leben zu führen. „Tugend ist Wirtschaftlichkeit, tugendhaft leben, heißt haushalten mit Leib und Seele." (Sombart, S.215)

Wenn auch Alberti die bürgerlichen Werte von Ordnung, Fleiß und Pünktlichkeit hellsichtig vorwegnimmt, so kann er sich doch nicht mit dem kapitalistischen Gelderwerb anfreunden, wie er sich ja bekanntlich in den oberitalienischen Städten der Toskana bereits seit dem 14. Jahrhundert etablierte. Kritisch merkt er an: „Alle, so scheint es, nehmen zu an Erwerbssinn, jedes Gespräch schmeckt nach Wirtschaft, jeder Gedanke ist auf Gewinn gerichtet, jede Tätigkeit erschöpft sich darin, Reichtümer aufzuhäufen." (Alberti, S.50) Allerdings polemisiert Alberti nicht generell gegen Geldgeschäfte. Alberti, ist ein Meister des Maßes und der Ausgewogenheit: „In allen Dingen pflegt das Übermaß nicht minder schädlich zu sein als das Ausreichende nützlich." (Alberti, S. 66) Dies gilt auch für den Umgang mit dem Geld. Geiz in Form des Akkumulationstriebes eines Dagobert Duck ist für ihn verwerflich und der menschlichen Glückseligkeit abträglich.

Der Geiz „ist eine höchst widerwärtige Empfindung, die beständig das Gemüt allzu karger und geiziger Menschen erfüllt, sie bedrückt und an ihrem Herzen nagt: Bald die Plage des Zusammenscharrens, bald der Kummer um irgendeine geschehene Ausgabe. Das sind die ewigen Schmerzen der Geizigen. Niemals sieht man sie fröhlich, niemals genießen sie etwas von dem, was sie haben." (Alberti, S.206) Geiz kann zudem auch ausgesprochen unökonomisch sein. So geizt einer bei der Reparatur eines Daches, in welches es dann hineinregnet. Dadurch wird der Schaden immer größer und am Schluss stürzt das ganze Dach ein.

Aber auch die Geldverschwender bekommen von Alberti ihr Fett, da sie die Wirtschaftlichkeit gering schätzen. Sie geben ihr Geld und ihren Reichtum mit vollen Händen aus und sind umgeben von falschen Freunden. Am Ende stehen sie „arm, alt und ruhmlos" da. (Alberti, S.209) Häufig habe er mit ansehen müssen, wie reiche Leute, weil sie nicht gelernt hatten zu haushalten, später darben mussten. An beiden lässt Alberti kein gutes Haar: „Diese Verschwender missfallen mir, weil sie das Geld für unnötige Dinge ausgeben; und jene Habgierigen sind mir ebenfalls zuwider, weil sie von ihrem Besitz keinen Gebrauch machen, wenn es nötig ist." (Alberti, S.211)

Alberti geht es bei wirtschaftlichen Unternehmungen nicht ausschließlich um den Gewinn, sondern ebenso um soziale Aspekte, d.h. der Geldgewinn ist verwerflich, wenn man darüber die Beliebtheit und das Wohlwollen seiner Mitmenschen verliert. „Ein beliebter Verkäufer wird immer eine Menge von Käufern finden, und der gute Ruf und die Liebe der Mitbürger sind mehr wert als jeder noch so große Reichtum." (Alberti, S.264)

Und dies beginnt bereits mit der Erziehung der Kinder: Man soll deshalb die Knaben schon früh an mühevolle Arbeiten gewöhnen, da der Müßiggang ihnen schade. „Sie verstopfen sich dadurch die Adern mit Schleim, werden welk und bleich, der Magen reizbar, die Muskeln schwach, der ganze Körper träge und verschlafen." (Alberti, S.61) Dies gelte vor allem für die Stadtkinder. Sie seien oftmals „bleichsüchtig und dürr, mit schwarzen Rändern unter den Augen und rinnenden Nasen" (ebd.) Deshalb sei es unumgänglich, sie an körperliche Anstrengungen zu gewöhnen, sowohl um sie kräftiger zu machen, als auch um sie nicht in Müßiggang und Trägheit untergehen zu lassen.

Es sei insofern die Pflicht der Eltern, den Kindern die Trägheit und auch die Jähzorn auszutreiben, indem man sie mit tugendhaften und löblichen Dingen beschäftigt. Auf jeden Fall sollten die Söhne ein Handwerk lernen; auch wenn der Vater sehr reich ist. Der wichtigste Hebel zur Persönlichkeitsbildung ist für Alberti immerwährendes körperliches und geistiges Training. „Übung ist also sicherlich imstande, nicht bloß aus einem schlappen und hinfälligen Menschen einen frischen und fröhlichen zu machen, sondern noch mehr: einen sittenlosen und lasterhaften ehrbar und enthaltsam, einen schwachen Geist mächtig, ein schwaches Gedächtnis höchst umfassend und zuverlässig. Keine noch so sonderbare Unart kann so eingewurzelt in dir sein, dass du sie nicht durch feste Entschlossenheit und Aufmerksamkeit binnen weniger Tage verändern und beseitigen könntest." (Alberti, S.62) Die Zeit sei vorhanden, um aus seinem Leben „etwas zu machen" und ein glücklicher Mensch zu werden. Ganz anders als bei Abraham a Sancta Clara, der die Zeit ja als Darlehen Gottes interpretiert, das am Lebensende zurückgegeben werden muss.

„Was also die Zeit betrifft, so suche ich sie gut anzuwenden und bemühe mich, nichts davon zu verlieren. Ich verwende so viel Zeit als möglich zu löblichen Betätigungen; ich verwende sie nicht auf wertlose Dinge, und ich verwende nicht mehr Zeit auf die Dinge, als erforderlich ist, um sie gut auszuführen. Und um von einem so kostbaren Gute kein Quäntchen zu verlieren, habe ich mir folgendes zur Regel gemacht: Ich bleibe niemals müßig, ich meide den Schlaf und lege mich nicht nieder, wenn nicht Müdigkeit mich dazu nötigt." (Alberti, S.226)

Wenn hier auch noch nicht Zeit Geld ist wie später bei Franklin, so propagiert Alberti doch ganz unmissverständlich eine gewissenhafte Zeitökonomie. Wenn Zeit auch noch nicht unmittelbar in Geld verwandelt wird, so wird doch mit ihr akribisch gerechnet. Wichtig ist es für Alberti nicht allein, wie man die Zeit sinnvoll nutzt, dass man sie also nicht vertrödelt oder mit nutzlosen Dingen verstreichen lässt. Ebenso wichtig ist für ihn die Zeitplanung. Dass man gewissenhaft die Stunden des Tages für die verschiedenen Aufgaben ordnen solle. Er seinerseits, so Alberti, mache sich morgens nach dem Aufwachen einen Plan für den kommenden Tag, Stunde um Stunde. Und abends, bevor er sich zur wohlverdienten Ruhe legt, überblicke er, was er im Einzelnen geleistet habe. Istwert und Sollwert werden akribisch abgeglichen. Und wenn irgendeine Aufgabe nicht zufriedenstellend erledigt wurde, so macht er sich unverzüglich daran, dies nachzuholen. Auch wenn er auf Schlaf und Essen verzichten muss.

Allerdings ist bei Alberti noch nicht die heute typische Hektik ausgebrochen; das Prinzip der Langsamkeit lässt sich noch mit einem ökonomischen Umgang mit der Zeit verbinden: Wer seine Geschäfte in der vorgeschriebenen Zeit erledigt, dem läuft die Zeit nicht davon. Wer aber planlos drauflos lebt, der gerät in Verzug und muss der Zeit hinterherlaufen.

Bei einem solch ausgeprägten Hang zur Zeitökonomie liegt es auf der Hand, dass Alberti auch den Müßiggang ins Visier nimmt. Müßiggang führt, so formuliert er mit geradezu apokalyptischer Wucht, unmittelbar in die totale Vernichtung: „Der Schoß des Müßigen war immer Nest und Brutstätte der Laster. Es gibt nichts, was so sehr in öffentlichen und privaten Angelegenheiten schädlich und verderblich, wie es träge und untätige Bürger sind. Aus Müßiggang erwächst Sittenlosigkeit; aus Sittenlosigkeit Verachtung der Gesetze; die Folge vom Ungehorsam gegenüber den Gesetzen bedeutet den Zusammenbruch und die Vernichtung der Länder. Sobald man beginnt, wider Art und Sitte des Vaterlandes zu trotzen, nimmt in der Seele Anmaßung überhand, Hochmut und alle Unbill von Habsucht und Gewalttat. Man wagt Raub, Mord, Ehebruch und schreckt vor keiner verbrecherischen und verderblichen Willkür zurück." (Alberti, S.166)

Aber nicht allein die Gefahr allgemeiner gesellschaftlicher Anarchie ist Alberti ein Dorn im Auge. Ein müßiger Mensch ist für ihn letztlich gar kein richtiger Mensch. er ist ein Leichnam, ein Holzklotz. „Worin siehst du den Unterschied zwischen einem Holzklotz, einem Standbild, einem verwesenden Leichnam und einem durchaus müßigen Menschen? Den aber kann ich gar nicht für lebend erachten, der begraben ist in Müßiggang und Tatenlosigkeit und alles redliche Streben und Bemühen meidet." (Alberti, S.166)

Der Müßiggang widerspricht für ihn den Gesetzen der Natur, in der - wohin man auch blicke, - alles in pausenloser Tätigkeit begriffen sei: Schon die Sträucher und die kleinen Bäume bemühten sich zu wachsen. Und auch die anderen Lebewesen, die Fische, Vögel und alle Vierbeiner ermüdeten nie, sondern seien immerfort in rastloser Tätigkeit, um für andere nützlich zu sein. Die Vögel bauten Nester für ihre Jungen. Sie eilten umher, um ihren Jungen Futter zu beschaffen und seien überhaupt immerzu emsig unterwegs. All dies zeige, so Alberti, dass ihnen der Müßiggang abgrundtief verhasst sei. Schließlich sei der Mensch ja nicht geboren worden, um in Trägheit dahinzuwelken, sondern Fleiß und Arbeitsamkeit ist für Alberti die Quintessenz aller Lebewesen auf Erden. Man beachte, dass Alberti hier die Naturgesetze bemüht. Von göttlicher Ordnung bzw. dem Befehl Gottes zu arbeiten, ist bei ihm nicht die Rede.

Fleiß ist für Alberti jedoch nicht allein wegen des Arbeitsergebnisses wichtig. Allein schon, dass sich einer bemüht, zählt. „Und wer mit Eifer und Fleiß fortfährt, sich in dem zu betätigen, worin Natur und Glück ihn begünstigen, der verdient Lob und Preis, auch wenn sein Bemühen ihm nicht viel Frucht trägt." (Alberti, S.176) Die Arbeit sei ein sehr gutes Mittel, um die Kinder und Jugendlichen zur Tugend zu erziehen. Ziel sei es, die Jugend von Tag zu Tag ehrenwerter, tüchtiger und bei ihren Mitbürgern beliebter zu machen. Denn Trägheit und Unfähigkeit lasse das Menschengeschlecht herunterkommen und verrohen.

Der Hang zum Müßiggang lasse sich jedoch durch eine gute Erziehung beheben, indem das Kind durch „Übung und Beschäftigung mit wertvollen und löblichen Dingen" auf den rechten Pfad geleitet werde. (Alberti, S.79) In diesem Erziehungsprozess könnten auch körperliche Strafen sinnvoll sein; so wie der Gärtner das Unkraut, so müssten schlechte Eigenschaften schon bei den Kindern gejätet werden. „Wer die Zeit anwendet, um Löbliches zu lernen, zu denken, zu üben, der macht sie sich zu eigen; wer aber eine Stunde nach der anderen müßig verstreichen lässt, ohne irgendeine ehrenwerte

Betätigung, der, gewiss, verliert sie." (Alberti, S.217) Nicht besser hätte dies der frühe Prophet des Kapitalismus Benjamin Franklin formulieren können. Der Mensch wurde nicht geboren, um im Müßiggang zu verkümmern, sondern um sich in „großartigen Unternehmungen" zu betätigen. Man müsse den Müßiggang meiden und sich mit irgendetwas beschäftigen; dies aus zwei Gründen: Einmal sei es für den Haushalt und die Geschäfte nützlich. Zum anderen sei es aber auch für die eigene Gesundheit förderlich: „Man speist mit besserem Appetit, man hat eine bessere Gesichtsfarbe und wird dadurch frischer und schöner." (Alberti, S.305)

Wichtige Grundlage für alles wirtschaftliche Handeln sei die Ordnung, vermöge derer alle Dinge sehr viel besser und leichter erledigt werden könnten. Man müsse die Dinge haushälterisch benutzen. Die Kunst zu haushalten, bedeutet aber, seine Lebensführung nach methodischen Gesichtspunkten zu organisieren. Reichtum, das ist für Alberti klar, rührt immer nur von gewissenhafter Arbeit, Umsicht und einem klugen Unternehmungsgeist her. Und wenn dies wahr sei, so gelte auch die umgekehrte Formel: Ökonomischer Ruin und Armut sind die Folge von „Achtlosigkeit, Trägheit und Schwerfälligkeit." (Alberti, S. 185) Dass Reichtum sich durch Spekulantentum vermehren kann, war damals für ihn noch kein Thema.

Alberti macht sich aber auch über die richtige Arbeitseinteilung und Arbeitsorganisation in einer Unternehmung Gedanken: So ist es seiner Auffassung nach beispielsweise falsch, dort wo zwei Leute arbeiten müssten, nur einen zu beschäftigten, der sich dann recht fruchtlos abschwitzt. Aber auch umgekehrt wenn man für eine Arbeit zu viele Leute einsetzt, könne nichts Rechtes herauskommen. „Denn wo zu viele sind, bleibt einer müßig, und wo zu wenig oder ungeeignete Kräfte am Werk sind, ist es schlimmer, als wenn sie nichts täten; denn so mühen sie sich fruchtlos ab und bringen die Dinge in Unordnung und verderben sie zum großen Teil." (Alberti, S.239) Alberti erweist sich hier als hellsichtiger Vorfahre von Henry Ford.

Müßiggang und Trägheit müsse man meiden und ihnen widerstehen; sie seien die tödlichsten und tückischsten Feinde. „Es gibt nichts, woraus so leicht Unehre und übler Ruf entsteht, wie Müßiggang." (Alberti, S.165f.) In jedem Fall sei derjenige, der sich um eine Sache bemüht, selbst wenn sie nur zum Teil gelingt, einem müßig und tatenlos Dahinlebenden vorzuziehen. Zudem, so Alberti, sei es ein hässlicher und widerwärtiger Anblick, wenn ein Müßiggänger ganz unnütz in den Tag hinein lebt.

„Wer es versteht, keine Zeit zu verlieren, wird fast alles zu leisten verstehen, und wer die Zeit anzuwenden weiß, wird über alles, was er will, Herr sein." Es sei daher notwendig, sich immer mutig den anfallenden Aufgaben zu stellen. Und wenn sie bewältigt seien, türmten sich noch größere Herausforderungen, die ebenfalls mit Elan in Angriff und ganz unabhängig von ihrem materiellen Nutzen erledigt werden sollten. Bei all diesen Aufgaben, so Alberti, vermehre der Mensch seine Kräfte und wachse über sich hinaus. Dies bedeutet, dass er durch Mut und Tatkraft seine Fähigkeiten und Begabungen trainiert und so seine Persönlichkeit weiterentwickelt.

Was in unseren Tagen selbstverständlich ist, dass nämlich Geld die gesamte Gesellschaft prägt, war zu Zeiten von Alberti nur in Anfängen vorhanden. Zu seinen Lebzeiten hatte sich zwar in Oberitalien, vor allem in Florenz, ein frühes Bankensystem als Konsequenz des anwachsenden Handelskapitalismus herausgebildet. Die heutigen Auswüchse des Finanzkapitalismus hätten Alberti jedoch zweifellos angewidert.

Der Ökonom und Soziologe Werner Sombart, der als Wiederentdecker Albertis gelten kann, hat dessen Wirtschaftsauffassung bündig auf den Begriff gebracht: „Wer tugendhaft ist, wird auch glücklich. Tugend ist Wirtschaftlichkeit, tugendhaft leben heißt haushalten mit Leib und Seele. Frage immer, was dir nützlich ist, dann wirst du ein tugendhaftes, das heißt also glückliches Leben führen. Um aber zu wissen, was dir nützlich ist, höre auf die Stimme der Vernunft. Die Vernunft ist die große Lehrmeisterin des Lebens. Alles, was wir uns vorsetzen, können wir mit Hilfe der Vernunft und Selbstüberwindung erreichen. Vollständige Rationalisierung und Ökonomisierung der Lebensführung ist also das Ziel des Weisen."(Sombart, S. 215f.) Die Arbeit ist für Alberti weder eine Mühsal und Last wie im Alten Testament; noch ist sie eine religiöse Verpflichtung wie bei Luther und Calvin. Arbeit ist vielmehr Grundlage des wirtschaftlichen Erfolgs und damit des menschlichen Glücks auf Erden. Wer müßig und träge ist, hat diesen Zusammenhang nicht begriffen und faulenzt sich in sein eigenes Unglück hinein.

„Gott mag keine Müßiggänger" (Martin Luther)

Die Theologie Martin Luthers (1483-1546) ist ein Markstein auf dem Wege hin zum bürgerlichen Arbeitsethos. Er war einer der Ersten, der Arbeit und Beruf positiv ins Zentrum der Religion stellte. Bislang galt in der christlichen Kirche Arbeit als Mühsal, die den Menschen nach dem Sündenfall von Gott als Strafe auferlegt worden war. Bei Luther vollzieht sich ein grundlegender Wandel. Arbeit ist nun neben dem Gebet das Medium, über welches der Mensch mit Gott kommuniziert. Die Arbeit, zu welcher der Mensch von Gott berufen wurde, wird zu einem integralen Bestandteil des Gottesdienstes. Der Klerus dagegen mit all seinen Institutionen und Würdenträgern -an erster Stelle der Papst- verliert bei Luther seine Daseinsberechtigung.

Dass der Papst diesem „ketzerischen" Treiben Luthers nicht tatenlos zusehen würde, lag auf der Hand. Auf dem Wormser Reichstag 1521 hatte sich Luther bekanntlich weit aus dem Fenster hinausgelehnt und sich geweigert, seine Kritik am Papst zu widerrufen. Er wurde daraufhin wegen Kirchenspaltung und Ketzerei mit der Reichshaft belegt, was so viel bedeutete, dass er vogelfrei war und von jedermann festgenommen und ausgeliefert werden konnte.

Um ihn vor dem kaiserlichen Zugriff zu schützen, ließ der sächsische Kurfürst Friedrich der Weise, der Luther wohlgesonnen war, ihn in Schutzhaft nehmen und auf die Wartburg bringen. Dort lebte Luther inkognito als „Ritter Jörg" von Mai 1521 bis März 1522 und nutzte die Zeit für seine berühmte Bibelübersetzung. In nur 11 Wochen übersetzte er das Neue Testament und bis 1523 Teile des Alten Testamentes. Beide zusammen erlebten bis 1525 bereits 22 autorisierte Auflagen und 110 Nachdrucke. Es gab zwar bereits etliche deutsche Bibelübersetzungen, die jedoch wegen ihres verquasten und umständlichen Sprachstils nur schwer verständlich waren. Luther dagegen ging es bei seiner Übersetzung darum, die biblischen Texte nicht wörtlich, sondern nach ihrem inhaltlichen Sinn ins Deutsche zu übertragen. „Man muss die Mutter im Hause, die Kinder auf der Gasse, den gemeinen Mann auf dem Markt drum fragen und selbigen aufs Maul sehen, wie sie reden, und danach dolmetschen; so verstehen sie es dann und merken, dass man Deutsch mit ihnen redet." (Luther zit. Diwald S.217)

Diese Verbreitung wäre selbstverständlich ohne den damals sich entwickelnden Buchdruck nicht denkbar gewesen. Luthers Reformation und der Buchdruck Gutenbergs sind damals eine glückliche Ehe eingegangen. Es vollzog sich eine Wechselwirkung. Einerseits führte der Buchdruck zur Verbreitung der Bibel und andererseits weckte er weiteres Interesse an der Bibellektüre mit der Konsequenz, dass nun eine Alphabetisierungswelle einsetzte; und dies führte zu einer Nachfrage nach weiteren Druckerschriften. (Giesecke S.163)

Wodurch hatte sich Luther beim Papst so unbeliebt gemacht? Anlass für Luthers Fundamentalkritik an der bestehenden katholischen Kirche war die damals verbreitete Ablasspraxis. Ursprünglich war der Ablass ein Ritual, mit dem der Mensch seine Sündenstrafen verringern konnte. Als typische Ablasspraktiken galten traditionell das Fasten, Wallfahrten oder Gebete. Auf diese Weise ließ sich die Dauer der Strafen, welche im Fegefeuer durchgestanden werden mussten, verringern. Seit dem 15. Jahrhundert war diese Praxis gründlich pervertiert worden. An die Stelle von frommen Handlungen und Ritualen treten nun Geldzahlungen. „Sobald das Geld im Kasten klingt, die Seele aus dem Fegefeuer springt" war damals ein verbreiteter Slogan. Man konnte sich nun durch Geldzahlungen loskaufen. Je größer die Geldzahlungen waren, desto weniger Zeit musste man im Fegefeuer schmachten. Diese Praxis kam richtig in Schwung, als der Papst und sein Hofstaat auf die Idee kamen, mit Hilfe der Ablassgelder, ihre voluminösen Kirchenbauten zu finanzieren. Prominentestes Beispiel war der Petersdom in Rom.

Die Kritik am Ablasshandel formulierte Luther zum ersten Mal in seinen berühmten 95 Thesen (1517), die ihn schlagartig berühmt machten. Doch Luther blieb bei seiner Ablasskritik nicht stehen. Ein zentrales Merkmale der lutherischen Reformation, geradezu ihr Kernstück, lag darin, dass Luther sämtliche kirchlichen Autoritäten entmachtete. Der Papst galt ihm als der Antichrist. Mit Luther findet gleichsam eine kopernikanische Wende statt. Es dreht sich nun nicht mehr alles um den Papst und die römische Kurie. Die lateinische Geheimsprache der Kirche wird nicht nur aus der Bibel verbannt, auch die Messe wird nun in deutscher Sprache zelebriert. Luther machte ebenfalls Schluss mit den katholischen Formen ritualisierter Frömmigkeit: Dem Fasten, den Wallfahrten und selbstverständlich auch mit der Beichte.

Kein Stand ist für ihn besser oder höher als die anderen. Doch gerade das Gegenteil, die Glorifizierung des geistlichen Standes, insbesondere der Mönche und Priester, war die Sichtweise der Kirche im Mittelalter. Und gerade die hiermit verbundenen Privilegien haben, so sieht es Luther, viele Menschen in die geistliche Laufbahn gelockt. Einen Stand zu privilegieren, bedeutet jedoch kein wahres Christentum. „Wäre diese Lehre auf dem Plan geblieben, dass Gottesdienst in allen Ständen und Werken gleich ist, so wären freilich keine Stifte noch Klöster aufgekommen." (Luther 1987, Band 12, Sp.76) „Wer wollte ein Pfaffe werden? Wer wollte ein Mönch werden, ja, wer wollte Papst und Bischof werden, wenn er wüsste, dass sein Stand und Werk nicht besser ist denn die ärmste Kindermagd, die da Kindlein wiegt und Windeln wäscht?" (ebd.) Vor Gott sind alle Menschen gleich und deshalb begehen diejenigen, die sich etwas Besseres dünken,

Gotteslästerung, sagt Luther. Nur Gott kann hierüber entscheiden. Die Mönche dünken sich aber etwas Besseres und dies allein deshalb, „weil sie beschorene Köpfe und lange Röcke tragen." (Luther 1987, Bd.12 Sp.77) Es gibt im Luthertum zwar auch noch kirchliche Funktionäre (Pastoren, Vikare usw.) sie haben aber keine unmittelbare Macht mehr gegenüber dem Kirchenvolk. Eher ließen sie sich als kirchliche Dienstleister bezeichnen.

Zentraler Begriff im traditionellen mönchischen Leben war die Vocatio, die Berufung. Nach dieser Lesart ist der Mönch von Gott zum heiligen Leben berufen und auserwählt. Dies drückt sich heute noch in dem Begriff „Ordensberuf" aus. Und da der Mönch demnach Gott näher stehen soll als der Alltagsmensch, genießt er auch in der menschlichen Gesellschaft eine höhere Stellung. So war es jedenfalls bisher - bis Luther kam. Luther greift den Begriff Vocatio auf, um ihn zu revolutionieren und mit dem Wort „Beruf" zu übersetzen.

Luther, der ja selbst Mönch bei den Augustinereremiten war, lässt kein gutes Haar an seinem früheren Metier und spricht abfällig von „Möncherei". Sie scheren sich nicht um ihre Nächsten, sondern sind darauf versessen, auf dem Pfad der Heiligkeit voranzuschreiten. All ihr Tun ist auf das himmlische Leben gerichtet. Luther macht Front gegen all jene, die anstatt ihrem vorgeschriebenen Beruf nachzugehen, den Heiligen nachwandeln möchten. So sehe man allenthalben Leute, die ihre Frauen und ihre Kinder verlassen, um ebenfalls ein Heiligenleben zu führen. „Es ist Gott ganz unleidlich, dass jemand die Werke seines Berufs oder Standes fahren lässt und will der heiligen Werke ergreifen." (Luther,1987 Bd. 11 Sp. 257)

Ein Dorn im Auge ist dem früheren Mönch Luther die besondere Stellung der Orden und besonders das traditionelle Mönchsgelübde. Dieses galt für Armut, Keuschheit und Gehorsam und bildete den Rahmen für Mönche. Ziel war es, sich dem irdischen Leben rigoros zu entziehen, um in einer religiösen Sonderwelt die Nähe zu Gott zu suchen. Hiermit räumt Luther gründlich auf: Die Gottesnähe des Menschen wird nicht durch Absonderung wie bei den Anachoreten in der ägyptischen Wüste und in den Klöstern erreicht, sondern durch den Dienst am Nächsten. „Nicht Heiligung steht im Zentrum der Berufsethik, sondern der Nächste." (Wingren, S.119) Das Mönchtum bedeutet insofern eine Verachtung der göttlichen Ordnung. „Deshalb ist das Mönchsleben wohl bequem und hat dazu noch den Schein der Heiligkeit; in Wahrheit aber ist es ein ‚teuflisch Werk'" (Luther zit. nach Eger, S. 136)

Die selbstsüchtige und müßiggängerische Absonderung der Mönche sei zwecklos; sie sollten heiraten und arbeiten wie alle; der Mann hinter dem Pflug und die Frau in der Küche dienten dem Herrgott mehr als ein Mönch, der stumpfsinnig unverständliche Gebete murmele. „Im Gebet solle sich die Seele unmittelbar an Gott wenden und nicht irgendwelche obskuren Heilige um Fürbitte anflehen."(Durant, S. 388) Ganz abgesehen davon, dass es in den Klöstern mit der Frömmigkeit und dem Kampf gegen die Todsünden nicht weit her war. Mit dem asketischen Programm des Mittelalters hatten die Klöster zu Zeiten Luthers nicht mehr viel gemein. Man lebte dort recht weltlich und behaglich. „Die Klosterküchen waren berühmt, die Klosterbiere oder die Klosterliköre sind es noch heute. Die Bilder des fetten, von gutem Essen strahlenden Mönches bei der Weinprobe, dem der Rosenkranz nur so nebenbei am Gürtel hängt, sind nicht erst eine Erfindung der Genremalerei des 19. Jahrhunderts." (Friedenthal, S.61) Auch mit der Keuschheit nahmen es viele Mönche nicht so genau. „Der lüsterne Mönch war eine ständige Figur des Sprichwortes, der Satire und auch der ersten Bußpredigten; die unbeaufsichtigt umher ziehenden Bettelmönche galten so gut wie allgemein als Hurer und Verführer der Weiber." (Friedenthal, S. 62) Es kam auch vor, dass Mönche und Nonnen in einem Kloster ganz unbehindert zusammenlebten. Die Motive, weshalb man in ein Kloster eintrat, hatten sich weit vom benediktinischen Ideal entfernt. Viele Klöster waren im Grunde nichts anderes als „Versorgungsanstalten für die allzu vielen Töchter der kinderreichen adligen Familien." (Friedenthal, S. 64) Angesichts solch ausschweifenden Treibens in vielen Klöstern der damaligen Zeit konnte von einer exklusiven Berufung (Vocatio) der Mönche und Nonnen nicht gut gesprochen werden. Waren die ersten Mönche angetreten, ein engelsgleiches Leben zu führen, so waren 1000 Jahre später ihre Nachfolger in den Niederungen und Dickichten der christlichen Sünden angekommen und ließen es sich darin wohl sein. Die Kleriker waren in doppelter Hinsicht privilegiert: Nur sie allein hatten den direkten Draht zu Gott und zudem waren sie von der irdischen Arbeit freigestellt. Luther hat dieses traditionelle religiöse Koordinatensystem jäh zum Einsturz gebracht.

Im Mittelpunkt des religiösen Lebens bei Luther steht nun die Nächstenliebe. Wir sollen unseren Mitmenschen in ihrem alltäglichen Leben helfen und beistehen; und diese Hilfe soll sich auf ganz alltägliche Dinge, Nahrung, Kleidung oder Wohnung, beziehen. Und hierfür ist es gar nicht erforderlich, dass wir großartige religiöse Exerzitien wie Fasten, Wallfahrten oder Kasteiungen vollführen.

Dies bedeutet eine völlig neue Bewertung der Arbeit. Sie wird bei Luther nun heilig. Sie ist zwar immer noch dazu da, den Lebensunterhalt zu sichern. Aber dieser Aspekt steht nun bei ihm nicht mehr im Vordergrund. Auch das Motiv, durch fleißige Arbeit reich zu werden, ist für Luther vollkommen indiskutabel. Zwar soll der Mensch vom Ertrag seiner Arbeit leben, im Zentrum steht aber ihre religiöse Bedeutung. „Indem wir die Ergebnisse unserer Arbeit dem Nächsten zu Gute kommen lassen, dienen wir ihm vielmehr so, wie Gott es will. Eine große Würde wird damit auf jede ehrliche Arbeit gelegt. Sie ist Dienst am Nächsten, also praktischer Gottesdienst. Denn der Mensch kann Gott nur in seinem Nächsten dienen."(Schmidt, Grundriss der Kirchengeschichte S. 329f.)

Man soll deshalb genau dort bleiben, wohin Gott einen gestellt hat, auch wenn dies die allergeringste Hausarbeit ist. „Und dass durch die gewissenhafte Einhaltung der Alltagspflichten mehr an Frömmigkeit geleistet wird, als wenn sich einer dem Klosterleben hingibt." (Luther 1987, Bd.11 Sp.1726)

Der Mensch muss arbeiten. Daran gibt es nichts zu deuteln. „Zwar könnte Gott die Menschen wohl ernähren ohne Arbeit, könnte ihnen wohl Gebratenes, Gesottenes, Korn und Wein auf dem Tische lassen wachsen; aber er will's nicht tun, er will, dass die Menschen arbeiten sollen." (Luther 1987, Band 11, 1622f.) Denn nur so kann der Mensch ein Gott wohlgefälliges Leben führen. Würde Gott es dem Menschen ohne jegliche Anstrengung in den Mund fliegen lassen, so brauchte er ja nicht zu arbeiten. Aber ein Leben ohne Arbeit - so Luther- wäre ja ein gotteslästerliches Leben. Dass wir arbeiten dürfen, haben wir mithin nur Gottes Güte und Gnade zu verdanken.

„Gott will keine faulen Müßiggänger haben, sondern man soll treulich und fleißig arbeiten, ein jeglicher nach seinem Beruf und Amt, so will er den Segen und das Gedeihen dazu geben." (Luther, Weimarer Ausgabe Bd. 31, Erste Abteilung, S. 437) Der Müßiggänger, der sich nicht am kollektiven göttlichen Arbeitsprojekt beteiligt, ist ein Dieb, ein Dieb an der Gemeinschaft. „Diebe sind und heißen, die da müßig gehen, nicht ihre Arbeit tun, damit sie dem Nächsten dienen und geben." (Luther 1987, Band 12, S. 923) Welchen Ertrag unsere Arbeit bringt, ob sie uns ernähren kann, das hängt nicht von unserem Fleiß ab, sondern ausschließlich von Gottes Güte. „das sehen wir vor Augen; denn wiewohl wir alle Jahre arbeiten auf dem Felde, so gibt er dennoch ein Jahr mehr als das andere.".(11. Band S.1621f.)

Man soll auf Gott vertrauen, arbeiten und ihn sorgen lassen. „Glaube und arbeite, so wird dir nicht allein eine Taube, sondern auch wohl eine gebratene Gans ins Maul fliegen". (Band 12 Sp.1308) Luther geht es um die Arbeitspflicht. Sie ist von Gott befohlen. Dabei greift er die beiden berühmten Stellen in der Bibel über die Lilien auf dem Felde und die Vögel am Himmel auf, die ja von Kritikern des christlichen Arbeitsethos als Belege gegen den Arbeitszwang immer wieder ins Feld geführt werden. Denn diese beiden Bilder, so Luther (und vor ihm schon Augustinus vgl. S. 38) bedeuteten keineswegs, dass man nicht mehr arbeiten müsse. Gemeint sei lediglich, dass der Mensch sich nicht sorgen solle. Der Begriff Sorge hat für Luther eine doppelte Bedeutung: a) Sorge im Sinne von Angst, Existenzangst. Wenn man besorgt ist, das etwas Schlimmes eintreten könnte. Wenn man sich um die Zukunft sorgt. Eine solche Sorge widerspricht dem Gottvertrauen und dem Glauben, dass das Schicksal des Menschen in Gottes Hand liegt. b) Sorge im Sinne von etwas besorgen, sich um seine Alltagsgeschäfte kümmern, der Welt zugewandt Alltagsdinge erledigen und arbeiten.

Der Mensch ist berufen, zu arbeiten. Dies soll aber in Form eines Gottesdienstes geschehen. Die Sorge im Sinne von Existenzangst ist dagegen die Anhaftung ans irdische Dasein mit all seinen materiellen Problemen. Und gerade dies bedeutet, dass sich die Menschen von Gott entfernen. Jesus hätte es ja auch bei dem nächtlichen Fischzug des Petrus so einrichten können, dass die Fische von sich aus ins Netz springen. Das war aber nicht seine Absicht. Denn arbeiten sollen die Menschen ja in jedem Fall, es sollen ihnen die Fische nicht in den Schoß fallen. „Denn er will der faulen, untreuen Müßiggänger nicht, die nichts tun, was ihnen befohlen ist, und lassen Hände und Füße gehen." (Bd.11, Sp.1321)

Bei Luther wird dem Arbeitsergebnis resp. dem Berufserfolg keine besondere Bedeutung beigemessen. Insofern gibt es bei ihm auch keine Hierarchie der Berufe. Es gibt zwar eine Vielzahl von Berufen, die aber im Sinne einer Arbeitsteilung ein gesellschaftlich Ganzes darstellen. Jeder hat seinen Anteil, ist ein nützliches Glied im Ganzen. Die Verschiedenheit stiftet mithin die Einheit. Und das gesamte gesellschaftliche Projekt von Arbeit und Beruf ist nicht ökonomisch, sondern religiös motiviert. Vor Gott spielt es keine Rolle, was einer tut und welchen Erfolg er dabei hat; entscheidend ist allein der Gehorsam. Das ist Gottes Auftrag und Gebot, dass jeder an der Stelle, wohin er gesetzt wurde, seine Arbeit gewissenhaft ausführt. „Dadurch, dass man auf die Pflichten des Berufs achtet, wird man ein nützliches Glied an dem großen Leib, dessen verschiedene Glieder verschiedene Funktionen ausüben, ohne dass die Einheit und der Zusammenhalt dadurch zerbrochen werden." (Wingren, S.117) Alle, welchen Standes auch immer, sind Gott gleich nah oder fern. Das klingt ja erstmal alles sehr demokratisch, wenn nicht gar kommunistisch. Es wird aber wieder zunichte gemacht durch Luthers Vorstellungen von der Permanenz der Standesgesellschaft. Jeder soll in dem Stand seinem Beruf nachgehen, in den er hineingeboren wurde. Mobilität oder gar soziale Revolution sind nicht in Luthers Sinn. Und das hat sich auch in seinem Verhalten in den Bauernkriegen gezeigt, bei denen er ja bekanntlich die Partei der Fürsten ergriffen hat.

„Die Arbeit ist tatsächlich ein positiver Wert geworden, der nicht nur der Erhaltung des äußeren Lebens dient, sondern den Menschen in nahe Beziehung zu Gott setzt. Berufsarbeit hat bei Luther jedoch nichts zu tun mit Arbeit nach eigenem Belieben und eigener Wahl. Luther denkt noch ganz im Rahmen des Mittelalters und seiner Ständeordnung, die den Arbeitsbereich durch die Geburt bestimmt. Gott will vom Christen Bewährung und demütiges Aushalten in der angestammten Arbeit." (Vontobel, S.7) Wie kein anderer war Luther der Prophet des Berufs- und Arbeitsethos. Arbeit ist bei ihm göttlicher Auftrag und dementsprechend ist Müßiggang Gotteslästerung.

War Luther mit dem Ziel angetreten, alle Lebensbereiche der Religion unterzuordnen, so trat hier später ein dialektischer Umschlag ein. Das ursprünglich religiös gedachte Berufs- und Arbeitsethos verweltlichte sich. Aus religiöser Berufung wurde der schnöde Alltagsberuf der industrialisierten Arbeitswelt und heute schlicht der Job.

Johannes Calvins Genfer Gottesstaat

Wer sich mit dem französischen Reformator Johannes Calvin (1509-1564) beschäftigt, kommt an dem deutschen Sozialwissenschaftler Max Weber (1864-1920) nicht vorbei, der ja bekanntlich die These von der Wahlverwandtschaft zwischen Calvinismus und Kapitalismus aufgestellt hat. Dass es generell einen engen Zusammenhang zwischen Religion und ökonomischem Wandel gibt, ist unbenommen und wird von Max Weber ja gerade auch für die katholischen Mönchsklöster des Mittelalters beschrieben; jene eigentümliche Dialektik, dass die religiöse Askese des Mittelalters einerseits den weltlichen Reichtum rigoros ablehnte, ihn anderseits aber durch ihr eigenes klösterliches Produktionssystem schuf. Man erinnere sich an die Nilflotte des Pachomius. (Kapitel 2) Die **spezielle** Weber-These aber vom Zusammenhang zwischen protestantischer Ethik und kapitalistischem Gewinnstreben wird von wissenschaftlicher Seite heute zunehmend angezweifelt. (vgl. S.151f.) Allerdings hat Calvin durch die von ihm verordneten und in Genf angewendeten Formen der Kirchenzucht indirekt für den Kapitalismus wichtige Voraussetzungen geschaffen; ging es doch beiden, dem Calvinismus und dem Kapitalismus, gleichermaßen darum, ordentliche und disziplinierte Menschen zu formen.

Ähnlich wie der Reformator Luther hat sich auch Calvin nicht auf die literarische Arbeit beschränkt, sondern er griff unmittelbar ins politische Alltagsgeschehen ein. Er bekleidete zwar kein offizielles politisches Amt, war jedoch aufgrund seiner moralischen Autorität und seines religiösen Einflusses der mächtigste Mann im Genfer Kirchenstaat. Calvins Wirken in Genf begann 1536. Zur gleichen Zeit veröffentlichte er seine Hauptwerk, die „Unterweisung in der christlichen Religion" (Institutio religionis christianae), die ihn schlagartig berühmt machte. Wegen religiöser Streitigkeiten wurde Calvin 1538 aus Genf ausgewiesen, aber schon 1541 auf Bitten des Rats von Genf zur Rückkehr bewogen, wo er sofort begann, seine Vorstellungen von einer Kirchenzucht und einer Kirchenordnung umzusetzen. Calvin glaubt entschieden an das Schlechte im Menschen. Seine grundlegende These besagt, dass der Mensch von Natur aus träge und faul sei; dies ist für ihn die Grundsuppe der schlechten Welt und der Hang zur Faulheit ist für Calvin das Hauptproblem jeder Gesellschaft.

Das Ziel eines wahren Christenmenschen besteht für ihn darin, der sog. Doctrina teilhaftig zu werden. Dieser Begriff ist von zentraler Bedeutung für die Theologie Calvins. Doctrina bedeutet das Gesamtspektrum christlichen Glaubens und christlicher Offenbarung. Wer sie erlangt hat, hat den höchsten Grad der christlichen Religiosität erreicht. Für den Alltagsmenschen ist dies jedoch schier unmöglich. Und dies hat einen strukturellen Grund: Es ist die Körperlichkeit des Menschen. Sie hindert ihn permanent, ganz und gar die Sphären eines geistlichen Lebens zu betreten. Die Anachoreten der ägyptischen Wüste (vgl. Kapitel 2) verfolgten dasselbe Ziel, den Übergang zu einer höheren geistlichen Sphäre, nämlich dem engelsgleichen Leben, das sich von allen irdischen Stricken befreit hat. Ein Unterfangen, das sogar in der Sonderwelt der ägyptischen Einsiedler mit all ihren Askeseübungen und Gebetsmarathons schwierig war und häufig scheiterte. Gelingt es dem normal Sterblichen auch nicht, der Doctrina zur Gänze teilhaftig zu werden, so kann er sich ihr aber zumindest annähern. Aber auch dies ist mit vielerlei Hindernissen verbunden, weil der Mensch von Natur aus nicht die nötige Empfänglichkeit für den wahren Glauben entwickelt. Der Mensch sei infolge seiner Körperlichkeit schwach und träge. Alle denkbaren Varianten des sündigen Verhaltens machten ihm zu schaffen. Da ist in vorderster Front die Faulheit (pigritia) flankiert von der geistlichen Trägheit (acedia) dem Zaudern und der Schlaffheit. Es kommen hinzu die Schläfrigkeit und die Traumverfallenheit; zudem die Unlust, Sorglosigkeit und Unbekümmertheit. Insgesamt neigt der Mensch nach Calvin von seiner Natur her zur Bequemlichkeit und es mangelt ihm an Energie und Tatkraft. Das Fleisch „geht wie ein Esel dauernd in stumpfer Trägkeit dahin. Das Fleisch zieht uns immer wieder herunter und erstickt und verdunkelt großenteils das Licht des Glaubens." (Zitat Calvin bei Hedtke, S.52) Doch all diese schlechten Eigenschaften lassen sich bekämpfen. Hierzu ist der Einzelne allerdings von sich aus nicht imstande - er kann sich schließlich nicht an den eigenen Haaren aus dem Sumpf ziehen. Es bedarf äußerer Hilfen, um zum wahren Glauben und einem echten christlichen Leben zu kommen. Der allseits zur

Faulheit und Schwäche neigende Mensch muss von außen angeschoben werden. Hier setzt für Calvin nun die seelsorgerische Tätigkeit der Kirche an. In Predigten und Gebeten muss immer wieder an den zur geistlichen Trägheit neigenden Menschen appelliert werden, auf seinem Weg zum vollkommenen Glauben nicht nachzulassen. Es bedarf dauernder Ermahnungen und Zurechtweisungen. Die von den Anachoreten zur höchsten Vollkommenheit gebrachten Askeseübungen taugten freilich für den Alltagschristen nur sehr begrenzt, allenfalls in der Form des Fastens. Viel wichtiger sind die von Calvin entwickelte Disziplin und das von ihm in seinem Kirchenstaat Genf aufgebaute Ordnungsgefüge. Disziplin und Ordnung sind gleichsam das Geländer, das dem Christen auf seinem Weg zum wahren Glauben Halt gibt. Aber auch wenn einer Fortschritte auf dem Weg zur Doctrina gemacht hat, so ist dies keine Gewähr, dass er nicht wieder hinter den erreichten Stand zurückfällt. Calvin bedient sich der Metapher des Hauses. Infolge seiner Körperlichkeit und damit Sündhaftigkeit gleicht der Mensch einem noch nicht fertig gebauten Hause. Zwar ist das christliche Fundament gefügt, „so wanken doch bisweilen manche Teile des Gebäudes und fallen zusammen. Darum bedarf es eines beständigen Weiterbauens und immer neuer Stützen." (Zitat Calvin bei Hedtke S.56)

Calvin belässt es jedoch nicht bei Appellen und Ermahnungen. Neben Tadel und Zurechtweisungen müssen handfeste Drohungen und Strafen hinzutreten. Sie vor allem vermögen es, den Menschen aus seiner Trägheit und Verdrossenheit aufzurütteln. Hierfür hatte Calvin in Genf ein umfassendes Ensemble an vorbeugenden, helfend/stützenden und strafenden Regelungen zur Durchsetzung seiner Kirchenzucht in Stellung gebracht. Es beginnt mit vergleichsweise sanften Maßnahmen. Im Einzelnen sind dies die Seelsorge sowie Predigten und Ermahnungen. Nicht ganz so harmlos sind die Kontrolle und Überwachung der Menschen durch Visitatoren. Es folgen der Ausschluss vom Abendmahl und die Vorladung vor das Consistorium. Die Sanktionen steigern sich zu Bußstrafen, Prügeln z.B. durch Auspeitschen von Kindern und Erwachsenen, und gipfeln in Gefängnisstrafen, Folter, Todesstrafen, Feuertod bei lebendigem Leib. Die Kirchenzucht hat für Calvin die allergrößte Bedeutung. Wer sie in irgendeiner Form in Frage stellt oder auch nur einzelne Teile verhindern will, der zielt ins Zentrum der religiösen Ordnung und verfolgt letztlich die völlige Auflösung der Kirche. So seine Warnung. „Die Zucht ist also gleichsam ein Zügel, mit dem alle die gebändigt und zurückgehalten werden sollen, die sich trotzig gegen die Lehre Christi erheben." (Calvin, Institutio, S.689) Die erste Grundlage der Kirchenzucht besteht nun darin, dass persönliche Ermahnungen ausgesprochen werden; dies bedeutet, dass derjenige, der aus eigenem Antrieb heraus nicht seine Pflicht erfüllt oder der sich frech aufführt oder dessen Lebenswandel an Ehrbarkeit zu wünschen übrig lässt oder der etwas Tadelnswertes begangen hat, sich ermahnen lässt. Wer sich aber halsstarrig zeigt und trotz mehrfacher Ermahnungen durch die Versammlung der Ältesten sich der Kirchenzucht nicht unterwerfen will und in seiner Bosheit und Verbohrtheit verharrt, soll aus der Gemeinschaft der Gläubigen ausgeschlossen werden. „Wenn die Kirche also offenbare Ehebrecher, Hurer, Diebe, Räuber, Anführer, Meineidige, Falschzeugen und andere Leute dieser Art verfolgt, so übt sie die Rechtsprechung, die ihr Gott übertragen hat." (Calvin, Institutio, S.690)

Die Strafen hatten drei Zwecke: Grundsätzlich solle nicht akzeptiert und geduldet werden, dass sich nichtswürdige und kriminelle Subjekte rühmen, Christen zu sein. Wer einen schandbaren und lasterhaften Lebenswandel führt, könne nicht als Christ bezeichnet werden. Es müsse der Eindruck vermieden werden, dass die Kirche „eine Verschwörerrotte von nichtsnutzigen und ruchlosen Leuten" (ebd.) sei. Es könne nicht hingenommen werden, dass „die Kirche mit solchen stinkenden, faulen Gliedern befleckt" (ebd.) werde. Der zweite Grund der Strafe zielt auf die Ansteckungsgefahr. Es könne nicht geduldet werden, dass ein guter Mensch durch den Umgang mit bösen Menschen verdorben wird. „Denn bei unserer Neigung zum Abbiegen vom Wege geschieht nichts

leichter, als dass wir durch schlechte Vorbilder von der rechten Lebensrichtung weggeleitet werden." (ebd. S. 691)
Drittens soll die Kirchenzucht bewirken, dass die Sünder selbst in Scham geraten und dadurch über ihre Ruchlosigkeit Reue empfinden. So nutzt es auch den Betroffenen, „dass ihre Bosheit gezüchtigt wird" und sie „durch das Fühlen der Rute aufgeweckt werden". (ebd.) Calvin widmet sich detailliert den denkbaren menschlichen Vergehen und Verbrechen, die in seinem Kirchenstaat verboten sind und dementsprechend hart bestraft werden sollen.
1. Es beginnt mit der sexuellen Ausschweifung und Abweichung. Diese hat ja bekanntlich in allen Spielarten der christlichen Religion einen besonderen Stellenwert und gilt als Todsünde der Unzucht. Bei Calvin erfährt dies eine weitere Steigerung. Unzucht war nun nicht allein eine Sünde, sondern gar ein Verbrechen, das mit härtesten Strafen geahndet wurde.
2. Aber auch über Äußerlichkeiten machte sich Calvin her: Kleidung, lange Haare Schmuck und Spitzen waren verpönt. Eine Frau, die eine hochgesteckte Frisur trug, was als unmoralisch galt, wurde ins Gefängnis gesteckt. (Durant, S.485)
3. Verfolgt wurde auch der Rückfall in katholische Bräuche und Riten. Als einmal eine Witwe sich am Grabe ihres Gatten niedergeworfen hatte und ihm ein „Ruhe in Frieden" nachgerufen hatte, wurde sie wegen dieses katholischen Rituals vor das Consistorialgericht geladen. Speziell gegen katholischen Zierrat und Riten ging man rigoros vor. Der Besitz von Rosenkränzen und Heiligenbildchen, aber auch der Besuch von Wallfahrten und katholischen Messen wurde mit Gefängnis oder hohen Geldstrafen geahndet. Wurde der Frevel durch einen der allenthalben aktiven Aufseher entdeckt, so erhielt dieser einen Teil der Geldstrafe. (Kampschulte Teil I S.451) Verdächtig machte man sich aber auch dann, wenn man an einem Freitag kein (!) Fleisch gegessen hatte. (Kampschulte Teil I S.448) Nicht ganz so arg, aber doch auch strafwürdig war die Unsitte, Kindern katholische Taufnamen zu geben. (Durant S.485) (Kampschulte Teil 1, S. 446)

4. Ungebührliches Verhalten in der Öffentlichkeit war in höchstem Maße strafwürdig.. Dazu zählte z.b. ein Wirtshausbesuch; aber auch Kinder, die auf der Straße gespielten, konnten ins Gefängnis gesteckt werden. (Kampschulte I, S.425)

5. Ein ganz schwerer Frevel war der Müßiggang. Um den zu verhindern, wurden die bereits erwähnten Visitatoren und Spitzel eingesetzt, die jederzeit Zugang zu den Häusern der Genfer Bürger hatten. Diese Visitationen dienten dazu, zu überprüfen, „ob es im Hause ordentlich und friedlich zugeht, ob Streit mit den Nachbarn oder etwa Trunkenheit vorkommt, ob sie faul und träge im Predigtbesuch sind." (Zitat Calvin bei Hedke S.121) Im März 1557 hatte der Rat beschlossen, eine Generalvisitation zu veranstalten mit dem Ziel, „Taugenichtse und Müßiggänger aus der Stadt zu entfernen". (Protokoll vom 4. März 1557 zit. nach Kampschulte Teil 2, S. 287) Müßiggänger wurden zur Arbeit gedrängt und Fremde, die sich ohne Beschäftigung in Genf aufhielten, wurden ohne große Umstände aus der Stadt vertrieben." (Kampschulte Teil I S.429 Quelle: Ratsprotokolle) Mit seiner immerwährenden und rastlosen Tätigkeit gab Calvin das Vorbild für ein diszipliniertes und fleißiges Leben. Dem sollten auch die Genfer Bürger allesamt nachfolgen und sich mit höchstem Eifer der Arbeitsamkeit hingeben.

6. Ein weiteres strafwürdiges Vergehen war das Fluchen und Schwören. Wer fluchte und dabei z.B. seine Taufe verwünschte, wurde beim ersten Mal mit einer neuntägigen Gefängnisstrafe bei Wasser und Brot belegt, bei wiederholtem Fluchen wurde er mit schärfsten körperlichen Züchtigungen überzogen.

7. Hexerei wurde, wie damals allgemein üblich, mit dem Tode bestraft. In einem einzigen Jahr wurden in Genf 14 Frauen, die man der Hexerei beschuldigte, auf dem Scheiterhaufen verbrannt.

8. Die ärgste Sünde und Verfehlung in Calvins Theokratie war die Gotteslästerung, bzw. der Abfall von der vorgeschriebenen christlichen Lehre. Hierauf stand die Todesstrafe. Von 1542 bis 1564 wurden in Genf 58 Menschen wegen dieses

Deliktes hingerichtet. Prominentes Opfer war der spanische Arzt und humanistische Gelehrte Michel Servet (1509-1553), den Calvin zum Tode verurteilen und auf dem Scheiterhaufen verbrennen ließ. Servets Verbrechen hatte darin bestanden, dass er die Lehre von der Trinität (Gottvater, Sohn Jesus Christus und Heiliger Geist) in Frage gestellt und kritisiert hatte. Insgesamt galten Abweichungen vom wahren Glauben als Beleidigung Gottes und Verrat am Staat und waren somit todeswürdige Verbrechen.

Calvin ging es darum, mit aller Entschiedenheit den Geist strenger Ordnung und Regelmäßigkeit durchzusetzen und hierzu waren ihm die härtesten Strafen nicht hart genug. Seit 1545 häuften sich die Verhaftungen derart, dass der Kerkermeister darüber Klage erhob, dass die Gefängnisse heillos überfüllt seien. (Kampschulte Teil I, S. 426) Im Namen des christlichen Glaubens wurde gefoltert und gemordet, was das Zeug hielt. Es wurden die „scheußlichsten Misshandlungen angewandt. Die alten Marterwerkzeuge in ihrer Einfachheit genügten nicht mehr; man erfand neue Qualen." (ebd.) All dies dokumentiert „bis zu welchem Grade menschliches Fühlen und Erbarmen diesem strengen Geiste abhandengekommen" waren (ebd. S.427)

Das Ziel Calvins war es, das gesamte äußere Leben genau zu regeln und feste Vorschriften unter strenger Aufsicht für das Leben jedes Einzelnen durchzusetzen. Sonntäglicher Kirchgang wurde zur Pflicht. Und wer nicht hinging, wurde mit einer Geldstrafe belegt. In den einzelnen Gemeinden waren eigens Aufseher eingesetzt, die die Aufgabe hatten, widerspenstige Seelen „von Amts wegen zur Predigt zu führen." (ebd. S.448) Alles in allem erinnert Calvins Theokratie an das Modell eines islamistischen Gottesstaates, wie ihn heute etwa die afghanischen Taliban oder der sog. „Islamische Staat" propagieren. Damals wie heute ging und geht es darum, das gesamte Leben bis in ihre privatesten Nischen hinein einem religiösen Diktat zu unterwerfen.

Calvins asketisches Programm stieß bei der Genfer Bevölkerung nicht unbedingt auf Gegenliebe und wurde bisweilen offen torpediert. So hatten sich während des Abendmahls einige Patrizier demonstrativ in einem Wirtshaus versammelt, um Karten zu spielen. (Reinhardt, S.137) Als Reaktion auf diese offene Provokation wurden alle Gasthäuser Genfs geschlossen und an ihrer Stelle sogenannte Abteien eröffnet, in denen statt Alkohol und Glücksspiel Bibellektüre und andere spirituelle Unterweisungen geboten wurden. Allerdings blieben diese „frommen Tavernen" leer und mussten bald wieder geschlossen werden. (Reinhardt, S. 137) Mit all seinen Verordnungen, Verboten und Strafen schuf Calvin in Genf ein Klima kollektiver Depression und Tristesse. Das Konsistorium, verbot alles, „was in diesem irdischen Jammertal Ablenkung durch Freude bot." (Reinhardt, S. 214)

Nicht allein die Arbeit wurde reglementiert und streng kontrolliert, auch die Geselligkeiten wurden mit obrigkeitlichen Vorschriften religiös verwässert. Über allem lag nun ein grauer Schleier bigotter Frömmigkeit. „Die früheren Volksfeste und volkstümlichen Belustigungen gingen ein oder wurden durch das neue Zuchtsystem in einer Weise beschränkt, dass sie kaum noch ein Schatten von dem blieben, was sie einst waren." (Kampschulte Teil I, S.445) So als würde man im Gleichschritt tanzen und auf der Kirmes nur Kirchenlieder singen. So als würde statt der volkstümlichen Blaskapelle ein frommer Posaunenchor den Takt vorgeben. So als ob die Feste prinzipiell abends um sieben Uhr beendet werden und mit einem Gebet abgeschlossen werden müssten. Von Freude, Lust und Vergnügen war so natürlich nichts mehr geblieben. Und die Geselligkeiten, die ja für die Mühsal der Arbeit entschädigen sollten, wurden bald noch trostloser als die Arbeit selbst. Die sanfte Seite des Christentums, die Nächstenliebe und die Vergebung kommen bei Calvin nur am Rande vor. „Es ist nicht der Gott der Versöhnung und Barmherzigkeit, wie ihn uns das Evangelium offenbart, es ist mehr, möchte man sagen, der zürnende und strafende Jehova des alten Bundes, der aus Calvins Institution zu uns spricht." (Kampschulte Teil I, S. 277) Für Calvin ist der Mensch ein seelisch-sittliches Mängelexemplar. Er neigt durchweg zur

Trägheit und Sinnlichkeit und er bedarf deshalb der Unterstützung und Hilfestellung von außen. Nur so könne es ihm gelingen, den Pfad des rechten Glaubens zu beschreiten und ein tugendhafter Mensch zu werden. Die Disziplin sei unabdingbar, um die Auflösung der Kirche zu verhindern. (Calvin, Institut IV, Kap. IX, S. 842) Aufgabe der Kirche sei es daher, „ihren faulen, trägen und unvollkommenen Gliedern Hilfsmittel und Stützen zu geben, sie zu leiten, zu mahnen, zu korrigieren, zu bessern und auch zu strafen." (Hedke, S.121) Aber auch der Einzelne konnte ganz ohne äußeren Druck an sich und seiner Tugend arbeiten, indem er sich Gelübde für sein Handeln auferlegte. Durch Gelübde (vota) konnte man sich Zügel anlegen und beispielsweise seine Faulheit austreiben. (Hedke, S.132) Gelübde konnten in bestimmten Fällen „der Schwachheit, Trägheit und Faulheit, Begehrlichkeit und Zügellosigkeit einen erzieherischen Hilfsdienst leisten." (ebd.)

Wie stand es nun aber mit Calvins Verhältnis zum industriellen Fortschritt? Kapitalistische Pioniertaten waren keineswegs das Ziel seiner Religion. Sein Urteil über die damaligen Industrie- und Handelsstädte fällt harsch aus. Und der Wohlstand der Genfer Bürger schwebt ihm auch nicht vor. Allenthalben betont er, dass das Volk in Armut leben solle, weil es dann gehorsamer sei. (Kampschulte Teil I, S. 430)

Die These von der Verwandtschaft zwischen Calvinismus und Kapitalismus lässt sich in Calvins Genfer Schreckensherrschaft jedenfalls nicht finden. „So ist auch in allen theologischen Erörterungen und Predigten Calvins keine Verherrlichung des geschäftlichen Risikos oder gar Wagemuts zu finden. Und auf jede Ausmalung eines von Gott gesegneten Gewerbes kommen mindestens doppelt so viele Ermahnungen, aus Reichtum nicht auf Erwählung zu schließen und sich mit dem zu begnügen, was Gott einem zugewiesen hat." (Reinhardt, S.226)

„Zeit ist Geld" (Benjamin Franklin)

„Wer ein Mutterschwein tötet, vernichtet dessen ganze Nachkommenschaft bis ins tausendste Glied. Wer ein Fünfschillingstück umbringt, mordet (!) alles, was damit hätte produziert werden können: ganze Kolonnen von Pfunden Sterling." (Franklin, zit. nach Weber 1965, S.41.) Keiner hat so intensiv wie Franklin die Prinzipien der neuzeitlichen Zeitökonomie gepredigt. Stammt doch von ihm das Motto, das heute universelle Gültigkeit erlangt hat, „Zeit ist Geld": „Bedenke, dass Zeit auch Geld ist!" (Franklin, 1819. S. 72.) Franklins Kampf gegen den Müßiggang ist weniger religiös als vielmehr ökonomisch bestimmt. Er stellt die Rechnung auf Heller und Pfennig auf. In einer 1829 erschienenen deutschen Ausgabe von Franklin Schriften ist folgende Stelle in ihrer bekannten kurz-prägnanten Form zu finden: „Zeit ist Geld. Wer zwölf Groschen täglich durch seine Arbeit verdienen kann, aber lieber die Hälfte des Tages umherschlendert oder müßig sitzt, darf den einen Groschen, den er vielleicht während des Nichtstuns verzehrt, nicht als die einzige Ausgabe in Rechnung bringen, denn er hat in der Tat noch sechs Groschen außerdem ausgegeben oder vielmehr weggeworfen, die er hätte erübrigen können." (Franklin, 1829. S. 89f.)

Anders als im heutigen Finanzkapitalismus mit all seinen gierigen Hedgefonds spielten bei Franklin jedoch noch moralische Kategorien eine Rolle. Der Begriff Kredit hat hier noch seine ursprüngliche Bedeutung: „Vertrauen". „Neben Fleiß und Mäßigkeit trägt nichts so sehr dazu bei, einen jungen Mann in der Welt vorwärts zu bringen, als Pünktlichkeit und Gerechtigkeit bei allen seinen Geschäften. Deshalb behalte niemals erborgtes Geld eine Stunde länger, als du versprachst, damit nicht der Ärger darüber deines Freundes Börse auf immer verschließe." (Franklin, zit. nach Weber 1965, S.39) Bei Franklin dreht sich alles um das Geld. Dieses Motiv zieht sich durch seine gesamten Schriften. Er rechnet akribisch vor: Wenn man sechs Pfund besitzt, so kann man dafür 100 Pfund leihen und „für sich arbeiten lassen". Natürlich immer unter der Voraussetzung, dass man kreditwürdig ist. Man kann die sechs Pfund aber auch kurzerhand konsumieren. In Franklins Rechnung bedeutet dies, dass man damit auf den Gebrauch von 100 Pfund verzichtet. Dasselbe gilt für den Gebrauch der Zeit: Wer täglich einen Teil seiner Zeit im Wert von einem Groschen verschwendet (und das mögen nur ein paar Minuten sein), verliert, einen Tag in den anderen gerechnet, das Vorrecht, 100 Pfund jährlich zu gebrauchen. Wer nutzlos Zeit im Wert von Schillingen vergeudet, verliert 5 Schillinge und könnte ebenso gut 5 Schillinge ins Meer werfen." (ebd. S. 40)

Benjamin Franklin, amerikanischer Staatsmann, Drucker, Zeitungsverleger, Schriftsteller und Naturwissenschaftler (er hat u.a. den Blitzableiter erfunden) (1706-1790) ist die Personifikation des kapitalistischen Geistes in seiner frühen Spielart. (Max Weber) Kein anderer hat so prägnant die heraufdämmernden kapitalistischen Tugenden auf den Begriff gebracht. Die Titel der von ihm verfassten ökonomischen Aufsätze sprechen für sich: „Guter Rat an einen jungen Handwerker", „Nötige Winke für diejenigen, die gern reich werden möchten", oder „Ein Mittel aller Welt Beutel zu füllen". In der seit Max Weber geführten Debatte über den Zusammenhang von protestantischer Ethik und kapitalistischem Geist kommt Franklin eine zentrale Bedeutung zu. Und es ist insofern nicht verwunderlich, dass eine große amerikanische Investmentgesellschaft unserer Zeit seinen Namen trägt (Franklin Templeton Investments) und ihr Firmenlogo mit dem Porträt Franklins schmückt.

Franklin selbst war Presbyterianer, scheint jedoch kirchlich nicht besonders aktiv gewesen zu sein. In seinen Lebenserinnerungen schreibt er, dass er den öffentlichen Versammlungen der Kirche fernblieb, weil der Sonntag sein Studiertag gewesen sei. (Franklin, 1818, S.109). Gelegentlich hat Franklin auf die mahnenden Worte eines Freundes hin doch den Gottesdienst besucht, einmal sogar fünf Sonntage hintereinander, und war sehr enttäuscht, insbesondere was die Qualität des Predigers anlangte: „Wäre er ein guter Prediger, wie ich ihn wünschte, gewesen, vielleicht hätte ich es immer getan, wiewohl ich den Sonntag stets zu meinen Studien brauchte; aber seine Predigten waren vorzüglich entweder polemischen Inhalts, oder Erklärungen der eigentümlichen Lehren unserer Sekte, für mich alle gar zu trocken, ununterhaltend und unerbaulich. Da wurde kein einziger sittlicher Grundsatz eingeschärft, oder erhärtet. Alles schien darauf abgesehen, uns lieber zu Presbyterianern, als zu guten Bürgern zu machen." (Franklin, 1818. S.110.)

Deshalb macht sich Franklin ans Werk, eine eigene Ethik zu entwickeln. Aus seiner Feder klingt dies wie ein modernes Optimierungsprogramm: Er habe, so ist bei ihm zu lesen, einen schwerwiegenden Entschluss zu seiner „sittlichen Vollendung" gefasst. Und dieser Entschluss habe nichts weniger zum Inhalt, als künftig nie wieder einen Fehler zu machen und - falls doch einmal welche auftreten sollten - sie rigoros und gründlich zu bekämpfen. (Franklin, 1818. S.111.) Eine hellsichtige Vorwegnahme der heute in der Managementtheorie propagierten Null-Fehler-Ideologie.

Nachdem Franklin gründlich die herkömmlichen Tugendkataloge studiert hatte, traf er folgende Auswahl an Tugenden für den Eigenbedarf: 1.Mäßigkeit (z.B. beim Trinken) 2.Schweigsamkeit 3.Ordnung 4.Entschlossenheit 5.Sparsamkeit 6.Fleiß („Verliere keine Zeit; beschäftige dich immer mit etwas Nützlichem; alles Unnötige unterlasse! Franklin, 1818. S. 113.) 7.Aufrichtigkeit 8.Gerechtigkeit 9.Mäßigung (z.B. im Umgang mit anderen Menschen) 10.Reinlichkeit 11.Ruhe 12.Keuschheit 13.Demut. Bei der Einübung dieser Tugenden ging Franklin Schritt für Schritt vor: Er nahm sich immer nur eine Tugend vor und wenn er sie perfekt eingeübt und beherrscht hatte, ging er zur nächsten über, bis alle 13 Tugenden durchgenommen waren (Franklin, 1818. S.114.)

Um Ordnung in sein Tugendtrainungsprogramm zu bekommen, hatte sich Franklin eine Tabelle angefertigt, in der er horizontal die Wochentage und vertikal die Tugenden eintrug und in dem er am Abend Verstöße mit einem Kreuz markierte. Um sich in der dritten Tugend, der Ordnung, zu verfeinern, entwickelte Franklin zusätzlich einen ausgefeilten Tagesplan. (Franklin, 1818. S.119.)

Eine ähnliche Methode mit Hilfe von sog. Zeittabellen die Arbeitsabläufe und schließlich sogar das ganze Leben zu strukturieren und zu optimieren, wurde später in der Sowjetunion praktiziert. 1923 gründete der Ingenieur und Schriftsteller A. K. Gastew die sog. „Zeitliga" mit dem Ziel, die richtige Ausnutzung und Ökonomie der Zeit auf allen Gebieten des sozialen und privaten Lebens zu befördern „Die Zeitliga ist eine Organisation des Kampfes gegen die Verschleuderung der Arbeitszeit der Gesellschaft." So hieß es in dem Programm. Doch zurück zu Franklin. Er betont, dass er sich bei seinem Tugendoptimierungsprogramm auf keine bestimmte religiöse Strömung festnageln lassen wolle. „Zu bemerken ist noch, dass, wiewohl mein Entwurf nicht ganz ohne Religion gemacht war, doch keine Spur von den auszeichnenden Lehrsätzen irgendeiner besonderen Glaubensverehrung darin sichtbar war. Dies hatte ich absichtlich vermieden; denn da ich vom Nutzen und von der Trefflichkeit meiner Methode, wie von ihrer Anwendbarkeit auf jedes Volk in jeder Religion, vollkommen überzeugt und mit der Zeit sie herauszugeben gesonnen war, so möchte ich nichts darin haben, was irgend einem, in irgend einer Glaubensverbrüderung dagegen einnehmen könnte." (Franklin, 1818. S. 122.)

Der Weg zum Reichtum kann nach Franklin nur beschritten werden, wenn konsequent zwei Verhaltensregeln eingehalten werden: Tätigkeit und Sparsamkeit. In der Praxis bedeutete dies „verschwende weder Zeit noch Geld, sondern mache von beiden den besten Gebrauch!" (Franklin, 1819, S.75) Wem dies nicht unmittelbar einleuchten sollte, dem rechnet Franklin akribisch vor: „Wer des Tages vier Pfennige durch Müßiggang verliert, der verliert durch Müßiggang jährlich über fünf Taler, das heißt, er verliert den Preis für den Gebrauch von hundert Talern." (Franklin, 1819, S.76)

Die Faulheit, so Franklin, sei der größte Dieb auf Erden. Sie nehme uns am meisten fort. Ja sie plündere uns aus, wie es kein Räuber vermag. Dies möge ja zunächst etwas verwegen und übertrieben klingen. Wenn man aber einmal die Zeit Revue passieren lasse, welche die meisten Menschen im Müßiggang, mit Nichtstun, in sinnlosen Zerstreuungen vergeuden, so könne man nicht umhin, dem zuzustimmen. Hinzukomme, dass der Müßiggang dem Körper schade: wie der Rost das Eisen angreift, so setze der Müßiggang dem Körper zu. Der Mensch werde schwächlich, er kränkele immer mehr und schon bald breche er tot zusammen. Eine Unsitte liege auch darin, dass die meisten Menschen zu viel schliefen und so viel Zeit verlören, die sie für produktive Zwecke nutzen könnten. Der schlafende Fuchs fängt kein Huhn, sagt der Volksmund. Außerdem hätten wir ja später im Grab massenhaft Zeit zum Schlafen. Wenn es wahr sei, dass die Zeit das kostbarste Gut auf Erden ist, so sei der sorglose Umgang mit ihr eine schleichende Zeitvernichtungsaktion. Die Trägheit, so sagt der Volksmund, schlurft so langsam daher, dass die Armut sie bald einholt. Der ökonomische Umgang mit der Zeit ist ein Eckpfeiler ins Franklins Philosophie: „Treibe dein Geschäft, damit dein Geschäft dich nicht treibt! Zeitig ins Bett, und zeitig aus dem Bette, macht den Menschen gesund, reich und klug." (Franklin, 1819, S.80) Ein Heute, so Franklins Rechnung, ist mehr wert als zwei Morgen. Man solle nie etwas auf morgen verschieben, was man heute bereits erledigen könne. Dies ist ein weiterer Eckpfeiler in Franklins Zeitsparökonomie. Franklin appelliert an das Gewissen: Auch wenn man keinem Herrn oder Arbeitgeber mehr verantwortlich sei, sondern sein eigener Herr, so solle man sich vor sich selbst schämen, wenn man alles nur säumig erledige. Franklin geht bei seinen Zeitnutzungsstrategien ins Detail. Sprach Marx von den Poren des Arbeitstages, die immer mehr im kapitalistischen Produktionsprozess geschlossen würden, so ist bei Franklin die Rede von den Zeitbrocken, die es zu sammeln gelte. Damit meint er unproduktive Zwischenzeiten oder Leerläufe, die man mit einer sinnvollen Tätigkeit füllen könne. Franklin denkt hierbei an Beschäftigungen, die problemlos unterbrochen werden könnten und die man mehrmals am Tag in die Hand nehmen und wieder weglegen könne wie z.B. Spinnen, Stricken oder Weben. Auf diese Weise ließen sich übers Jahr gerechnet in einem Haushalt erhebliche Werte ansammeln. Um wieviel mehr für die Gesamtgesellschaft. Franklins Quintessenz: „Sammelt die Brocken, damit nichts umkomme. Verlorene Zeit ist verlorene Nahrung, folglich ein verlorener Schatz." (Franklin, 1819, S.216) Betriebsamkeit und Fleiß müssten deshalb in allen nur denkbaren Formen und Varianten ermuntert und forciert und „Müßiggang auf alle nur mögliche Weise ausgerottet werden." (Franklin 1819, Bd. 4, S.418) Die Argumente Franklins gegen Faulheit und Müßiggang sind rein ökonomischer Natur. Als religiös indifferenter Mensch hat er mit der christlichen Tugendlehre und den Tiraden der Pfarrer und Pastoren (vgl. Kapitel 6 und 7) nichts im Sinn. Müßiggang ist für Franklin ein Vergehen gegen die Gesellschaft; denn wenn der Faule die ihm zugewiesene Arbeit unterlässt, so müssten andere sein Pensum mit erledigen, was eine ausgemachte Ungerechtigkeit sei. Dementsprechend hat Franklin denn auch eine sehr kritische Einstellung zum Problem gesellschaftlicher Armut und Armenfürsorge. Im Unterschied zur mittelalterlichen Gesellschaft, in der Almosengeben und Betteln geradezu institutionalisiert waren, hält Franklin gar nichts von staatlicher Mildtätigkeit: Die staatliche Armenfürsorge habe ausufernde Formen angenommen (Franklin bezieht sich hier auf England). Nirgendwo gebe es derart viele Armenanstalten. Dies werde von den Armen jedoch keineswegs mit Dankbarkeit und Demut erwidert. Im Gegenteil, es gebe kein Land in der Welt, wo die Armen müßiger und unverschämter, der Liederlichkeit und dem Trunke ergebener seien. In einem Brief an einen Herrn Small vom 5. November 1789 verleiht Franklin seiner kritischen Haltung Nachdruck: „Ich bin längst der Meinung gewesen, dass unsere gesetzliche Armenversorgung ein großes Übel ist, indem dieselbe wirklich als Beförderung des Müßiggangs wirkt." (Franklin, 1829, S.67f.) Von der Arbeitsmoral der unteren Schichten hat Franklin die allerschlechteste Meinung: „Der Pöbel arbeitet nie aus Vergnügen, immer nur aus Not. Wohlfeile Lebensmittel machen ihn faul und träge."

Franklin wählt zur Verbreitung seiner kapitalistischen Tugendlehre allerdings nicht nur die moralisierende Form, sondern kleidet sie gelegentlich auch in amüsante Parodien: Wenn alle Pariser Familien, so seine Rechnung, statt in den späten Abend- und Nachtstunden Kerzenwachs zu vergeuden, morgens zeitig aufstünden und abends zeitig schlafen gingen, so ließen sich dadurch in einem halben Jahr 64 Mill. Pfund Kerzenwachs einsparen. Franklin weiß als realistischer Kaufmann freilich, dass es nicht leicht ins Werk zu setzen ist, die Menschen morgens zeitig aus ihren Betten zu treiben. Deshalb schlägt er verschiedene praktische Maßnahmen vor. Erstens: Für jedes bei Tageslicht mit einem Laden verschlossene Fenster müsse eine Strafgebühr von einem Louisdor gezahlt werden. Zweitens: Vor Wachs-und Talglichtgeschäften sollten Polizeiwachen postiert werden, die kontrollieren sollten, dass keine Familie mehr als ein Pfund Wachs wöchentlich kauft. Drittens: Polizeipatrouillen sollten eingesetzt werden, um nächtlich umherfahrende Karossen zu kontrollieren. Viertens: „Man lasse jeden Morgen, sobald die Sonne aufgeht, mit allen Glocken in allen Kirchen läuten, und wenn das nicht hinreichend ist, in jeder Straße Kanonen abfeuern, die Langschläfer kräftig zu wecken, und ihnen die Augen über ihren wahren Vorteil mit Gewalt öffnen!" (Benjamin Franklin, Unterricht für die, welche nach Amerika auswandern in: Ders.: Schriften und Correspondenz. Weimar 1819 5.Bd. S.195ff.)

Als Benjamin Franklin seine Theorie des Zeitsparens und der methodischen Lebensführung zu Papier brachte, steckte der Kapitalismus noch in seinen Kinderschuhen. Insofern konnte er auch noch nicht den industriellen Großbetrieb im Blick haben. Ihm geht es um den kaufmännischen Klein- und Mittelbetrieb bzw. den privaten Haushalt, ähnlich wie bereits Leon Battista Alberti. (vgl. S. 74ff.) Bei Franklin ist allerdings neu, dass er Zeit und Geld in einen unmittelbaren Zusammenhang bringt. In diesem Punkt ist er zweifellos ein wichtiger Wegbereiter kapitalistischer Ökonomie. Die wahren Helden der Rationalisierung treten allerdings erst zu Beginn des 20. Jahrhunderts auf die welthistorische Bühne. Es sind dies die beiden Amerikaner Frederick W. Taylor und Henry Ford. (vgl. Kapitel 8)

„Trägheit ist Selbstmord" (Lord Chesterfield)

„Denn da die Zeit kostbar, das Leben aber kurz ist, muss man sie nicht verlieren. Ein Verständiger weiß sich ihrer stets zum Nutzen oder Vergnügen zu bedienen; er hat immer etwas vor; entweder er belustigt sich oder er studiert. Müßiggang, sagt man, ist aller Laster Anfang; wenigstens ist er der Anteil der Toren, und nichts ist verächtlicher als ein Müßiggänger." Diese Sätze stammen aus der Feder des Philip Dormer Stanhope Earl of Chesterfield, der von 1694 bis 1773 lebte. (Chesterfield 1912, Bd.1, S.1) Der Lord bekleidete eine Vielzahl von britischen Staatsämtern. So war er Mitglied des britischen Oberhauses und vielfältig im diplomatischen Dienst tätig, in dessen Verlauf er Europa bereiste und die französischen Geistesgrößen der damaligen Zeit (Voltaire, Montesquieu u.a.) besuchte. Im Nebenberuf war Lord Chesterfield Vater eines Sohnes, dem er über mehrere Jahre hinweg Briefe schrieb, um so den Sohn auf seine künftige Diplomatenkarriere vorzubereiten. Diese Briefe wurden nach dem Tode des Lords (gegen seinen Willen) veröffentlicht und sind bis heute von eminent kulturhistorischem Interesse. Der ausführliche Titel lautet „Briefe an seinen Sohn über die anstrengende Kunst, ein Gentleman zu werden."

Der Lord betont immerfort, dass es ihm nicht darum gehe, seinen Sohn zu fortwährendem Studium anzuhalten; er solle mithin keinesfalls den lieben langen Tag über seinen Büchern hocken, sondern auch seinem Vergnügen und seinen Belustigungen nachgehen. Beide Bereiche sollten gleichermaßen mit Bedacht gestaltet werden. Wichtig sei, dass man immer nur eine Sache zur Zeit erledigt und nichts auf morgen verschiebt, was heute verrichtet werden könne. Rechnete Abraham a

Sancta Clara noch mit Tagen, über welche man sich Rechenschaft ablegen solle (man erinnere sich an seine Tageskörbe), so geht Lord Chesterfield weiter ins Detail. Die Uhrenentwicklung macht es möglich. Es sind nun halbe Stunden oder gar viertel Stunden, die man auf dem Prüfstand der Tagesplanung messen solle. Es gebe zum Beispiel am Tage viele kurze Zwischenzeiten zwischen der Studierarbeit und den Vergnügungen. Und in denen solle man nicht müßig sein, gähnen und in die Luft schauen.

Des Lords Ratschläge sind ausgesprochen praktischer Art. Er berichtet von einem Bekannten, der es sich angewöhnt hatte, seinen Gang zur Toilette mit lehrreicher Lektüre zu verbinden, um so Zeit zu sparen. So kaufte er sich beispielsweise einen billigen Band der Gedichte von Horaz. Und bei der „Verrichtung seiner Notdurft" habe er die Gedichte gelesen, die je gelesenen Seiten dann herausgerissen und sich dann mit ihnen den Hintern abgewischt. Auf diese Weise hatte er im Laufe der Zeit sämtliche lateinischen Dichter durchgearbeitet. Wissenschaftliche Bücher eigneten sich hierfür jedoch weniger, weil sie im Zusammenhang studiert werden müssten. Es gebe jedoch viele, die man etappenweise und ohne Verbindung lesen könne. Hierzu gehörten alle lateinischen Dichter mit Ausnahme des Vergil und seiner Aeneis. Auch Wörterbücher eigneten sich für derartige Lektüre vorzüglich.

Lord Chesterfield gibt seinem Sohn gewissenhaften Rat, wie er mit seiner Zeit umgehen solle. „Es gibt nichts, dessen Kenntnis ich dir mehr wünsche, und was weniger Leute wissen, als den wahren Gebrauch und Wert der Zeit." (Chesterfield, Bd. 1, S.130) Auch wenn man einmal sehr spät nach Hause gekommen sei, solle man zur gewohnten frühen Stunde aufstehen. Selbst wenn er erst morgens um sechs ins Bett gekommen sei, habe er sich bereits um acht Uhr wieder an den Schreibtisch gesetzt, um die wertvollen Vormittagsstunden der Lektüre zu widmen. „Lerne also den wahren Wert der Zeit kennen! Reiß jeden Augenblick derselben an dich, und genieße ihn! Weg mit Müßiggange, Faulheit und Verschube!" (Bd.2,S.34)

Die Gefahr der Zeitverschwendung sei gerade bei jungen Leuten die allergrößte. Sie verschleuderten die Zeit ähnlich, wie große Vermögen vergeudet würden, weil sie denken, es sei ja allemal genügend vorhanden. Man solle deshalb mit Minuten und Viertelstunden haushalten; denn am Jahresende zusammengerechnet ergäben sie eine beträchtliche Summe. So solle man z.B. die Zeit zwischen zwei Terminen nicht müßig verstreichen lassen, indem man sich beispielsweise im Kaffeehaus verzettelt. Besser sei es, einstweilen nach Hause zu gehen, einen Brief zu schreiben oder ein gutes Buch zu lesen. Aber bitteschön keine nichts bedeutenden, leeren Bücher wie sie z. Z. in Frankreich herumschwirrten: „Feenmärchen, Betrachtungen über den Verstand und das Herz, die Metaphysik der Liebe, die Zergliederung der schönen Gesinnungen, und dergleichen eitles, nichts bedeutendes Zeug ,die das Gemüt nicht besser nähren und bilden, als der zu Schaum geschlagene Rahm den Leib nähren würde." (Bd. 2, S.62f.)

Viele Menschen vergeudeten einen großen Teil ihrer Zeit durch Trägheit. Sie faulenzten und gähnten im Lehnstuhle und denken, „sie hätten jetzt nicht Zeit, etwas anzufangen, ein andermal würde sich ebenso gut welche finden." (Bd. 2, S.63) Alle Dinge sollten planvoll erledigt werden: „Geschwindigkeit ist die Seele der Geschäfte; nichts aber hilft mehr zur Geschwindigkeit als Ordnung."(Bd. 2, S. 64)

Lord Chesterfield warnt in diesem Brief seinen Sohn immer wieder vor der Trägheit. Sie führe dahin, dass das ganze Leben in einen verachtenswerten Zustand gerate und bis zum Tode reglos und sinnlos vor sich hin modere. „Trägheit betrachte ich als eine Art Selbstmord. Denn der Mensch wird durch sie ganz und gar zugrunde gerichtet, wenngleich die Begierden des Tieres noch übrig bleiben." (Chesterfield 1983, S.321) Lord Chesterfield betont immer wieder, dass er für eine harmonische Koexistenz zwischen Arbeit und Vergnügen plädiert. Beide Sphären müssten jedoch in klar festgelegten Zeiten ihren Platz haben. Es kündigt sich hier bereits die neue

Tugend des Bürgers an, der sich zum Souverän seiner Zeit aufschwingt. Jedenfalls passt es nicht zum Lebensentwurf der parasitären adeligen Müßiggängerklasse, die Thomas Carlyle ein Jahrhundert später ins Visier nehmen wird. Chesterfield ist aber auch nicht so radikal wie sein amerikanischer Zeitgenosse Benjamin Franklin, der alles menschliche Handeln auch in den kleinsten Details dem Nützlichkeitsdenken unterwirft. Im Unterschied zu Benjamin Franklin ist bei dem adeligen Lord von Geld nur selten die Rede. Man besitzt es einfach in adligen Kreisen. Zeit wird hier noch nicht mit dem Geldwert taxiert und gewogen, sie behält noch ihren Eigenwert und ist Maßstab allen menschlichen Handelns. Ziel ist bei Lord Chesterfield nicht der Gelderwerb, sondern die Persönlichkeitsbildung. Da die Zeit begrenzt sei, solle sie optimal gefüllt werden.

Lord Chesterfield ist bereits mit allen Details und Fallstricken moderner Zeitökonomie vertraut, so z.B. mit dem paradoxen Phänomen, dass viel Zeit nicht automatisch dazu führt, dass man viel schafft. „Denn das ist eine ausgemachte Wahrheit, je weniger man zu tun hat, desto weniger Zeit findet man, in der man es tun könnte. Der eine gähnt, der andere verschiebt es auf morgen, der dritte kann es tun, wenn er will und daher wird es selten von einem getan. Die hingegen viele Geschäfte haben, müssen sich dazu halten und finden immer genug Zeit, sie zu tun." (Chesterfield Bd. 2, S.307) Andererseits polemisiert Chesterfield aber auch gegen den geschäftigen Müßiggang, also die Attitüde, die Zeit mit möglichst vielen Tätigkeiten und Obliegenheiten zu verdichten. Planvoll soll der Sohn nicht nur bei seinen Pflichten, sondern ebenso bei seinen Vergnügungen sein. Ein Gedanke, der Calvin entsetzt hätte. „Derjenige ist weder zum Geschäfte noch Vergnügen tüchtig, der nicht seine Aufmerksamkeit auf die gegenwärtige Sache lenkt oder lenken kann, und in gewissem Maße diese Zeit über alle anderen Gedanken aus seinem Sinne ausschließen kann. Wenn jemand auf einem Balle, bei Tisch oder bei einer Lustreise auf die Auflösung einer Aufgabe aus dem Euklid dächte, würde er gar ein schlechter Gesellschafter sein und unter den anderen nur geringes Ansehen erlangen. Dächte er dagegen, wenn er in seinem Kabinette der Aufgabe nachsinnt, an das Menuett, so würde er, deucht mich, einen armseligen Mathematiker abgeben." (Bd.1, S.91) Sein Motto lautet deshalb: Alles zu seiner Zeit. Der Lord spricht zwar nicht von Zeitbrocken wie Franklin, aber auch ihm geht es um die Summierung kleiner Zeiteinheiten zu einem großen Haufen. „Der Schatz wohl angewandter Augenblicke ist bei der Zusammenrechnung unermesslich." (Chesterfield 1983, S,69)

Was sich bei Franklin bereits angedeutet hat, ist auch für Chesterfields Lebensphilosophie charakteristisch. Es wird hier nichts, aber auch gar nichts christlich-religiös begründet. Leitlinie ist allein die Vernunft und die Zweckmäßigkeit. Insgesamt gesehen ist Lord Chesterfield, der ja von seiner Herkunft zwar englischer Adliger ist, in seinem Denken aber ein Vertreter des aufgeklärten Bürgertums. Sein Ziel ist es, das ganze Leben in den Griff zu nehmen und planmäßig zu gestalten. Chesterfield vertritt ganz entschieden ein Modell der Selbstoptimierung, wie es ja heute zur vollen Blüte gekommen ist. Dies betrifft nicht allein die ökonomische Zeitnutzung, sondern die Gestaltung des Lebens insgesamt, bis in die Details des Alltags. Man denke nur an die Horazlektüre auf der Toilette.

Bei ihm geht es nicht um den Erfolg in einer industriellen Unternehmung, nicht also um Arbeit und Fleiß im herkömmlichen Sinne. Bei ihm dreht sich alles um „die anstrengende Kunst, wie man ein Gentleman wird." Dies ist das Ziel all der unzähligen Briefe an seinen Sohn, der sich allerdings nicht groß um die väterlichen Ratschläge kümmerte. Lord Chesterfield geht es also in erster Linie um das Erlernen von Sozialtechniken. Um die Kunst sich selbst in gutem Licht darzustellen, um in den Salons Bella Figura zu machen. Um sich selbst im Smalltalk in angenehmes Licht zu setzen. Immer wieder hält der Lord seinem Sohn vor Augen, dass er seinen gesellschaftlichen Aufstieg mit strategischem Kalkül und taktischer Finesse betreiben müsse. Und wenn man dies mit Erfolg betreibe, so bedeute dies eine regelrechte Schwerstarbeit. Es geht dabei um nichts weniger, als die Menschen für die eigenen Karrierezwecke zu instrumentalisieren. Es seien Techniken, die dazu dienten, andere Menschen von sich abhängig zu machen. Unverblümt rät der Lord seinem Sohn, seine Mitmenschen derart zu manipulieren, dass sie dem eigenen Willen gemäß handeln. Um dies zu erreichen, soll man alle Mittel der Höflichkeit, Gefälligkeit und auch Schmeichelei anwenden.

Hat er einmal die gesellschaftliche Kommunikation derart instrumentalisiert, so ist es nicht verwunderlich, dass der Lord den Menschen mit einer Maschine vergleicht. „Wir sind zusammengesetzte Maschinen; und wiewohl wir die Haupttriebfeder haben, die das Ganze in Bewegung setzt, haben wir doch auch viele kleine Räder, die ihrerseits diese Bewegung verzögern, beschleunigen oder sogar anhalten können." (Chesterfield 1983, S.190f.)

Ging es im Mittelalter darum, das Leben an Gott auszurichten, so tritt hier als neuer Maßstab und Instanz das gesellschaftliche Leben an dessen Stelle. Es geht im Leben darum, „möglichst große Summen von Glück aus allem Geschehen herauszuarbeiten(!)." Gemäß diesem viel späteren sog. „energetischen Imperativ" des Chemienobelpreisträgers Wilhelm Ostwald (1853-1932) sollen bereits bei Lord Chesterfield beide Sphären, Freizeit und Arbeit, ökonomisch organisiert sein. D.h. also, dass nicht nur die Sphäre der Pflichten, sondern auch die Vergnügungen durchstrukturiert und geregelt sein sollen. In beiden Bereichen soll keine Zeit vertrödelt werden. „Was ich aber bereue, und stets bereuen werde, ist die Zeit, die ich in der Jugend unter bloßem Müßiggange eingebüßt habe." (Chesterfield 1912, Bd. 1 S.143)

Man solle eine systematische Haushaltsführung betreiben. Der Sohn solle sich eine Art Haushaltsbuch zulegen, in dem er regelmäßig sämtliche Einnahmen und Ausgaben auflisten solle. Aber bitte nicht zu kleinkariert. Ausgaben für Mietkutschen oder Opernbillets und sonstige Kleinausgaben könne er getrost außer Acht lassen. Sie seien die Tinte nicht wert, mit der sie ins Haushaltsbuch geschrieben würden. Derartige Kleinrechnereien soll man „albernen Kerlen" überlassen. Benjamin Franklin mit seiner Pfennigfuchserei scheint solch ein „alberner Kerl" gewesen zu sein

Ziel sei es, „dich annehmlich und beliebt in Gesellschaft zu machen." (Chesterfield 1912, Bd. 1 S.75) Man müsse hierbei taktieren: „So nichts bedeutend auch eine Gesellschaft sein mag, so zeige ihr doch nicht, solange du darinnen bist, dass du sie dafür hältst, sondern nimm vielmehr ihren Ton an, bequeme dich in einigem Grade nach ihrer Schwäche, anstatt deine Verachtung für sie zu äußern" (Chesterfield 1912, Bd.1 S.77) Und in einem anderen Brief schreibt er: „Nimm den Ton der Gesellschaft an, in der du bist! Maße dir nicht an, ihn anzugeben. Sei ernsthaft, lustig, sogar kurzweilig, je nach dem als du die gegenwärtige Laune der Gesellschaft findest." (Chesterfield 1912, Bd.1 S.110)

Kurz und bündig: „Der Gesellschaft gefallen, das ist der einzige Weg, um selbst an ihr Gefallen zu finden." (Chesterfield 1912, Bd.1 S. 196) Anderen Menschen und insbesondere in Gesellschaft zu gefallen ist für ihn selbstverständlich kein Selbstzweck. Es soll dem sozialen Aufstieg und der Karriere dienen. Alles Wissen, alle Fähigkeiten und alles Können reiche hierfür nicht aus. Ganz entschieden müssten diese, von der Kunst zu gefallen, begleitet werden. Nur so lasse sich der soziale Aufstieg erzielen und der Posten z.B. eines Staatssekretärs ergattern. Ohne dies führten alle Bemühungen bestenfalls zu einem unbedeutenden Provinzposten.

Trägheit und Weichlichkeit seien für einen jungen Menschen schädlich. „Dir erlaube ich sie eher nicht, als höchstens nach vierzig Jahren! Beschließe auf alle Fälle, so unangenehm dir es auch in gewissen Stücken und gewisse Zeit über sein mag, die vorzüglichste Gesellschaft nach der Lebensart an dem Orte, wo du bist, die entweder an Range oder Gelehrsamkeit oder Geist oder Geschmack ist, zu besuchen!" (Chesterfield 1912, Bd.2 S. 227) Auch Schmeicheleien richtig platziert, könnten hilfreich sein, um sich beliebt zu machen.

Die Quintessenz seiner Weltanschauung und Lebensphilosophie wird vom Lord kurz und bündig in folgendem Satz zusammengefasst: „Eitelkeit, oder, um es gelinder zu nennen, Verlangen nach Bewunderung und Beifall, ist vielleicht die allgemeinste Triebfeder menschlicher Handlungen." (Chesterfield 1912, Bd. 2 S. 266) Und um dieses Ziel zu erreichen, Beifall und Bewunderung zu erlangen, liefert Lord Chesterfield in den Briefen an seinen Sohn eine detaillierte Anleitung. Er hatte strikt untersagt, diese Briefe nach seinem Tode zu veröffentlichen. Woran man sich aber bekanntlich nicht gehalten hat. Es sind Ratschläge, welche Mittel, Kniffe und Tricks man anwenden muss, um sich eine Stellung in der Gesellschaft zu erobern und seine berufliche Karriere voranzutreiben.

„Eine geschäftige, heitre, dienstfertige, verführerische Höflichkeit muss dir das Wohlwollen und die vornehmsten Neigungen der Mannleute und die Gunst der Frauenzimmer gewinnen. Du musst sorgfältig auf ihre Leidenschaften, ihren Geschmack, ihre kleinen Launen und Schwachheiten achtaben und denen entgegengehen." (Chesterfield 1983, S.175) „Du musst sie von dir abhängig machen, ohne dass sie es merken, und ihnen ihr Tun vorschreiben, indem du von ihnen geleitet zu werden scheinst." (ebd. S. 174) Besonders von den „Frauenzimmern" hat Chesterfield keine allzu hohe Meinung. In seinen Augen sind sie nichts anderes „als groß gewachsene Kinder" (Chesterfield 1912, Bd. 1 S. 201)

Der Lord betont immer wieder, dass man für das Ziel, sich in der Gesellschaft eine Position zu erobern, hart arbeiten müsse. Mit Trägheit, Müßiggang und Abwarten sei es nicht getan. Der Weg zur gesellschaftlichen Karriere geschieht bei ihm - im Unterschied zu Benjamin Franklin - jedoch nicht durch ökonomisches Handeln, sondern durch Karrierearbeit in den Salons der Aristokraten und Bürger. Von seinen Zeitgenossen wurde dies allerdings nicht durchweg positiv kommentiert und ihm wurde einmal vorgeworfen, dass er die „Moral einer Hure und die Manieren eines Tanzlehrers" propagiere.

Der Müßiggänger ist ein Ungeheuer" (Carlyle)

„Es liegt ein dauernder Adel und selbst etwas Heiliges in der Arbeit, nur im Müßiggange liegt ewige Verzweiflung." (Arbeiten und nicht verzweifeln, Düsseldorf und Leipzig o. J. (ca. 1910), S.8). Thomas Carlyle lebte von 1795 bis 1881 in England und hat mehrere bedeutende geschichtliche Bücher verfasst; so z.B. ein sechsbändiges Werk über Friedrich den Großen, eine Biografie über Friedrich Schiller sowie eine umfangreiche Geschichte der Französischen Revolution. Insgesamt umfassen seine Werke 37 Bände. Carlyle stand mit Goethe in Kontakt, dessen „Wilhelm Meister" er ins Englische übersetzt hat. In Deutschland ist er vor allem durch eine Werkauswahl mit dem Titel „Arbeiten und nicht verzweifeln" bekannt geworden. Die meisten der dort zusammengestellten Zitate stammen aus Carlyles 1843 erschienenem Werk "Vergangenheit und Gegenwart", Leipzig 1903. (Im folgenden= P.u.P). „Arbeiten und nicht verzweifeln" war in Deutschland geradezu ein Bestseller und erreichte bis 1922 eine Auflage von mehr als 300 000 Exemplaren(im folgenden= AV). Es lohnt sich deshalb, die Theorien von Carlyle hier etwas ausführlicher zu Wort kommen zu lassen.

In seiner Aufsatzsammlung „Die Lage Englands" widmet Friedrich Engels Carlyles Buch „Vergangenheit und Gegenwart" ganze 24 Seiten und spart nicht mit Lob. Carlyles Schrift sei, so Engels, von allen gegenwärtig erschienenen die einzige, „die des Lesens wert sei." Es sei das einzige Buch, das "menschliche Saiten anschlägt, menschliche Verhältnisse darlegt und eine Spur von menschlicher Anschauungsweise entwickelt." (vgl. MEW Bd. 1, S. 525)] Von seiner politischen Einstellung her war Carlyle zwar ein Konservativer; das hinderte ihn jedoch nicht, die verheerenden Folgen der Industrialisierung scharf anzuprangern. Einerseits werde England durch die neue Produktionsweise immer reicher, auf der anderen Seite wachse aber auch der Hunger unter den verarmten Massen immer stärker.

Zunächst geht Carlyle mit der Klasse der adligen Aristokraten hart ins Gericht. Sie habe ausgedient und ihre gesellschaftliche Bedeutung verloren, da sie sich nur noch dem Müßiggang hingebe und sich die Zeit damit vertreibe, Rebhühner zu schießen, ihre Pachtzinsen zu verjubeln und im Parlament herumzudilettieren. Carlyle, der Autor der Geschichte der französischen Revolution, prophezeit auch dem englischen Adel seinen Untergang. „Eine vornehme Klasse, die keine Pflichten zu erfüllen hat, gleicht einem an einen Abgrund gepflanzten Baum, von dessen Wurzeln alle Erde hinweggebröckelt ist." (AV,S.134) Es gibt nur eine Alternative: Entweder die adlige Aristokratie besinnt sich auf ihre Pflichten oder sie verliert ihre Daseinsberechtigung und verschwindet von diesem Planeten.

Carlyle fährt schweres Geschütz auf: „Und wer bist du, dass Du dich deines Lebens des Müßigganges rühmst und wohlgefällig deine glänzenden, goldenen Equipagen mit ihren weichen Polstern zeigst, auf welchen du die Hände zum Schlaf faltest? Blicke auf, blicke nieder, um, hinter oder vor dich, siehst du wohl irgendeinen müßigen Helden, Heiligen, Gott oder auch Teufel? Du bist ein Original in dieser Schöpfung. Es gibt auf dieser Welt nur ein einziges Ungeheuer und dieses ist der Müßiggänger." (AV,S.19f.) Der Aristokrat schädige nicht nur die Gesellschaft, sondern auch sich selbst. Denn nur durch Arbeit werde der Mensch zum Menschen. Arbeit ist für Carlyle die Bestimmung des Menschen schlechthin und die Pflicht zu arbeiten ergibt sich für ihn aus den „Gesetzen und Vorschriften" der Natur.

Selbst bei niederen und primitiven Arbeiten vervollkommne sich der Mensch. Die Arbeit versetze ihn in einen harmonischen Zustand und ähnlich wie im Arbeitsdiskurs der Wüstenmönche (vgl. Kapitel 2) wird - ganz unabhängig von der Wertschöpfung - die Bedeutung der Arbeit für die innere Stabilität des Menschen hervorgehoben. „Zweifel, Begierden, Kummer, Reue, Entrüstung, selbst Verzweiflung- alle diese umlagern wie Höllenhunde die Seele eines armen Tagelöhners ebenso wie jedes anderen Menschen. Aber er widmet sich mit freier Tapferkeit seiner Aufgabe und alle verstummen und kriechen murrend in ihre Höhlen zurück." Die Parallele zum Kampf mit den Dämonen, den die Anachoreten im 4. Jahrhundert in der ägyptischen Wüste ausfochten, ist verblüffend. „Die heilige Glut der Arbeit gleicht einem läuternden Feuer, worin jedes Gift verbrannt wird, und wo selbst aus dem dichtesten Rauche eine helle, heilige Flamme emporsteigt." (AV, S. 9)

Den Wert der Arbeit für die „Menschwerdung des Menschen" vergleicht Carlyle mit der Arbeit eines Töpfers, der mit einer Drehscheibe hantiert. Aus einem rohen Tonklumpen formt er wunderschöne Schüsseln, was ihm ohne die Drehscheibe nicht gelingen würde. Wie sehr er auch kneten und formen wollte, der Klumpen bliebe immer nur ein Klumpen. und somit „gestaltloses Pfuschwerk". Und so sei es auch mit dem Menschen und seiner Arbeit. Wenn er nur müßig herumliegen und sich nicht drehen will, bleibt auch er nur ein unförmiger Klumpen und verdient nicht den Namen „Mensch". Und mit einem Seitenhieb auf die müßige englische Aristokratenklasse stellt Carlyle fest: „Mögen sie noch so viel kostspielige Malerei und Vergoldung an ihn (den Klumpen) verschwenden, so wird er doch nicht vollkommen. Es wird keine Schüssel aus ihm, sondern nur ein wackeliges, geknetetes, krummes, schiefeckiges, gestaltloses Pfuschwerk, - ein bemaltes und vergoldetes Gefäß der Unehre! Mögen die Trägen dies bedenken." (AV,S.10f.)

Aber auch die neue „tätige Aristokratie", die von Carlyle so genannten „Führer der Industrie" bleiben nicht ungeschoren. (Carlyle, Evangelium S.127) Ihnen wirft Carlyle zwar keinen Müßiggang vor, aber er kritisiert ihr ökonomisches Programm, das ganze „Mammonsevangelium mit seinem Angebot und Nachfrage, ihre erbarmungslose Konkurrenz und seinem Laissez faire." (P.u.P., S. 201). Dies sei „eines der schäbigsten Evangelien", die je gepredigt worden seien. Carlyles Kritik zielt ins Zentrum kapitalistischer Ökonomie. Lange bevor Marx die Verdinglichung des Menschen durch den kapitalistischen Warentausch aufdeckte, beklagt Carlyle, dass immer mehr die „Barzahlung" sich als einziges Bindeglied zwischen den Menschen ausbreite, und sich zudem eine beispielhafte Verelendung der arbeitenden Bevölkerung vollziehe.

„Die hohläugige Verzweiflung der Fabrikarbeiter, der Bergleute in den Kohlendistrikten und der Tagelöhner ist schmerzlich genug zu beobachten, aber für den inneren Sinn noch lange nicht so schmerzlich und widerlich, als jene tierische, gottvergessene Gewinn- und Verlustphilosophie und Lebenstheorie, die sich auf allen Seiten, in Rathäusern, wissenschaftlichen Vereinen und Leitartikeln, auf Kanzeln und Rednerbühnen als das endgültige, praktisch englische Evangelium in Wort, Schrift und Gedanken breit macht!" (P.u.P., S. 201) Solche kritischen Ausführungen scheinen auf Friedrich Engels Eindruck gemacht zu haben; jedenfalls plädierte er dafür, Carlyles Buch ins Deutsche zu übersetzen.

1842 gingen etwa 1 Mill. Arbeiter in Manchester auf die Straße, um gegen ihre unerträglichen Lebensbedingungen zu protestieren. „Ihre Leiden und ihre Beschwernisse waren bitter und unerträglich, ihre Wut darüber war gerecht" schreibt Carlyle über diesen Aufstand. (P.u.P., S. 16) Immer schon waren die Menschen zu schwerer und mühevoller Arbeit gezwungen. Aber zu keiner Zeit in der gesamten Menschheitsgeschichte, so Carlyle, sei das Los der Millionen von Arbeitern so unerträglich wie gegenwärtig gewesen. Doch all dies rechtfertige keine Aufstände und Revolutionen; denn „eine Revolution gewinnt in der Regel wenig, verwüstet aber viel."(P.u.P., S.17) Auch wenn Engels sich wundert, dass Carlyle mit keiner Silbe die englischen Sozialisten erwähnt, so ist dies kein Zufall; denn der Tory-Anhänger Carlyle hat mit sozialistischen Lösungen der neuen kapitalistischen Widersprüche nichts am Hut. Eine Befreiung der Arbeiter von ihrer Fron ist bei ihm nicht vorgesehen. „Das Leben war für die Menschen niemals ein Maientanz" (AV, 41) und der Traum vom Schlaraffenland werde sich niemals erfüllen. Mühselige, harte und entfremdete Arbeit sei nun einmal das Schicksal des Menschen und sei nicht zu beseitigen. Allerdings dürfte das

Los der Arbeiter noch nie so unerträglich gewesen sein wie in der damaligen neuen industriellen Arbeitswelt.

Was Carlyle vorschwebt, ist eine Ständegesellschaft nach mittelalterlichem Zuschnitt. In ihr soll jede Gesellschaftsschicht ihren klar definierten Platz einnehmen. Im Zentrum dieser neuen Gesellschaft steht die Arbeit. Sie ist die große Klammer, die alles zusammenhält und der Gesellschaft ihren Sinn gibt. Durch seine Arbeit macht der Mensch die Erde erst urbar und bewohnbar. „Wildes Röhricht und Unkraut wird hinweggeräumt, schöne Saatfelder steigen stattdessen empor und stattliche Städte". (AV, S.9) Die Arbeit kultiviert jedoch nicht allein die äußere, sondern ebenso die innere Natur des Menschen und hört auf, „ein Acker voll Unkraut oder eine unfruchtbare, ungesunde Wüste zu sein". „Gleich einem frei fließenden, mit edler Kraft durch den sauren Sumpf des Menschendaseins gezogenen Kanal, gleich einem sich immer tiefer waschenden Strome führt er nach und nach selbst von der Wurzel des fernsten Grashalmes das saure, eiternde Wasser mit sich fort und verwandelt den pestilenzialischen Sumpf in eine grüne, fruchtbare Wiese mit ihrem klar fließenden Strome." (AV, S.11) Alles Arbeiten und Werken des Menschen ist für Carlyle eine Umwandlung von Wahnsinn in Sinn; von Chaos in Ordnung. „Was regellos, wüst ist, sollst du geregelt, ordentlich, urbar machen, gehorsam dir und ergiebig. Überall wo du Unordnung antriffst, da ist dein ewiger Feind; rasch greife ihn an, unterwerfe ihn; mache Ordnung aus ihm, damit er nicht mehr dem Chaos untertan sei, sondern dem Verstande, der Gottheit und dir selbst!" (P.u.P., S. 216)

Arbeiten, das sei fortwährender Kampf und gliche einem Schwimmer im Ozean; wenn er in seiner Anstrengung nachlässt, droht er zu ertrinken. Carlyles Hymne auf die Arbeit hat deutlich religiöse Züge. Religion und Arbeit sind unlöslich miteinander verwoben. Auch hier bezieht er sich wieder auf die frühen Mönche und deren "bewunderungswürdiges" Motto Laborare est orare, Arbeiten heißt beten. „Im Grunde genommen ist alle echte Arbeit Religion, und jede Religion, die nicht Arbeit ist, kann gehen und unter den

Brahminen, Antinomiern, tanzenden Derwischen, oder wo sie will, wohnen. Bei mir findet sie keine Herberge." (AV, S. 16) Eine direkte Parallele zu solcher religiösen Verklärung der Arbeit findet sich bei dem deutschen Sozialisten Josef Dietzgen (vgl. S. 19), der die Arbeit allen Ernstes zum Heiland verklärt hat.

Wenn aber Arbeit -und sei es auch nur einfache Handarbeit- heilig und Religion ist, so ist derjenige, der sie missachtet oder meidet, auch ein Gegner dieser Religion. Er ist ein Häretiker, der aus der arbeitsamen Menschengemeinschaft ausgeschlossen werden muss. „Es kämpft sich ein Tag herauf, es wird ein Tag kommen, an dem der, welcher keine Arbeit hat, es nicht für geraten halten wird, sich in unserm Bereich des Sonnensystems zu zeigen, sondern sich anderwärts umsehen mag, ob irgendwo ein fauler Planet sei." (AV, S.28) Faulheit und Müßiggang sind für Carlyle ebenso wie schon in den Klöstern des frühen Mittelalters schwere Sünden, die nicht verziehen werden können. Solche Kritik richtet sich allerdings nicht allein an den müßigen englischen Landadel, sondern ebenso an die Unterschicht, an all jene, die keine Arbeit haben oder auch nicht arbeiten wollen. Für Carlyle gilt generell, dass ein starker Mensch immer Arbeit findet und für den Faullenzer kein Platz im Lande ist. Er soll entweder seinen Müßiggang aufgeben, „oder von dieser Erde, die nach ganz anderen Grundsätzen geschaffen ist, ausgestoßen werden. Wer nicht nach seinen Kräften arbeiten will, mag umkommen, ein gerechteres Gesetz gibt es nicht." (Carlyle, Sozialpolitische Schriften ,S.17) Nach alldem bisher Zitierten wird klar, dass Arbeit über ihre ökonomische Bedeutung hinaus für Carlyle einen ideellen und heroischen Wert hat und es wird dementsprechend vieles über die Helden der Arbeit verkündet. Er vertritt eine Philosophie der Tat. Dem Theoretiker hält er entgegen: „Tue etwas, zum ersten Mal in deinem Leben tue etwas! So wird dir über allem Tun ein neues Licht aufgehen. Von unbegrenzter Bedeutung ist die Arbeit; durch sie erreicht der bescheidenste Handwerker Großes und Unerlässliches, das jeder, auch der Höchstgestellte, der nicht mit seinen

Händen arbeitet, zu verfehlen Gefahr läuft." (AV, S.118) Dementsprechend verklärt Carlyle ungeachtet seiner konservativen Weltanschauung den Arbeiter, „der mühsam die Erde besiegt und sie zum Eigentum des Menschen macht." (AV,S.37) „Ehrwürdig ist mir die harte, verkrümmte, raue Hand, worin nichtsdestoweniger eine unauslöschlichkönigliche Majestät liegt, denn sie führt das Zepter des Planeten." (AV, S.37)

Auch Anklänge ans Militärische sind unüberhörbar. Da ist die Rede von „tapferen Arbeitsheeren" (AV S.136) Und auch am „Rittertum der Arbeit" begeistert sich Carlyle. „Der Mensch wurde geboren, um zu kämpfen, und man definiert ihn vielleicht am besten als einen geborenen Krieger." (AV S. 45) „Euch aber, ihr Arbeiter, die ihr schon arbeitet, seid wie erwachsene Männer, edel und ehrenwert, euch ruft die Welt zu neuem Adel. Die rußige Hölle der Meuterei, Barbarei und Verzweiflung kann durch die Energie des Menschen zu einer Art Himmel umgeschaffen, von ihrem Ruße, ihrer Meuterei und ihrem Bedürfnis nach Meuterei gereinigt werden. Der ewige Azur überspannt auch sie und ihre schlauen Maschinen und hohen Schornsteintürme als seine Geburt des Himmels." (AV, 36f.)

1834 wurde in England ein neues Armengesetz verabschiedet. Im Kern bedeutete dies, dass das Almosensystem aus dem elisabethanischen Zeitalter abgeschafft wurde. Stattdessen wurden die Armen in Arbeitshäuser eingewiesen, wo sie bei schwerster, oft völlig sinnloser Arbeit unter den erbärmlichsten Bedingungen ihr Leben fristeten. Die Verpflegung war noch schlechter als in den Gefängnissen. Und so kam es vor, dass Insassen von Arbeitshäusern eine Straftat vortäuschten, um nur ins erträglichere Gefängnis zu kommen. (Engels, Die Lage der arbeitenden Klasse in England, MEW Bd.2, S.497) Die Arbeitshäuser dienten in erster Linie der Abschreckung und sollten arme Menschen davon abhalten, staatliche Unterstützung in Anspruch zu nehmen. In den sozialpolitischen Schriften Carlyles findet sich ein Aufsatz, der direkt dieses neue Armengesetz zum Thema hat. Bei allem Verständnis Carlyles für das notleidende Proletariat ist das neue Gesetz „eine befreiende Tat, die man inbrünstig ersehnen musste!" (Carlyle, Sozialpolitische Schriften,S.17) Es sei unentbehrlich, zwar hart aber heilsam und mache Schluss mit dem „staatlichen Almosenwesen"(ebd.), Denn dieses sei, so Carlyle, längst zum Deckmantel für Trägheit, Unsittlichkeit und Trunksucht geworden. (ebd.) „Wir erklären also das harte 'Neue Armengesetz' für einen Schutz der Fleißigen gegen die Trägen und Sittenlosen." (ebd. S.18) „Lasst Verschwendung, Faulheit, Trunksucht, Unverstand das Schicksal haben, welches Gott ihnen bestimmt hat." (18) und schwülstig endet Carlyle seinen Artikel: „Wer arbeiten kann, ist ein König von Gottes Gnaden." (ebd. S.20)

Während in den verschiedenen sozialistischen Theorien des 19. Jahrhunderts Arbeit als Mittel zum Zwecke einer besseren Gesellschaft fungiert, ist sie bei Carlyle Zweck an sich. Der einzelne Mensch findet in der Arbeit die Vervollkommnung seiner selbst. Hinzukommt, dass er seine Herrschaft über die Natur vergrößert. (zit. bei Ströle, S.143) Arbeit ist für ihn Heldentum: „An jedem Ort musste ein Mann mit seinem Leben zahlen und seine Arbeit wie ein Soldat mit Einsatz seines Lebens verrichten." (P.u.P., S.195)

Ein wesentliches Prinzip ist hier die Unterordnung und der Gehorsam gegenüber den Autoritäten. „Kein Mensch ist gerechtfertigt, der um einer leichten Ursache willen durch Wort oder Tat der Autorität widerstrebt, unter der er lebt, sei diese Autorität wie sie wolle. Gehorsam ist, so gering auch viele diese Seite der Sache ansehen mögen, die erste Pflicht des Menschen. Jedermann ist unwiderruflich, mit aller Kraft der Verpflichtung verbunden, zu gehorchen." (Carlyle, Sozialpolitische Schriften, S.84) Carlyle feiert ein weiteres Mal die neue Aristokratie als die tragende Säule jeder Gesellschaft. (P.u.P., S.260) „Die Weiseren und Tapfereren, die überall und zu allen Zeiten die wahre Aristokratie bilden, entwickeln sich in jeder Gesellschaft, die eine bestimmte Form erreicht, zu einer herrschenden Klasse." (ebd.) Die neue Aristokratie, das sind die Leiter der Industrie; sie sind „faktisch die Hauptleute oder Führer der Welt." (P.u.P.,S.292). Sie seien die wahren Kämpfer gegen das Chaos. Sie führten die Menschheit an dem großen und allein wahren und allgemeinen Kriegszug, „während die Sterne in ihren Bahnen für sie eintreten und der ganze Himmel und die ganze Erde hörbar ihr ‚Wohlgetan' erschallen lassen." (ebd. S. 293)

Marx hat bekanntlich eine Stufenfolge der Gesellschaftsformen im geschichtlichen Ablauf aufgestellt. Nach dem Feudalismus kommt demnach der Kapitalismus, der dann vom Sozialismus abgelöst wird. Ähnlich verhält es sich bei Carlyle; allerdings mit völlig anderem Ausgang. Nicht die klassenlose Gesellschaft sondern ganz im Gegenteil die Herrschaft der „wahrhaften Aristokratie" ist bei ihm das Ziel.

Wie rekrutiert sich nun diese neue Aristokratie? Demokratische Formen zu ihrer Wahl lehnt Carlyle ganz entschieden ab, weil „die Menge im besten Fall nur Durchschnittsmenschen wählt." (Ströle, S.151) Insofern hatte die Demokratie ihre Berechtigung lediglich bei der Entmachtung der traditionellen feudalen Eliten. Nachdem die Demokratie diese Rolle erledigt hat, hat sie für ihn ausgedient. Die wahren Herrscher, das sind jene, welche die Arbeit auf ihre Fahnen geschrieben haben. Es sind jene, welche die Massen zur Arbeit mitreißen. In der hintersten Ecke des Universums verkümmern derweil die aristokratischen Müßiggänger. Relikte einer vergangenen Gesellschaft, die ihre gesellschaftliche Rolle verspielt und verloren haben.

Kapitel 5: Strafsache Faulheit

Auf der Straße

Es war ein lauer Sommerabend, als Helga K. mit ihrer Rotweinflasche vor dem Bahnhof Zoo saß. Sie hatte ihre Flasche noch nicht zur Hälfte geleert, als sie unliebsam gestört wurde. Zwei Polizisten, welche die Obdachlose schon länger im Auge hatten, verfrachteten sie kurzerhand in ihr Polizeiauto und fuhren mit ihr an den Stadtrand von Berlin. Im Grunewald hielten sie an, setzten Helga K. dort aus und fuhren davon. Zwei Stunden benötigte Helga K., um wieder in die Stadt zu gelangen. Das Fahrgeld für die U-Bahn musste sie sich zusammenbetteln.

Dies ist kein Einzelfall. Immer wieder kommt es in deutschen Großstädten vor, dass Bettler und Obdachlose von der Polizei aufgegriffen und aus der Stadt bugsiert werden. „Die Reichen haben Angst vor den Armen. So ist es wohl, denn sonst würde nicht immer wieder allerorten versucht, die Armut zu verbannen, an Orte, wo sie keiner sieht. Bettler an den Stadtrand, in Armenhäuser, nur nicht auf den Ku'damm, die Maximilianstraße oder den Jungfernstieg." (Die Zeit, Nr. 45/1996) In Berlin z.B. ist die rechtliche Grundlage für die Vertreibung von Bettlern der sog. Verbringungsgewahrsam, der in § 29 des Allgemeinen Gesetzes zum Schutz der öffentlichen Sicherheit und Ordnung in Berlin (ASOG Bln) geregelt wird. Danach können „die Ordnungsbehörden und die Polizei zur Abwehr einer Gefahr eine Person vorübergehend von einem Ort verweisen oder ihr vorübergehend das Betreten eines Ortes verbieten." Doch welche Gefahr droht der Allgemeinheit von einer Obdachlosen, die in der Öffentlichkeit Rotwein trinkt. Wäre dies eine Ordnungswidrigkeit, so müsste man ja ganze U-Bahnen von Touristen und Jugendlichen räumen, die mit einer Bierflasche in der Hand die Stadt durchstreifen. Betteln ist in unserer Gesellschaft zwar nicht verboten, aber immer wieder gibt es Vorstöße, das Betteln unter Strafe zu stellen. „Die grundlegende Frage, wie eine Gesellschaft mit Bedürftigen umgeht, die auf öffentlichen Straßen um Almosen bitten, ist in Deutschland heute nach wie vor aktuell. Viele kleinere Gemeinden, die vom Tourismus leben, aber auch Großstädte wie Frankfurt, Bremen, Nürnberg oder Erfurt, haben seit Beginn der 1990er Jahre unter dem Schlagwort ‹Saubere Stadt› bettelnde Menschen mit Verbotssatzungen aus dem öffentlichen Blickfeld vertrieben." (Ron Steinke, Betteln verboten! Die Rückkehr der Kriminalisierung. http://www.forum-recht-online.de/2006/406/406steinke.pdf)

Ganz anders war der Umgang mit den Bettlern im Mittelalter. Betteln war integraler Bestandteil der Gesellschaft und galt geradezu als eine Art Beruf. Denn gäbe es keine Bettler, so gäbe es auch keine Möglichkeit, Almosen zu spenden und so wäre damit der Eintritt ins Himmelreich erschwert. Im Mittelalter gab es nur eine sehr geringe soziale Mobilität. Jeder blieb an dem Platz, wohin er geboren war. „Aber wehe wenn er diesen Platz, sei es durch eigene Schuld oder ohne seine Schuld einbüßte. Er war wirtschaftlich verloren, denn das Gefüge war viel zu fest, als dass es ihm gelingen könnte, einen neuen Platz zu erobern." (Uhlhorn 1895, S.500) Wer arm war, der blieb auch arm. Insofern hatte die Armenfürsorge nur das Ziel, dem Armen sein Schicksal erträglicher zu machen, nicht aber ihn aus der Armut herauszuholen. Durch das ganze Mittelalter hindurch blieb Armenfürsorge eine bittere Notwendigkeit; denn Not war Naturzustand. Die Lebensmittelknappheit wurde bei jeder Missernte lebensbedrohlich, und unberechenbar brachen Krankheiten, Seuchen, Unglücksfälle und Gewaltereignisse herein. Um diese Folgen für die Menschen zu mildern, hatte die Kirche ein Almosensystem, meist in Form von Nahrungsmitteln, eingerichtet.

Seit der Neuzeit wandelt sich die Einstellung zu den Bettlern. Betteln wurde zu einem gesellschaftlichen Massenphänomen und zog sich durch die Jahrhunderte. Ende des 16. Jahrhunderts lebten in Paris 100 000 Einwohner und mehr als 30 000

Bettler. Laut einem Beschluss des Parlaments aus dem Jahre 1606 sollten die Bettler auf einem öffentlichen Platz ausgepeitscht, mit einem Brandmal an der Schulter gezeichnet und dann kahlgeschoren aus der Stadt gejagt werden. (Foucault 1969, S. 81) Im damaligen Nürnberg scheint es nicht viel anders gewesen zu sein. „Die gemeine Bürgerschaft allhier wird mit den Landstreichern, Bettlern und Störzern, sonderlich mit dem immerwährenden Schreien und Heulen der kleinen Kinder bei Tag und Nacht auf der Straßen und vor den Häusern übermäßig beschwert", klagt der Rat der Stadt am 28. Juli 1588. (Ave-Lallemant, S.43) Und in einem anderen Bericht heißt es: „Sie lagen in den Kirchen oder vor den Kirchen, durchzogen die Straßen oder lagerten sich an Plätzen, wo starker Verkehr war, und sprachen die Vorübergehenden im Namen irgendeines Heiligen um eine Gabe an. In jeder Weise suchten sie die Aufmerksamkeit auf sich zu ziehen und Mitleid zu erregen. Die einen gingen singend durch die Straße, andere hatten Tafeln umhängen, auf denen ihr Leiden geschrieben stand, wieder andere zeigten ihre Wunden, ihre verbundenen Augen, oder hatten ihre Krücken neben sich oder auch die Ketten, in denen sie angeblich gefangen gelegen hatten." (Uhlhorn 1895, S.497)

Anfang des 16. Jh. kursierte ein kleines Buch, mit dem Titel „Liber vagatorum", deutsch „Buch der Vaganten" (Boehnke, Johannsmeier 1987), in dem die Finten und Tricks „falscher" Bettler beschrieben wurden. Diese Schrift war mit der Absicht verfasst worden, „vor den betrügerischen Bettlern zu warnen und die Entdeckung ihrer Schliche zu erleichtern." (Uhlhorn 1895, S.497) Da ist die Rede von den Stabülern, Loßnern, Klenckern, den Debissern oder Dopfern, den Grantnern und Dützern usw. Ihnen allen war gemeinsam, dass sie viel Aufwand betrieben und Arbeit darauf verwenden, sich als arm, krank oder bedürftig herzurichten. Die Klencker verstanden es mit allerlei Tricks, eine Körperbehinderung vorzutäuschen. Der eine hat seine Füße verloren, der andere keine Schenkel mehr, und einem Dritten waren die Hände oder Arme verlustig gegangen. Einer saß vor der Kirche, der einem Dieb an einem

Galgen ein Bein abgehauen hatte. Das Bein hatte er sich auf sein eigenes gesundes Bein aufgebunden. Als dieser Betrug herauskam, rannte er - mit seinen gesunden Beinen - schnell aus der Stadt. Er wurde aber schließlich gefasst und an den Galgen gehängt - neben das betrügerische Bein. (ebd.) Manche gaben vor, von einer schlimmen Krankheit befallen zu sein. Beliebt und spektakulär war auch die gespielte Epilepsie. Andere gaben an, dass sie von ihrer schlimmen Krankheit nur befreit würden, wenn sie einem Heiligen ein Opfer darbrächten, z.B. einige Pfund Kerzenwachs. Insgesamt zählt das Liber vagatorum 28 Arten von Bettlern auf.

Diese kleine Schrift wurde in kurzer Zeit in mehreren Auflagen verbreitet. Einerseits wollte man die Menschen vor falschen Bettlern warnen. Auf der anderen Seite diente sie natürlich ähnlich wie heute der Stimmungsmache.

Seit der frühen Neuzeit wandelte sich die Einstellung zu den Bettlern. Anders als im Mittelalter werden nun von ihnen bestimmte Charaktereigenschaften aus dem bürgerlichen Tugendkatalog erwartet. Gehorsam, Disziplin, Unterordnung, Pünktlichkeit, Gewissenhaftigkeit, Bescheidenheit u.a.m. Zudem wurde nun gefordert, dass der Bettler glaubhaft und praktisch seine Arbeitswilligkeit demonstrierte. Generell ging man damals (ebenso wie heute) davon aus, dass jeder, der will, auch eine Arbeit findet. Und dass derjenige, der keine Arbeit hat, faul sei; also selbst an seinem Schicksal die Schuld trage.

Neu war jetzt, dass die Arbeitspflicht nicht wie bisher allein propagiert wurde, sondern nun auch mit Zwangsmaßnahmen und der Entziehung der Almosen durchgesetzt wurde. Gegen die „müßiggehenden Armen" (Fischer, S.250) wurde nun handfest Front gemacht. Dies galt in katholischen wie in evangelischen Gebieten gleichermaßen. Parallel zu diesen Verschärfungen wurden im 16. Jahrhundert die Bettelverordnungen neu geordnet.

Die Armenfürsorge ging von der Kirche immer mehr auf städtische Einrichtungen über. Dementsprechend wurden nun Institutionen aufgebaut, die das Betteln kontrollieren und regulieren sollten. Ein weiterer Aspekt bestand in der Vereinheitlichung der Finanzierung. Ehemals kirchliche Almosen wurden nun in kommunale Trägerschaft überführt. Man unterschied jetzt zwischen arbeitsfähigen („starken") und arbeitsunfähigen Bettlern.

Um die Berechtigung von Unterstützungsleistungen feststellen zu können, wurden nun neben der Arbeitsfähigkeit, auch die Familiensituation und das Arbeitseinkommen überprüft.

Von den Städten wurden zudem Bettelverordnungen erlassen und es bildete sich so in Ansätzen eine städtische Sozialverwaltung heraus. Als Funktionär spielte der Bettelvogt bzw. Armenvogt eine besondere Rolle. Der Armenvogt war ein von der Obrigkeit angestellter niederer Beamter, der hauptsächlich Kontrollfunktionen innehatte. Armenvögte überprüften die Einhaltung der strengen Auflagen des Almosengesetzes. Arbeitsfähige Bettler und Arme wurden strenger geprüft, als beispielsweise Witwen, sog. Krüppel oder Waisen. Nach einer solchen Bestandsaufnahme der Bedürftigkeit sollten Listen und Verzeichnisse angelegt werden, in denen die Höhe der Zuwendung festgehalten wurde. Außerdem sollten die Bedürftigen ein Zeichen an ihrer Kleidung tragen. Bei der Abrechnung des Almosens sollte ihnen nachdrücklich befohlen werden, dieses Zeichen öffentlich und gut sichtbar an ihren Hüten, Röcken oder Mänteln zu befestigen, damit man sie von den fremden Bettlern unterscheiden konnte. Mit den Zuwendungslisten wurde nicht allein überprüft, ob einer auch tatsächlich bedürftig war, sondern es ging auch darum, ob er ein ordentliches Leben führte und sich „ehrlich und geziemend" verhielt oder ob er seine Tage faul im Wirtshaus verbrachte und sich der Trunksucht hingab. In Nürnberg waren dem Bettelvogt hierfür vier Knechte unterstellt, die u.a. eine ähnliche Funktion hatten wie die Visitatoren in Calvins Gottesstaat: Sie sollten sich bei den Nachbarn erkundigen, welchen Leumund diese Armen besaßen; ob sie z.B. ihre Tage mit ehrbaren Verrichtungen oder mit Diebstahl, Kuppelei, Völlerei, Spiel und anderen Lastern verbrachten. In einer späteren Verordnung werden die Visitatoren angewiesen zu überprüfen:

1. Mit wem der Betreffende am Ort Umgang pflegt.
2. Ob er einem ordentlichen Beruf nachgeht.
3. Ob sich einer dem Trinken oder Spielen hingibt und ob er dabei möglicherweise dies mit Kumpanen betreibt. Und wenn ja, welche diese sind.
4. Ob er verdächtige Orte frequentiert.
5. Wie er in den letzten Wochen sein Brot erworben, wo er sich in dieser Zeit aufgehalten und was er dort getrieben hat.

Bei den Visitationen (Hausbesuchen) sollte außerdem kontrolliert werden, ob etwa ein Armer erwachsene Kinder hat, die ihn versorgen könnten. Oder ob er seine Tage in Faulheit zubringt. Wenn dies der Fall sei, sollte das Almosen entzogen werden und so darauf hingewirkt werden, dass er sich von solchen Lastern zu einem ehrbaren, gottesfürchtigen, christlichen Wandel bekehrt. Alles Vorkehrungen und Maßnahmen, welche uns auch aus der heutigen Hartz-IV-Praxis hinlänglich geläufig sind. Auch die korrekte religiöse Einstellung wurde überprüft. Wer nicht zum Gottesdienst oder dem heiligen Sakrament ging und überdies die Kirchgänger verspottete, dem sollten die Almosen ebenfalls entzogen werden. Auch denjenigen, die ihre Kinder nicht zur Gottesfurcht und Arbeit anhielten, noch zum Katechismus schickten und allgemein zur Faulheit, zum Betteln und Umherlaufen gewöhnten. An den Grenzen und Ortseingängen ließ man zudem Hinweisschilder anbringen, auf denen das Betteln auswärtiger Bettler unter Strafe gestellt wurde. Beispielhaft hierfür ist die Landesverordnung von Braunschweig 1735. Auf den dortigen Blechtafeln war zu lesen: „Auswärtige Bettler, Landstreicher und anderes liederliches Gesindel sollen diese Lande bei Strafe des Karrenschiebens oder anderer Strafen meiden." (Richel, S. 395) Da die Bettler meist nicht lesen konnten, hatte man auf die Blechtafeln gelegentlich auch einen Gefangenen mit einer Karre sowie einen Galgen gemalt. (vgl. R. Weber, S. 228) Der Kampf gegen das Betteln in der frühen Neuzeit folgte noch nicht unmittelbaren ökonomischen Zwecken. Das Zeitalter kapitalistischer Lohnarbeit war in Deutschland längst noch nicht angebrochen. Es ging zunächst darum, in einem Akt von Sozialdisziplinierung den Menschen die neuzeitlichen Tugenden anzudressieren. Verlässlichkeit, Ordnung, Disziplin, ökonomischer Umgang mit der Zeit, Sparsamkeit usw.

Im Mittelalter mussten die Bettler für die Almosen praktisch keinen Gegenwert erbringen, wenn man einmal davon absieht, dass sie versprachen, für das Seelenheil des Spenders zu beten. Dies ändert sich seit der frühen Neuzeit rigoros. Als Gegenleistung wird von den Bettlern nun ein bestimmtes Quantum an Arbeit gefordert. 1523 verfasste der protestantischer Prediger Wenzeslaus Link eine Schrift mit dem Titel „Von Arbeit und Betteln wie man solle der Faulheit vor(bei)kommen und Jedermann zur Arbeit ziehen." Gleichzeitig mit der Reformation setzt sich nun eine veränderte Bewertung von Arbeit und Beruf durch. Martin Luther gebührt das Verdienst den Begriff „Beruf" überhaupt erst popularisiert zu haben. (Kapitel 4)

An die Stelle der Armenfürsorge tritt nun immer mehr die Arbeitserziehung und Arbeitsdisziplinierung. Arbeit galt nun als Universalmittel zur Lösung der „Bettlerplage" und der Beseitigung des Elends. Und wenn die Armen sich weigerten zu arbeiten, galten sie sehr schnell als faules Bettelpack. Bettelei und Faulheit werden zu Synonymen. Kamen die Bettler dieser neuen Norm nicht nach, so machten sie sich schnell verdächtig und man traute ihnen alle nur denkbaren Verbrechen zu und dichtete ihnen alle möglichen schlechten Charaktereigenschaften an.

Zwischen Betteln und Arbeit wird nun ein direkter Zusammenhang hergestellt. Arbeit wird zum Gegenpol von Betteln. Galten früher (noch im 16. Jh.) ökonomische, politische und klimatische (Hungersnöte) Faktoren als Ursachen für das Betteln, so wird das Problem im Laufe der Zeit immer stärker auf vermeintlich schlechte Charaktereigenschaften der Bettler zurückgeführt. Getreu der Devise, die sich ja bis heute beharrlich hält, dass Menschen, die keine Arbeit haben, Müßiggänger und Faulenzer seien. Waren die Bettler nicht krüppelhaft, blind oder lahm, so durften sie beim Betteln nicht müßig stehen, sondern mussten spinnen oder eine andere leichte Arbeit verrichten. Dabei ging es darum, dass sie ihre Arbeitswilligkeit demonstrieren sollten, ganz unabhängig vom ökonomischen Nutzen der betreffenden Arbeit. In den Armenordnungen insbesondere des 16. Jahrhunderts häufte sich die Kritik an Müßiggang und Völlerei, am Trunk und am Spiel. Hier wurde ein regelrechter Moral- und Verhaltenskodex für die Unterstützungsempfänger aufgestellt. Wer Wirtshäuser besuchte oder sonstwie einem liederlichen oder lasterhaften Lebenswandel nachging, dem wurde sehr nachdrücklich mit dem Entzug der Unterstützung gedroht. Systematisch wurde nun zwischen einheimischen und fremden Bettlern und ebenso zwischen arbeitsunfähigen, kranken Bettlern einerseits, und gesunden aber arbeitsscheuen Bettlern andererseits unterschieden. Die heimischen ortsansässigen Bettler bildeten gleichsam die Oberschicht der Bettler. Sie durften bleiben und erhielten Zuwendungen, während alle anderen von Ort zu Ort ziehen mussten. Betteln wurde nun zu einer strafbaren Handlung, während man sie bisher lediglich als ein Laster angesehen hatte.

„Der Bezugspunkt all dieser Verhaltensregeln sind ersichtlich die Normen und Werte der städtisch-handwerklichen Mittelschicht: Fleiß, Ordnung, Disziplin und Mäßigung, denen der müßiggehende Bettler, der sein erschlichenes Almosen alsbald verspielt, vertrinkt und verhurt, als negativer Anti-Typ gegenübergestellt wird. Mit der Nicht-Arbeit treten nunmehr auch die Ursachen von Armut und Bettelei ins Blickfeld, und die städtische Armenfürsorge entwickelt sich zu einem Instrument der Arbeitserziehung." (Sachsse/ Tennstedt, S. 34f.) Zwar gab es eine Vielzahl von objektiven Gründe für die Bettelei; genau wie heute wurden die Ursachen jedoch individualisiert, d.h. den Bettlern selbst in die

Schuhe geschoben. „Indem die Obrigkeiten vor der bestehenden Arbeitslosigkeit die Augen verschlossen, klammerten sie sich an ein Wort, das von den Ordnungen der Reformationszeit angefangen bis ins 18. Jahrhundert mit gleicher Selbstverständlichkeit begegnet: Müßiggang. Die individuelle Schuld des Einzelnen, seine Arbeitsscheu, ist die alleinige Ursache der Bettlerscharen in Stadt und Land. Betteln, so wird immer wieder behauptet, trüge mehr ein, als ehrliche Arbeit." (Schubert, S. 201) Nahrung erhält dieses Vorurteil immer wieder von Ausnahmeerscheinungen. Natürlich gab es damals unter den Bettlern immer wieder Faulenzer. So wie es heute auch Individuen gibt, die sich die Hartz-IV-Unterstützung ermogeln („Florida-Rolf"). Aber dies sind Ausnahmen, die eher dazu dienen sollen, Heerscharen von Arbeitslosen zu diskriminieren. „Müßiggang ist der Schlüsselbegriff für den Geist aller obrigkeitlichen Bettelordnungen und Almosenregelungen, Müßiggang ist Gegensatz zum Arbeitsethos, wie es seit der Reformationszeit immer stärker gedanklich untermauert wird. Die Gesellschaft der arbeitsamen, tugendhaften, kurzum nützlichen Menschen soll die Arbeitsscheuen ausschließen." (Schubert, S. 201)

Die damals und auch heute verbreitete Sicht von den Arbeitslosen als schmarotzenden Faulenzern kontrastierte freilich mit den Lebensbedingungen der Bettler. „Die angeblichen Müßiggänger lebten am Rande des Existenzminimums. In Teuerungsnöten waren sie die ersten, die schlicht verhungerten wie jene unbekannte Bettlerin, die 1772 zu Lauf auf der Steinbrücke verhungert aufgefunden worden war, ihr völlig entkräftetes kleines Kind, das bald darauf an Unterernährung sterben sollte, kroch wimmernd auf der toten Mutter." (Schubert, S. 202f.)

Vor allem im 18. Jahrhundert scheint sich in den deutschen Landen die sog. Bettelplage besonders ausgebreitet zu haben und man verschärfte dementsprechend die verschiedenen obrigkeitlichen Maßnahmen. Davon künden die unzähligen Dekrete gegen Bettler:

„Seine königliche Majestät ist verärgert ... Seine königliche Majestät verschärft und erneuert ...Wir Friedrich von Gottesgnaden, haben zu unserem großen Missfallen erfahren ... Dahero seine königliche Majestät es für notwendig hält, ein Edikt zu erlassen, ein erneutes Edikt zu verkünden, ein verschärftes Edikt zu verordnen, eine Instruktion zu erlassen, ein Dekret zu verkünden gegen: Bettler und Vagabunden, herumstreichende Bettler, freche Bettler, Müßiggänger, liederliches Bettelgesindel, müßige Bettler, Landstreicher, fremde Bettler, herrenloses Gesindel, unwürdige und liederliche Müßiggänger, müßiges, unnützes und faules Bettelvolk, Vaganten, böses Gesindel, unverschämte Bettler, Zigeuner, fremde mutwillige Bettler, ausländische Vagabunden, gottlose Bettler, loses unnützes Gesindel. Man soll sie zum Lande hinaus verweisen, mit der Zuchthausstrafe belegen, auf die Festung bringen, mit Staupenschlägen traktieren, brandmarken, auf ewig des Landes verweisen, sofort in die Festung bringen und an die Karre schmieden, in die Karre spannen, die Bettler ausrotten, sie bestrafen und zur Arbeit anhalten, mit dem Strang drohen, mit harten Staupenschlägen vertreiben, eine Tracht Prügel verabreichen, sie zusammentreiben und über die Grenze jagen, im Wiederholungsfall lebenslang in die Festung sperren." Mehr als hundert solcher Erlasse und Verordnungen wurden allein in Brandenburg gegen Bettler und Landstreicher erlassen, die samt und sonders vollständig unwirksam blieben. (Rochow, S.40) Auch extreme drakonische Strafen verfehlten ihre Wirkung. In einer Verordnung des Markgrafen von Brandenburg von 1718 sollten Bettler und Landstreicher kurzerhand „niedergeworfen, totgeschossen oder aufgehängt werden." Bei alldem ging es nicht darum, kriminelle Subjekte unschädlich zu machen oder zu bestrafen. Es handelte sich vielmehr um den brachialen Kampf gegen all jene, die unter den damaligen politischen Wirren und ökonomischen Umbrüchen unter die Räder gekommen waren.

„Ob Rad, Strang, Festungshaft, Verstümmelung, Zwangsarbeit, Pranger usw., diese Strafen trafen meist eine Schicht von

Menschen, die oft wegen ihrer Not und Armut und ihrem Aufbegehren dagegen den Schwerverbrechern gleichgesetzt wurden, schon für einen Diebstahl konnte es ewige Festungshaft geben, vierzehnjährige Kinder wurden wegen eines gestohlenen Brotlaibes aufgehängt oder ertränkt." (Erna M. Johansen, Betrogene Kinder, Frankfurt 1978, S. 71) Das Ertränken galt als Strafmilderung. Auf einem zeitgenössischen Gemälde sieht man, wie der Henker in einem Boot einen gefesselten Jungen mit Stöcken unter Wasser hält. Neben dem Henker sitzen zwei Richter im Boot, die mit teilnahmslos-bürokratischem Blick die Prozedur überwachen. (Robert Alt, Bilderatlas zur Schul- und Entstehungsgeschichte, Berlin 1969, S. 463)

Verbreitet war damals auch eine ausgesprochen rabiate Methode, um sich der Bettler zu entledigen: „Wenn nämlich in einem Dorfe sich ein Krüppel oder kranker Bettler findet, der nicht fort kann, so wird er von dem Anspänner, an dem die Reihe ist, aufgeladen, ins nächste Dorf gefahren, dort von neuem aufgeladen und solange herumgefahren, bis er tot ist." (Rochow, Armenanstalten, S. 10) Was hier beschrieben wird, sind die sog. Bettelfuhren, die vor allem im 18. Jahrhundert gang und gäbe waren. „Immer wieder ist zu erfahren, dass Gemeinden einen sterbenden Landfahrer schnell noch auf die Bettelfuhr laden, um dem Nachbardorf die Begräbniskosten aufzuhalsen." (Schubert, S. 219) Die Landesverweisungen, zu denen die Bettelfuhren zu zählen sind, waren freilich meist ein Nullsummenspiel: Denn so viele Bettler aus dem eigenen Land vertrieben wurden, so viele kamen aus dem Nachbarland wieder herein, da ja auch dort dasselbe System der Landesverweisung praktiziert wurde. (Vgl. Cella, S.10)

Dass Bettler oder im Krieg verwundete Soldaten, wieder in ihr Heimatland zurückgebracht werden sollten, empfanden die dortigen Bürger und Obrigkeiten freilich oftmals als Zumutung. Handelte es sich bei diesen Menschen doch gleichsam um eine „unbrauchbar gewordene Ware", die zu nichts mehr zu gebrauchen war. (Cella, S.37)

„Die Bettelnden sind dem Ungeziefer zu vergleichen,

welches den menschlichen Körper abzehrt und siech macht."
(Rochow, S.5) Und hundert Jahre später findet man noch
rigorosere Worte. „Mit all diesem Feuer und Schwert ist ja
auch die Landplage nicht ausgerottet worden. Der eiserne
Besen des Staates musste zwar versuchen, die Pilz- und
Schimmel-Bildung auszufegen, welche auf dem versumpften
Boden der mittelalterlichen Kirche empor gesprosst war; aber
ganz fertig wurde er nie damit, Das Unkraut wuchs immer
wieder nach." (Lammers 1897, S. 177)

Von hier bis zur Rassenideologie und der Untermenschentheorie der Nazis war es nur ein kurzer Weg. Kaum an die Macht gekommen, starteten sie bereits im Juni 1933 eine erste Kampagne gegen „Arbeitsscheue" und Bettler. Infolge der großen Wirtschaftskrise hatten Millionen Menschen ihre Arbeit und auch ihren Wohnsitz verloren: Viele von ihnen konnten sich auch vier Jahre nach dem wirtschaftlichen Zusammenbruch nur mit Betteln über Wasser halten. Dies passte nicht in das Bild der Nazis von wirtschaftlichem Aufschwung im NS-Staat. In einem Erlass des preußischen Innenministeriums hieß es, dass das Betteln in den letzten Jahren einen derartigen Umfang angenommen habe, dass darin eine ernstliche Gefahr für die öffentliche Ordnung zu erblicken sei. Dieser Missstand könne im Interesse des Ansehens des deutschen Volkes nicht länger geduldet werden. Der Bekämpfung des Bettelunwesens sei daher erhöhte Bedeutung beizulegen. Ende September 1933 wurde eine erste Razzia durchgeführt, in deren Verlauf bettelnde Personen festgenommen und auf Polizeiwachen verbracht wurden. Kontrollen wurden ebenfalls in Obdachlosenasylen und einschlägigen Kneipen durchgeführt. Es wird geschätzt, dass in dieser sog. Bettlerwoche mehrere zehntausend Menschen vorübergehend festgenommen wurden. Fünf Jahre später, 1938, haben die Nazis erneut eine Attacke gegen „Asoziale" und „Arbeitsscheue" gestartet, die sehr viel wirkungsvoller war; nicht zuletzt dadurch, dass man die ergriffenen „arbeitsscheuen Menschen" jetzt internierte. „Die Unterbringung muss erforderlich sein, um den Verurteilten zur Arbeit anzuhalten und an ein gesetzmäßiges und geordnetes Leben zu gewöhnen. Nicht erforderlich ist, dass nach der Persönlichkeit des Verurteilten mit einem Erfolg der Besserungsversuche im Arbeitshaus zu rechnen ist. Zur Arbeit kann auch ein unverbesserlicher Faulenzer angehalten werden. Ist es nicht möglich, ihn an ein geordnetes Leben zu gewöhnen, so erfüllt die Unterbringung im Arbeitshaus wenigstens den Zweck, die Volksgemeinschaft durch die Festhaltung des Schädlings zu sichern." (Leopold Schäfer, Otto Wagner, Josef Schafheutle, Gesetz gegen gefährliche Gewohnheitsverbrecher und über Maßregeln der Sicherung und Besserung mit dem dazu gehörigen Ausführungsgesetz, Berlin 1934, S.127)

Der Gedanke der Besserung, wie er ja zu Beginn im 16. und 17. Jh. zumindest offiziell mit der Idee des Zuchthauses verbunden war, tritt bei den Nazis völlig in den Hintergrund. Dies ist kein Zufall, sondern hat seine Wurzeln in der nationalsozialistischen Rassentheorie. Demnach ist die „Asozialität" angeboren und eine Vorstufe hin zur Kriminalität. (Vgl. Schüler-Springorum, Masseneinweisungen) Die bisherige „liberalistische Staatsauffassung" habe zu einer „Verweichlichung in der Verbrechensbekämpfung" geführt. Und da der „Asoziale" ja nicht zu bessern sei, müsse die „Volksgemeinschaft" vor ihm geschützt werden.

Im NS-Staat war der Begriff „gemeinschaftsfremd" der Holzhammer, mit dem jeder Form eines unangepassten Lebens zu Leibe gerückt wurde. Gemeinschaftsfremd war demnach: „Wer sich nach Persönlichkeit und Lebensführung, insbesondere wegen außergewöhnlicher Mängel des Verstandes oder des Charakters außerstande zeigt, aus eigener Kraft den Mindestanforderungen der Volksgemeinschaft zu genügen." Oder: „Wer aus Arbeitsscheu und Liederlichkeit ein nichtsnutzes, unwirtschaftliches oder ungeordnetes Leben führt und dadurch die Allgemeinheit belastet oder gefährdet oder einen Hang oder eine Neigung zum Betteln oder Landstreichen (hat)". (Zitate aus dem Gemeinschaftsfremdengesetz der Nazis, das als Entwurf 1944 konzipiert wurde) Ideologische Grundlage der Verfolgung und Ausrottung von missliebigen Minderheiten im NS-System ist der bereits in Hitlers „Mein Kampf" angekündigte Kampf gegen „Defektmenschen", „Ballastexistenzen", „Untermenschen", „gesellschaftliche Parasiten" und „Schmarotzer".

Sogenannte „Asoziale" gerieten ins Visier der NS-Behörden, weil zum einen die sog. Rassenhygiene von einer Vererbung kriminellen und von der erwünschten Norm abweichenden Verhaltens ausging. Zum anderen galt der arbeitsscheue „Asoziale" als Antityp zu den produktiven deutschen Volksgenossen. (Schreiber, S.85) Mit der Überweisung von sog. Asozialen aus dem Strafvollzug an die SS und ihre Verschleppung in die Konzentrationslager verfolgten die Nazis zwei Zwecke:

Zum einen ging es um die Ausbeutung der Arbeitskraft der Häftlinge, zum anderen um ihre Vernichtung. Beide Motive vereinigten sich schließlich in der Devise von der „Vernichtung durch Arbeit", die von Goebbels 1942 erstmals formuliert wurde. Dies bedeutete, dass man die sog. Asozialen in Konzentrationslager einwies und sie dort unter mörderischen Bedingungen zur Arbeit prügelte bis sie buchstäblich tot umfielen.

Die Torturen der Zucht- und Arbeitshäuser

Der Gefangene ist in einen Kellerraum eingeschlossen, in den fortwährend Wasser einfließt und das ihm schon bis zum Halse steht. An der Wand ist eine Pumpe angebracht und wenn der Gefangene nicht fleißig und fortwährend das Wasser aus dem Keller hinauspumpt, droht er zu ertrinken. Er pumpt um sein Leben und so soll es auch sein: er soll lernen, dass man nicht faul sein darf, sondern arbeiten muss, wenn man leben will. (Krausold 1698, S. 136) Dies ist zweifellos eine extrem bizarre und sadistische Methode, um faule oder kleindiebische Existenzen im Zuchthaus zu arbeitsamen Menschen umzupolen. Und doch kamen solche brachialen

Strafmittel in den frühen Zuchthäusern des 16. und 17. Jahrhunderts durchaus vor. Dennoch - so paradox es zunächst erscheinen mag - bedeuteten die Zucht- und Arbeitshäuser einen deutlichen Fortschritt verglichen mit dem Strafvollzug im Mittelalter. Denn traditionell gab es dort für kriminelle Delikte fast durchweg nur zwei Arten von Strafen: Die Todesstrafe und die Leibesstrafe. 1532 trat zwar die „peinliche Gerichtsordnung Kaiser Karls des V.", die Carolina, in Kraft, die das mittelalterliche Strafrecht in eine systematische Form brachte. Aber auch hier standen weiter die Leibes- und Todesstrafen im Zentrum des Strafvollzugs. Was der Carolina an differenzierten Strafen fehlte, machte sie durch eine Vielfalt von Hinrichtungsmethoden wett, die sie aus dem Mittelalter übernahm. „Der Mörder wurde mit dem Rade gerichtet; war der Mord an Eltern oder Verwandten verübt, so wurde der Delinquent vor der Hinrichtung mit glühenden Zangen angegriffen. Mordbrenner wurden verbrannt, Kindesmörderinnen ertränkt oder lebendig begraben, Verräter geviertelt, Diebe gehenkt." (Radbruch, S. 8)

Die Zahl der Hinrichtungen in Deutschland nahm im 16. Jahrhundert noch gewaltig zu und auch in anderen europäischen Ländern standen sie weiterhin hoch im Kurs. So wird berichtet, dass der englische König Heinrich VIII. während seiner Regentschaft 72 000 Bettler, Diebe und Vagabunden aufhängen ließ. (vgl. Enzyklopädia Britannica, 11. Auflage, Cambridge 1910, Bd. 5, S. 279)

Bis zum Ende des 16. Jahrhunderts bestand die Gerichtsbarkeit darin, den Delinquenten abzuschrecken, ihn zu quälen und unschädlich zu machen. Erzieherische Aspekte spielten keine Rolle. Dies ändert sich zumindest partiell mit der Entstehung der Zuchthäuser. Das erste wurde 1555 im englischen Bridewell gegründet und sollte, so war jedenfalls der Anspruch, weniger strafen als resozialisieren. Ohne Zwang ging dies aber auch nicht über die Bühne. Die Bettler wurden aufgegriffen und zwangsweise in das house of correction eingeliefert. Und dort wurde der Erziehung zur Arbeit mit Auspeitschungen und Prügeln nachgeholfen. Der erste Anlass für die Gründung von Bridewell war vermutlich der Prozess gegen einen 16jährigen Dieb, der normalerweise zum Tode hätte verurteilt werden sollen. Allerdings weigerten sich in diesem Prozess die Schöffen (offensichtlich erstmals) dieses harte Urteil zu fällen. Das erste Zucht- und Arbeitshaus auf dem europäischen Festland wurde 1595 in Amsterdam gebaut und war Vorbild für die Arbeitshäuser in verschiedenen deutschen Städten. Es begann 1609 mit dem Arbeitshaus in Bremen. Es folgten Lübeck 1613, Hamburg 1620 und Danzig 1629. Im Laufe des 17. Jahrhunderts verbreiteten sich die neuen Anstalten in ganz Deutschland. Die Begriffe Zuchthaus und Arbeitshaus werden seit dem 17. Jahrhundert synonym gebraucht. Mit dem modernen Zuchthaus, das ja eine Verschärfung der Gefängnisstrafe darstellte, hatten diese Einrichtungen nichts zu tun. Die Einweisung in die damaligen Zuchthäuser folgte keinem Gerichtsurteil, sondern wurde gegen alle möglichen gesellschaftlichen Randgruppen, insbesondere Bettler und Vaganten, vorgenommen. Ziel war es, die „Korrigenden" einerseits durch Arbeitszwang zu resozialisieren, und andererseits aus dem Stadtbild zu entfernen. So gab es ein Edikt des Kurfürsten Friedrich Wilhelm vom 15. Dez. 1687, ein Zuchthaus zu gründen, in welches „alles liederliche, ledige und Bettelgesinde" eingewiesen werden sollte. Dort sollten sie zur Arbeit angehalten und auf diese Weise der Müßiggang beseitigt werden. Die Jüngeren sollten in der Spinnerei angelernt werden, die Älteren sollten ein Handwerk erlernen. (Schmidt, S. 80)

In der Ordnung des Hamburger Zuchthauses vom 8. März 1622 heißt es ähnlich: „Item auch etliche, die ihre Kost wohl verdienen können, aber wegen ihres faulen Fleisches und der guten Tage willen solches nicht tun, sondern lieber betteln gehen..." (Streng, S.179) Und weiter heißt es dort: „Auch befinden sich noch viele starke, faule, freche, geile, gottlose, mutwillige und ungehorsame, versoffene Trunkenbolde und Bierbalge, die in Untugend, Hurerei, Büberei und in allerlei Sünd und Schand erwachsen, und sich täglich des Bettelns vor den Türen und auf den Straßen befleißigen, dieselben gehören in dieses Haus." (zit. nach Streng 1890, S.179f.) Mit alldem sollten Menschen, die „durch Arbeitsscheu und Müßiggang" in Not geraten waren, durch Zwangsarbeit „wieder zu brauchbaren Mitgliedern des Gemeinwesens gemacht werden". Dies waren hehre Ziele. Der Alltag in den Zuchthäusern sah jedoch ganz anders aus. In einem Augenzeugenbericht über das Amsterdamer Zuchthaus ist zu lesen: Die Insassen „müssen, etliche gefesselt, etliche ungefesselt, nachdem sie alt und stark sind, schwere Arbeit tun, sonderlich aber Brasilienholz raspeln; und zwar so klein und mit solcher Mühe, dass ihnen oftmals der Schweiß, wiewohl sie fast ganz nackend stehen, darüber tropfenweise ausbricht". (Zesen, S.389) Brasilienholz war damals wichtig für die Herstellung von Farben und die Arbeit des Holzraspelns war extrem anstrengend, weil das Holz hart wie Stein war und die Sägen immer wieder geschärft werden mussten.

Dennoch: Mit den Zucht- und Arbeitshäusern vollzieht sich im Strafvollzug ein grundlegender Wandel. An die Stelle der Externalisierung tritt die Internierung. Statt die Bettler und Vagabunden aus den Städten zu vertreiben und außer Landes zu jagen, werden sie nun in Zucht- und Arbeitshäuser interniert und weggesperrt. Offiziell sollten die damaligen Zuchthäuser folgende vier Ziele folgen:

1. Die Menschen an die Arbeit gewöhnen und sie zu ordentlichen und sittsamen Gliedern der Gesellschaft machen. Die Arbeit soll als Bollwerk gegen seine „verbrecherischen Triebe dienen." (Doleisch von Dolsperg, S. 89)
2. Durch die Internierung ins Zuchthaus sollen „Taugenichtse, Spitzbuben und anderen verdrießliche Leichtfincken" (Krausold, 1698, Vorwort) von den Plätzen und Straßen verschwinden.
3. Schließlich sollte das Zucht- und Arbeitshaus abschrecken. Seine Zielrichtung ging weniger nach innen als vielmehr nach außen.
4. Die Insassen der Zuchthäuser sollten mit Fleiß der Arbeit nachgehen und so für die Gesellschaft nützliche Werte produzieren. Unter diesem Gesichtspunkt waren die traditionel-

len Todesstrafen und Landesverweisungen völlig unökonomisch, weil sie den Staat unzähliger Arbeitskräfte beraubten. Nützlichkeitserwägungen siegten nun über den Vergeltungsgedanken. Dieser oftmals beschworene wirtschaftliche Nutzen der Zuchthäuser spielte in der Realität allerdings kaum eine Rolle. (vgl. Ayaß 1993, S. 10) Bei der Arbeit in den Zuchthäusern ging es nicht in erster Linie um ökonomischen Ertrag, sondern -wie es in einer zeitgenössischen Abhandlung hieß - „um die frühe Gewöhnung zum Fleiße und die Entwöhnung vom Müßiggange". (zit. bei Brietzke, S.518) Es ging um Sozialdisziplinierung. Der „harte Sinn" des Sträflings sollte weichgeklopft werden.

Bei der Einlieferung ins Zuchthaus wurde dem Delinquenten zur Begrüßung das gesamte Ensemble an Prügelvorrichtungen verabreicht. Der sog. „Willkomm" wurde teils auf der gefütterten, mit Riemen zum Anschnallen versehenen Prügelbank, teils mittels der sog. Fiddel, oder am Türpfosten mit dem Kantschu (aus Leder geflochtene Riemenpeitsche), dem Farrenschwanz (Ochsenziemer), der Karbatsche, einer Lederpeitsche mit eingeflochtenen Knoten oder der Rute ausgeteilt und zur Abwechslung und Steigerung des Schmerzgefühls fanden sich in den einzelnen Anstalten noch Vorrichtungen wie der Bärenkasten, spanischer Mantel, Strafstuhl und Strafblock. Was all diese Züchtigungs- und Foltertechniken im Einzelnen bedeuteten, möchte man lieber gar nicht so genau wissen.

All diese Peinigungsmechanismen begleiteten den „Züchtling" durch sein gesamtes Zuchthausdasein. Er wurde mit ihnen traktiert, wenn er gegen die Anstaltsregeln verstoßen hatte. Die Prügel konnten aber auch unmittelbar und sofort bei nachlassender Arbeitsleistung von den Zuchtknechten „zur Anfeuerung des Fleißes" (Streng, S. 80) ausgeteilt werden. Man nannte dies „die Arbeit aus der Haut herausholen". (Streng, S. 80)

Das Strafsystem in den Zuchthäusern kannte aber auch noch andere Torturen. Sie reichten vom Essensentzug über Arrest bis hin zum sog. „Hölzernen Pferd". Neben dem anfangs beschriebenen Wasserkeller war dies wohl die teuflischste Apparatur, um die Gefangenen zu quälen. Es handelte sich um ein lebensgroßes Holzpferd, das mit scharfen Ecken und Kanten versehen war und dessen Sitzfläche in einem Winkel von 45 Grad spitz zulief. Wenn der Delinquent auf diese Vorrichtung gesetzt wurde, schnitten diese Kanten sehr schmerzhaft in seine Oberschenkel und seine Hoden. Um den Schmerz noch zu erhöhen, hängte man dem Delinquenten schwere Gewichte an die Beine und zu allem peinigenden Überfluss wurde dann das hölzerne Pferd über den Hof gezogen und dabei dem Delinquenten Prügel verabreicht.

Die Redensart, dass man jemandem den Brotkorb hochhängt, wurde gelegentlich auf drastische Weise umgekehrt. Man verfrachtete missliebige „Züchtlinge" in einen großen Korb, den sog. Hungerkorb, der direkt über der gemeinsamen Essenstafel an die Decke gezogen wurde. Von dort oben mussten die hungrigen Gefangenen dann den anderen beim Essen zusehen. (Brietzke, S. 583)

Von einem Autor des 17. Jahrhunderts wird die tägliche Tortur der Insassen mit geradezu sadistischer Wonne gefeiert: „Fein viel Arbeit, Wasser und Brot und nicht einmal satt, alle Stunden Schläge, und doch über Hand und Fuß geschlossen; mit den Händen aufgeschnürt, bis aufs Blut gegeißelt: Das sind der Gezüchtigten Tractamente." (Krausold, zit. bei Streng, S. 74) Krausold zieht eine Analogie zwischen dem Zuchthaus und dem Leben insgesamt. Die ganze Welt sei nichts anderes als Gottes Zuchthaus, „darinnen er unbändige Starrköpfe tapfer weiß zu rechte zu bringen mit allerlei scharfer Disziplin; Hunger, Schimpf und Schlägen, dass mancher noch zum Menschen dadurch werden muss, der sonst einer unvernünftigen Bestie gleich gewesen ist". (Krausold, A., S. 127)

Als die ersten Zuchthäuser im 16. Jahrhundert gegründet wurden, sollten sie eine Reform hin zu einem humaneren Strafvollzug einleiten. Dies ist von Anfang an danebengegangen. Zwar wurden nun nicht mehr so viele Menschen zum Tode verurteilt, dafür hatten sie nun aber unter den Torturen der Zuchthäuser zu leiden. Das offizielle Ziel der Zuchthäuser, die Insassen zu arbeitsamen und fleißigen Menschen zu modellieren, misslang dagegen vollkommen.

Seit dem 19. Jahrhundert sortieren sich die verschiedenen Strafanstalten neu. Das Zuchthaus wird nun zu einem Gefängnis mit strafverschärfenden Haftbedingungen. In der Bundesrepublik Deutschland wurde es erst 1969 abgeschafft. Neben den Zuchthäusern wurden im 19. Jahrhundert sog. Arbeitshäuser gegründet. Im Unterschied zu den neuen Zuchthäusern waren dies in juristischem Sinne keine Strafanstalten. In den 80er Jahren des 19. Jahrhunderts gab es in Deutschland 50 Arbeitshäuser, in denen ca. 22 000 Personen untergebracht waren. 1882 betrug die Zahl der Gesetzesübertretungen wegen Bettelei und Landstreicherei 278 000 Fälle. Bettelei bildete in den achtziger Jahren des 19. Jahrhunderts den häufigsten Anklagepunkt. „Mit den Übertretungsdelikten Bettelei, Landstreicherei und Obdachlosigkeit stand die Armut unmittelbar vor Gericht es waren Massendelikte, die eindrucksvoll die Not im Kaiserreich dokumentieren." (vgl. Ayaß 1992, S. 92)

In den Arbeitshäusern waren alle nur denkbaren Menschen deklassierter Schichten untergebracht: „In derselben Anstalt befindet sich neben dem alten, entkräfteten Weibe, das sich zur Stillung des Hungers sein Brot erbettelt, das gerade mannbar gewordene Mädchen, die tief gesunkene, meistenteils vollständig sieche Dirne. Dieselbe Anstalt nimmt den kaum erwachsenen, noch nicht konfirmierten Knaben auf, ebenso wie den abgelebten Greis, den eben aus dem zum wiederholten Malen besuchten Zuchthause entlassenen Sträfling, und den erst vor einigen Monaten nach Beendigung der Lehrzeit auf Wanderschaft gegangenen Handwerksburschen, welchen Not und Unerfahrenheit zum dritten Male wegen Bettels vor den Scharfrichter führte." (Wintzingeroda-Knorr, S.12) Und alle wurden unter den Rubriken Bettelei oder Landstreicherei eingeordnet. Dass Betteln häufig die Folge ökonomischer Krisen und der damit verbundenen Verelendung war, konnte dem Gesetzgeber Preußens und des Deutschen Reiches nur schwer ignorieren. Dessen ungeachtet wurden Arbeitslosigkeit und Bettel immer wieder den Opfern in die eigenen Schuhe geschoben und als charakterliche Schwäche stigmatisiert. Es seien „energielose Elemente" (Hippel, S. 191). Es sei ein „arbeitsscheues Gesindel", das sich mit Lust und Wonne dem Müßiggang hingebe. Arbeitsscheu wurde von den Juristen in ihrer kalten Diktion definiert als die „beharrliche Abneigung gegen geordnete, feste Arbeitsverhältnisse" (Leipziger Kommentar § 42 d II a, zit. nach Kleinkowski, S. 10) und der „Liederlichkeit" (§ 42 d III 9 StGB) verfallen ist derjenige welcher „eine Neigung zu einem leichtsinnigen, ungeordneten Lebenswandel" an den Tag legt. (§ 42 d II a) Der Bettler so hieß es, sei von einem Hang zum Nichtstun und zum Müßiggang befallen (Hippel, 208) Adolf Streng, seines Zeichens Gefängnisdirektor (nomen est omen) sieht das Problem folgendermaßen: „Der Hang zum Müßiggang, zum unsteten bequemen Leben kann bei vielen Menschen nur durch Zwang eingedämmt und unterdrückt werden. Wird dieser Zwang durch Erschlaffung der staatlichen Gewalt geschwächt oder beseitigt, so muss das negative Elemente der bürgerlichen Gesellschaft erstarken, zucht- und herrenloses Gesindel wird massenhaft hereinbrechen und als Schmarotzerpflanze mit unglaublicher Geschwindigkeit emporwuchern." (Streng 1886, S. 43)

Für die Verfolgung der Bettler und ihre Internierung in Arbeitshäuser sah das preußische Strafgesetzbuch ein kompliziertes juristisches Verfahren vor, das aus der Kombination von zwei Paragraphen bestand. Da war als erstes der § 361. Mit Haft wird nach § 361 des Strafgesetzbuchs u.a. bestraft: wer als Landstreicher umherzieht; wer bettelt, wer sich dem Spiel, Trunk und Müßiggang hingibt und dadurch seinen Lebensunterhalt nicht mehr bestreiten kann. Wenn er staatliche Unterstützung erhält, aber sich aus Arbeitsscheu oder Liederlichkeit weigert, die ihm zugewiesene Arbeit zu verrichten. Das Strafmaß betrug 6 Wochen Gefängnishaft.

Doch dies war noch nicht alles. Das dicke Ende kam hinterher. Nach Ende der Haft, konnte der Häftling sofort in ein Arbeitshaus verfrachtet werden. Man bezeichnete dies als „Korrektionelle Nachhaft" und hierfür war der § 42 des Strafgesetzbuches zuständig. Hierbei handelte es sich nicht um eine Strafe, sondern um eine sog. Maßregel, die vom Gericht verhängt wurde. Arbeitsscheu lag dann vor, „wenn einer eine beharrliche Abneigung gegen geordnete feste Arbeitsverhältnisse" an den Tag legt. Liederlichkeit bezeichnete „die Neigung zu einem leichtsinnigen, ungeordneten Lebenswandel". (§ 42 d Abs. III) Beides führte zu einer Einweisung in ein Arbeitshaus. Die Dauer dieser Unterbringung im Arbeitshaus wurde von den Polizeibehörden festgelegt und betrug max. drei Jahre. Später bei den Nazis konnte eine lebenslängliche Unterbringung in ein Arbeitshaus angeordnet werden.

Der Strafrechtler Robert von Hippel (1866-1951), einer der Hauptverfasser dieser Arbeitshausgesetze, verband mit dem Arbeitshaus drei Zielsetzungen:
1. Die Korrigenden sollten zu regelmäßiger Arbeit erzogen und dadurch gebessert werden.
2. Die Arbeitshausstrafe sollte vom Betteln und vom liederlichen Lebenswandel abschrecken.
3. Und indem man eine stattliche Zahl gefährlicher Individuen weggesperrte, würden sie von der bürgerlichen Gesellschaft ferngehalten. (Hippel, Die strafrechtliche Bekämpfung von Bettel, Landstreicherei und Arbeitsscheu, Berlin 1895, S. 191).

Die Gefängnisstrafe wurde von den festgenommenen Bettlern und Landstreichern verglichen mit dem Arbeitshaus als weniger schlimm empfunden. Es soll sogar vorgekommen sein, dass man Straftaten vortäuschte, um im Gefängnis zu überwintern. Hippel schlug deshalb vor, die Haftbedingungen im Gefängnis drastisch zu verschärfen. Denn bei der gegenwärtigen Regelung, hätten sie für die Bettler und Landstreicher kaum eine abschreckende Wirkung. Im Gegenteil: Die Gefängnishaft werde oftmals als „willkommene Ruhe- und Erholungspause" akzeptiert, „in welcher neue Kräfte zur

Fortsetzung des alten unsteten Lebenswandels gesammelt werden". (Hippel S. 251) Konkret schlägt Hippel deshalb vor, die Gefängnishaft „durch Entziehung des Bettlagers und durch Verbüßung bei Wasser und Brot zu verschärfen". (251) Es sei vollkommen unakzeptabel, „dass die Einsperrung in die Strafanstalt als Annehmlichkeit empfunden wird". (251)

Dass die Arbeitshäuser keine arbeitstherapeutische Anstalten waren, sondern in erster Linie rigorosen Arbeitszwang in den Mittelpunkt stellten, lässt sich an den Strafen ablesen, die tatsächlich ungleich härter als im Gefängnis waren. So konnten Vergünstigungen, wie z.b. die Bewegung im Freien für eine Reihe von Tagen gestrichen werden. Oder aber der Besuch von Verwandten konnte untersagt werden. Auch Kostschmälerungen wurden als Strafmittel eingesetzt. Bei größeren Vergehen wurde Arrest angeordnet und dies in mehreren Varianten: Da gab es einmal den sog. normalen Arrest, d.h. „einsame Haft in hellem Lokal". Bei schwereren Delikten war der Dunkelarrest verbunden mit hartem Lager bei Wasser und Brot vorgesehen. Dunkelarrest war keine Strafe für ein paar Tage, sondern er konnte in den preußischen Arbeitshäusern bis zu vier Wochen verordnet werden. Diese Strafe wurde gelegentlich in Form des sog. „engen Arrests" noch verschärft. Dabei wurde der Delinquent in seiner Arrestzelle in einen engen Lattenverschlag gesperrt, in dem er zwar stehen und sitzen aber nicht liegen konnte. Diese Tortur musste er jeweils 14 Stunden, von morgens um sechs bis abends um acht Uhr ertragen. In manchen Arbeitshäusern wurde er zu allem Überdruss an die Zellenwand gefesselt.

Doch damit nicht genug: Wer sich renitent zeigte, konnte auch schon mal in eine Zwangsjacke gesteckt werden. Oder aber in guter alter Tradition mit Prügeln traktiert werden. So wurden in Sachsen - man geht ins Detail - den Gefangenen „bis zu 30 Schläge mit einem 80-90 cm langen glattgeschnittenen, am Angriffe nicht über 1 cm starken Haselstocke auf das entblößte Gesäß" verabreicht. All diese Strafen und der Zwang zur Arbeit standen im Zentrum des Arbeitshauses und sollten das Hauptmittel sein, um aus den Korrigenden ordentliche und arbeitsame Subjekte zu formen. Bei der Beschäftigung der Korrigenden sollte auf die Zuweisung sinnvoller, den Anlagen und Fähigkeiten des Untergebrachten entsprechender und seinem späteren Fortkommen dienlicher Arbeit besonderes Gewicht zu gelegt werden vgl. (Kleinkowski, S. 204) Die verordneten Arbeiten sollten, so steht es in den Richtlinien, den Korrigenden Freude machen und generell ihre Einstellung und Motivation zur Arbeit befördern. Die Praxis sah indessen ganz anders aus. Die Arbeiten, die den Korrigenden abverlangt wurden, waren durchweg stumpfsinnig und geisttötend. So wurden die Insassen z.B. mit dem Einschlagen von Romanheften oder dem Auseinanderschneiden von Plastikteilen beschäftigt. Durchweg handelte es sich um fließbandähnliche Teilarbeiten wie das weit verbreitete Tütenkleben und später das Zusammenschrauben von Kugelschreibern.

Was waren nun der tatsächliche Nutzen und die Erfolge der Arbeitshäuser?
1. Bei der beruflichen Qualifizierung hatten die Arbeitshäuser auf ganzer Linie versagt und auch ihr wirtschaftlicher Nutzen war sehr gering.
2. Von einer Besserung der Insassen konnte ebenso wenig die Rede sein. Nach einer Erhebung im Arbeitshaus Brauweiler, lag die Besserungsquote bei 10-15%. Die überwiegende Mehrheit der „Korrigenden" war dagegen rückfällig geworden. Und hierfür ist fast immer Armut die Ursache gewesen. Letztlich verfolgte man mit den Arbeitshäusern auch weiter gefasste Ziele. Wie bereits in den ersten Arbeitshäusern des 17. Jahrhunderts ging es gar nicht in erster Linie um die Besserung der Insassen, sondern das Arbeitshaus diente als abschreckende Drohung und Disziplinierung für die gesamte Bevölkerung. Wichtiger als die Innenwirkung war die Außenwirkung der Arbeitshäuser. Müßiggang wurde hier zu einem Delikt mit strafrechtlichen Folgen. „Die Bestrafung der ‹faulen› sollte die ‹Fleißigen› positiv stärken. Die Verfolgung einiger tausend ‹Arbeitsscheuer› sollte Millionen Menschen als warnendes Beispiel dienen." (Ayaß 1992, S.28)

Der Irrsinn der Arbeitshäuser lag darin, dass sie für all diese vielfach gestrandeten Menschen nur eine einzige Therapie bereithielten: Arbeit, Arbeit und nochmal Arbeit. Einerseits sollten die Insassen zur Arbeit erzogen werden, andererseits wurde die Arbeit aber als Strafe eingesetzt. Das Perfide bestand darin, dass man diesen „prekarisierten" subproletarischen Menschen zusätzlich zu ihrem Schicksal obendrein die Schuld hieran gab. Der Dreh- und Angelbegriff der Arbeitshäuser vom Beginn bis zu ihrem Ende lautete „Arbeitsscheu". Die Arbeitsscheu galt gleichsam als Grundsuppe für alle Delikte und Abweichungen, die offiziell im Arbeitshaus behoben werden sollten. Handgreifliche Ausdrucksformen der sogenannten Arbeitsscheu waren demnach die Bettelei und Landstreicherei. Getreu der allseits bekannten Devise, dass Müßiggang aller Laster Anfang sei. Und getreu der seit Jahrhunderten verbreiteten Lesart, wonach Armut die Folge eigenen Verschuldens ist. Dabei war jedoch unübersehbar, dass Bettelei und Landstreicherei in einem direkten Zusammenhang mit jahreszeitlichen und konjunkturellen Beschäftigungsschwankungen standen.

In seinem spannenden und kenntnisreichen Buch über das Arbeitshaus Breitenau berichtet Werner Ayaß folgende Geschichte: Im Juni 1940, also während der Nazi-Diktatur, wurden zwei Vagabunden festgenommen und vor Gericht gestellt. In dem Urteil heißt es: „Die Angeklagten befinden sich seit Jahren auf Wanderschaft; sie arbeiten nur gelegentlich, im Übrigen ziehen sie von Ort zu Ort. Arbeitsbücher besitzen sie nicht: beide betteln. Der Angeklagte R. spielt Mundharmonika und andere Instrumente. Er spielt und singt gewerbsmäßig auf öffentlichen Straßen; von Kunst kann dabei keine Rede sein; die vorgängige Erlaubnis der Ortspolizeibehörde holt er nicht ein…Es wird somit festgestellt, dass die Angeklagten fortwährend handelnd als Landstreicher umhergezogen sind und dass R. außerdem gewerbsmäßig Musikaufführungen auf öffentlichen Straßen, ohne dass ein höheres Interesse der Kunst dabei obwaltete, ohne Erlaubnis der Ortspolizeibehörde dargeboten hat." (Zit. Nach Ayaß, 1992, S.

314f.) Das Urteil: Beide wurden zu lebenslänglicher Internierung im Arbeitshaus verurteilt. Ernst K. starb 1943 im Arbeitshaus Breitenau. Sein Kollege wurde 1945 von den Amerikanern befreit. (vgl. Ayaß 1992, S.315)

Kapitel 6 „Der Müßiggang ist die Schwindsucht des Lebens"

Prolog

Auch wenn der Kirche seit dem 18. Jahrhundert der Wind der Aufklärung und des Rationalismus um die Nase wehte und sie durch die Enteignung von (katholischen) Kirchengütern in ihrer Macht beschnitten worden war, blieb sie doch bis ins 20. Jahrhundert hinein die führende gesellschaftliche Instanz, wenn es um die Weltorientierung und die Moral des Alltagsmenschen ging. Der sonntägliche Gottesdienst mit seiner Predigt war gewissermaßen die Schnittstelle, über welche sich der unmittelbare Kontakt zwischen Kirche und Kirchenvolk herstellte. Der Einfluss der Kirche beschränkte sich jedoch nicht auf die Sonntage, sondern es gab vor allem in den katholischen Regionen eine Unzahl weiterer Feiertage, die voll und ganz der Religionsausübung gewidmet sein sollten.

Es ging dabei immer wieder darum, den Gläubigen einzuschärfen, dass sie in ihrem Leben den Pfad der christlichen Tugend und Moral nicht verlassen dürften. Und dass sie ordentlich und arbeitsam sein sollten. Im klerikalen Faulheitsdiskurs spielten weniger ökonomische als vielmehr ordnungspolitische Motive die wesentliche Rolle. Es ging nicht in erster Linie um Fleiß, sondern um einen ordentlichen Lebenswandel. Die Arbeit war gleichsam das Tugendkorsett des Menschen, das immer wieder nachgezurrt werden musste. Und hierbei spielte die Kritik an der Faulheit und dem Müßiggang eine wichtige Rolle. Dabei werden von den Predigern zwei Drohkulissen aufgebaut: Die eine bezieht sich auf das diesseitige Leben, auf die Unbilden, die dem Menschen durch Müßiggang in der irdischen Realität erwachsen. Da ist einmal die Gefahr, dass sich der Faule durchs Nichtstun allerhand Krankheiten zuzieht. Und ebenso schlimm ist die drohende Armut, die zu Hunger und Bettel führt. Die zweite Drohkulisse weist ins Jenseits: Da der Faule durch seinen Müßiggang gegen das göttliche Arbeitsgebot verstößt, verspielt er den

Eintritt ins Himmelreich. Stattdessen wird er vom Teufel in die Hölle geholt und muss dort ewige Qualen erdulden.

Ich habe zum Thema Faulheit und Müßiggang ca. 300 Predigten vor allem aus dem 18. und der ersten Hälfte des 19. Jahrhundert durchforstet und ausgewertet. Dies war der Zeitraum, in dem die Pfarrer und Pastoren am ergiebigsten und intensivsten über Faulheit und Müßiggang gepredigt haben. Es handelte sich durchweg um Predigtsammlungen bzw. Musterpredigten, die damals in Buchform veröffentlicht worden waren. Bei der Durchsicht haben sich überraschenderweise keine gravierenden Unterschiede zwischen den protestantischen und katholischen Predigten gezeigt. Faulheit und Müßiggang werden in beiden Konfessionen gleichermaßen verurteilt und als Übertretung des christlichen Arbeitsgebots kritisiert.

Mit dem Zusammenhang von Religion und Arbeit hatte sich der deutsche Soziologe Max Weber (1864-1920) intensiv auseinandergesetzt. Berühmt geworden ist vor allem seine Aufsatzsammlung über den Zusammenhang von protestantischer Ethik und dem Geist des Kapitalismus. (1904-1906) Für Weber besteht zwischen dem Protestantismus calvinistischer Prägung und dem Kapitalismus eine Art Wahlverwandtschaft. Der Calvinismus ist demnach das Schmieröl des neuzeitlichen Arbeitsethos. Dort wo er sich nach der Reformation ausgebreitet habe, seien auch kapitalistische Wirtschaftsstrukturen besonders ausgeprägt gewesen. Wichtige Grundlage und Ursache für diesen Zusammenhang sei die vom Calvinismus geforderte innerweltliche Askese: Die erwirtschafteten Werte sollten nicht konsumiert, sondern akkumuliert werden. Der so entstehende wirtschaftliche Reichtum sei für den Einzelnen ein mögliches Indiz (keine Kausalität) dafür, dass er von Gott für das Himmelreich auserwählt sei.

Bereits zu Webers Lebzeiten hatte es heftige Kritik an seinem Theorem gegeben; sehr nachdrücklich von dem Soziologen und Ökonomen Werner Sombart, der zum einen ins Feld führte, dass der Kapitalismus schon zweihundert Jahre vor dem Calvinismus in Oberitalien seine ersten Wurzeln geschlagen hatte. Zum anderen hatte Sombart am Beispiel des italienischen Gelehrten Leon Battista Alberti (vgl. Kapitel 4) demonstriert, dass die Moralvorstellungen des Protestantismus mit seinem ausgeprägten Arbeitsethos und seiner methodischen Lebensführung bereits in der Renaissance fast wortgleich formuliert worden seien. Dennoch ist die „Weberthese" heute nach wie vor populär und wurde in ihrer Bedeutung allen Ernstes schon einmal mit Einsteins Relativitätstheorie verglichen. In den Sozialwissenschaften überwiegen seit einiger Zeit jedoch die kritischen Stimmen (u.a. Sennet, Steinert, Reinhardt). „Nach dem heutigen Stand der Forschung lässt sich sagen: Es gibt keine spezifisch wirksame ‚protestantische Ethik'. Max Webers aparte Idee, Kapitalismus zu der unbeabsichtigten Nebenfolge von religiöser Weltabgewandtheit zu machen, ist zwar hübsch, aber historisch falsch." (Steinert, S.19) Zudem hat der amerikanische Wirtschaftshistoriker Davide Cantoni vor einigen Jahren (2009) anhand von Daten aus 272 Städten empirisch nachgewiesen, dass der Calvinismus keinen besonderen Einfluss auf die kapitalistische Entwicklung hatte. (vgl. Cantoni, Havard 2009)

Wie lässt sich nun die Arbeit in das religiöse System der christlichen Kirchen einbauen? „Im Schweiße deines Angesichts sollst du dein Brot essen." Dieser Satz aus der Genesis des Alten Testaments war unangefochten das mittelalterliche Motto, wenn es um Arbeit ging. Arbeit war Mühsal und Plackerei. Sie war die Strafe, mit der die Menschen seit dem paradiesischen Sündenfalls gequält wurden. In der Neuzeit vollzieht sich in den christlichen Kirchen -neudeutsch gesprochen- ein Paradigmenwechsel in der Bewertung der Arbeit. Die Arbeit etabliert sich als weitere, zweite Dimension des Gottesdienstes. Es gibt nun einerseits wie bisher den geistlichen Gottesdienst mit Predigt und Gebet am Sonntagvormittag. Andererseits wird nun aber auch die Alltagsarbeit religiös aufgeladen. Und dass es zwischen geistlichem und weltlichem Gottesdienst zu Konflikten kommen würde, war bereits damals so klar wie das Amen in der Kirche. Dies drückt sich allein schon darin aus, dass man seit dem Ende des 18.

Jahrhunderts damit begann, kirchliche Feiertage abzuschaffen. Die Arbeit wird im Lauf der Geschichte immer mehr zu einer rein ökonomischen Angelegenheit. Es geht nun nicht mehr um die Rettung der Seele durch Arbeit, sondern um schnöden Gelderwerb.

Wenn Arbeit Gottesdienst ist, so ist es plausibel, dass Faulheit und Müßiggang als schwere Abweichung, wenn nicht gar als Gotteslästerung galten. Um sie besser bekämpfen zu können, wurden von den Seelsorgern immer neue Formen des Müßiggangs aufgespürt und angeprangert. Dabei wurden die Begriffe Faulheit, Trägheit und Müßiggang in den Predigten nicht trennscharf verwendet. In dem Maße wie sich seit dem 18. Jahrhundert die bürgerlichen Tugenden mit all ihren Differenzierungen ausbreiteten, tritt der Begriff Müßiggang mit all seinen Facetten ins Zentrum und verdrängt den Begriff Faulheit. Es ist nun nicht mehr pauschal von **dem** Müßiggänger die Rede, sondern in hellen Haufen betreten die unterschiedlichsten Typen die Bühne. Insgesamt haben sich bei der Durchsicht der Predigten zwölf Themen und Varianten des Müßiggangs herausdestilliert, die sich in passive und aktive Formen unterteilen lassen: Passiver Müßiggang liegt dann vor, wenn man auf irgendeine Weise seine Pflichten vernachlässigt. Also etwas **nicht** tut, was getan werden müsste. Etwa Kinder, die zu faul zum Lernen sind oder Dienstboten, die ihren Arbeiten nur saumselig nachkommen. Oder aber Menschen, die in den Tag hinein schlafen. Beim aktiven Müßiggang dagegen handelt es sich um jene Formen, bei denen jemand zu allerhand Übertreibungen neigt. So kann z. B. einer, der es mit Gebetsübungen oder Beichten übergenau nimmt, als frommer Müßiggänger kritisiert werden. Und natürlich durfte hier auch die sexuelle Ausschweifung nicht fehlen. Wer sich ihr hingibt, ist ein wollüstiger Müßiggänger. Aber auch die angestrengte Tätigkeit und Arbeitsamkeit konnte übers Ziel hinaus schießen und galt im damaligen Jargon als geschäftiger Müßiggang. In all diesen Predigten wurde der Müßiggang von der Kirche als schwere Abweichung vom christlich-tugendsamen Leben verurteilt, gegen die man mächtig von der Kanzel herzog. Müßiggang gerät zum Generalnenner für alle nur denkbaren kleineren und größeren Sünden und verbreitete sich derartig universell und alltäglich, dass der Vorwurf praktisch jeden treffen konnte und er sich reuig an die eigene sündige Nase fassen sollte.

Rebellion gegen Gott

Anstatt seine Arbeit ordentlich und gewissenhaft zu verrichten, hatte sich ein Bauernknecht dem Müßiggang verschrieben und gab sich allen nur denkbaren Ausschweifungen hin. Gott beobachtete dieses liederliche Treiben mit Missfallen eine Zeit lang und schickte dann den verstorbenen Vater des Faulpelzes auf die Erde. Der sollte seinen nichtsnutzigen Sohn ermahnen, sich an Gottes Gebote zu halten und ein ordentliches Leben zu führen. Der Sohn schlug die väterlichen Vorhaltungen jedoch in den Wind und fuhr mit seinem faulen und nichtsnutzigen Lebenswandel umso eifriger fort. Das erboste Gott und er schickte den verstorbenen Vater erneut auf die Erde, um den missratenen Sohn zur Ordnung zu rufen. Wenn er weiterhin derart sündige und sich dem Müßiggang hingebe, werde am Martinstag der Teufel kommen und ihn holen. Aber auch das beeindruckte den Faulpelz nicht im Geringsten. Im Gegenteil: Als der Martinstag kam, ging er ins Wirtshaus und bestellte sich eine Gans. Und als er so ausgelassen am schmausen und trinken war, segelte plötzlich der Teufel durch den Kamin herein, ergriff ihn und führte ihn fort durch die Lüfte direkt in die Hölle.

Wer zu faul zum Arbeiten ist, den erschlägt mit geradezu elementarer Wucht das Arbeitsgebot des Alten Testaments. Als Strafe für die Übertretung des Verbotes, vom Baum der Erkenntnis zu essen, wurden Adam und Eva bekanntlich aus dem Paradies vertrieben. Und es wurde ihnen auferlegt, künftig „im Schweiße ihres Angesichts" zu arbeiten. Statt der Früchte des Paradieses muss der Mensch seitdem „das karge Schmerzensbrot" essen, das mit seinem Schweiß benetzt wird.

Arbeit hatte es zwar auch schon im Paradies gegeben, aber nicht in ihrer scheußlichen Form als Mühsal und Plackerei. Der Mensch, der faul ist, dies wird in den Predigten immer wieder betont, versündigt sich also, da er sich weigert, die für diese Sünde verordnete Strafe, die Arbeitsplage, auf sich zu nehmen. Wer nicht arbeiten will und sich dem Müßiggang und dem Nichtstun hingibt, begeht demnach mithin eine Empörung und Rebellion gegen Gottes Strafurteil. (Arezzo, 1851 S.13)

Das christliche Plädoyer für ein arbeitsames Leben weist jedoch nicht allein in die Vergangenheit, sondern ebenso in die Zukunft: Nur durch Gott wohlgefällige Arbeit auf Erden kann sich der Mensch demnach künftig einen Platz im Himmelreich sichern. Arbeit sei mithin in jeder Hinsicht eine grundlegende menschliche Bestimmung. Warum verfügt denn der Mensch im Unterschied zu den Tieren über Hände? Warum ist er mit der „Denkfähigkeit des Kopfes" ausgestattet? Damit er sein Leben und seine Arbeit mit Überlegung und Vernunft organisiert. Die Tiere dagegen folgten allein ihrem Instinkt. Das zeige sich auch daran, dass dem Menschen der aufrechte Gang gegeben sei, damit er zum Himmel emporblicken kann. Im Unterschied zu den Tieren, deren Kopf zur Erde hinab gewendet ist. (Hefele 1857, S.503) Diese körperlichen und geistigen Gaben werden, so die Kritik, vom Müßiggänger jedoch missachtet. Wer all diese Fähigkeiten „im Müßiggang verzehrt" sei undankbar. „Ja, Hände haben und nicht arbeiten, Füße haben und nicht gehen, Verstand haben, und nicht denken ist schwarzer Undank gegen Gott." (Himmelstein 1850, S.41f.) Die Müßiggänger glichen dürren unfruchtbaren Bäumen, die abgehauen zu werden verdienten.

Warum ist denn der Müßiggänger und der Faulenzer von allen Geschöpfen der Erde Gott am meisten verhasst? Doch wohl vor allem deshalb, weil er sich der göttlichen Arbeitsordnung widersetzt. Man fragt sich, weshalb Gott die Faulenzer überhaupt auf die Erde gelassen hat. Spätestens bei der Sintflut hätte er sie ja alle ertrinken lassen können. Das letzte Wort sei darüber allerdings noch nicht gesprochen. Gott bliebe immer noch genug Zeit, die Müßiggänger, da sie ja ein unnützes und vollständig überflüssiges Glied in der menschlichen Gesellschaft seien, von der Erde zu jagen. Der Müßiggänger, so die Kritik, verfügt zwar über Kräfte, er will sie aber nicht verausgaben. Das sei ihm zu anstrengend. Ihn interessiere vor allem die genussvolle Seite des Lebens. Er isst gern, er trinkt gern. Wenn er gegessen hat, legt er sich erstmal unter einen schattigen Baum und macht ein Nickerchen.

Die frühmittelalterliche Losung „bete und arbeite" erhält hier eine neue Gewichtung. Beten hat - wie wäre es im Christentum auch anders denkbar- nach wie vor einen sehr hohen Stellenwert. Es gibt aber auch Tendenzen in der Predigtliteratur, wonach die Arbeit dem Gebet zumindest gleichgestellt wird. Die Arbeit ist demnach eine zutiefst religiöse Angelegenheit und stellt das Los und die Bestimmung des Menschen auf Erden dar. In der Arbeit, so die Lesart, verwirkliche sich der Mensch sowohl materiell als auch spirituell. Mit Beten allein sei es nicht getan. Würde das Beten für die menschliche Glückseligkeit ausreichen, so hätte Gott den Menschen ja den Umweg über die Erde ersparen können. Aber nur durch Mühe, Plage und Arbeit öffne sich die Himmelstür. In einem Gebetstext für Tagelöhner und Knechte kommt dies drastisch zum Ausdruck: „Oh mein Gott, mein Gott, schenke mir doch Arbeit und Dienste allezeit! Oh mein Gott, mein Gott, was ist doch die Plage und Beschwerde hier auf Erden köstlich, da sie so große Seligkeit schafft. Oh Gott, ich erkenne deine Güte und ich bitte dich, erlöse mich von bösen Gesinnungen und von Unzufriedenheit mit dir, aber nicht von Arbeit, solange ich lebe auf Erden! Denn je arbeitsamer ich bin, je seliger werde ich sein!" (Betrachtungen und Gebete den Landleuten bei ihren Mühen und Arbeit zur Erleichterung und Freude des Herzens, Halle 1776) Mit Askeseübungen und Betorgien, wie sie vor allem bei den frühchristlichen Mönchen üblich waren (vgl. Kapitel 2), hatte man nichts mehr im Sinn. Stattdessen wird nun die Bedeutung der Vernunft für den Glauben betont.

Dass Arbeit ins Zentrum religiöser Betrachtung gerät, ist ein wichtiges Merkmal des Protestantismus. Arbeit ist demnach der Dreh- und Angelpunkt menschlicher Existenz. Aber auch im Katholizismus scheint sich im Laufe der Zeit eine ähnliche Sichtweise breitgemacht zu haben. So singt z. B. der bayrische Priester Johann Baptist Käfer ein gleichgestimmtes Lied der Arbeit: Auch hier wird die Arbeit in den Rang einer religiösen Übung erhoben. Ähnlich wie bei Luther wird hier gefordert, dass der Mensch nicht allein aus ökonomischen Zwängen arbeiten solle. Nicht der Gewinn steht demnach im Mittelpunkt der Arbeit, sondern der Gehorsam gegenüber Gott. Nur ihm, nicht den Menschen, müsse jeder einzelne Rechenschaft ablegen. „Wer nachlässig arbeitet, der dient auch Gott nachlässig, der wird von Gott einen schlechten oder gar keinen Lohn erhalten. Arbeitet geduldig; durch Ungeduld beleidigt ihr Gott, erschwert euch die Arbeit und ziehet euch viel mehr Strafe als Belohnung zu. Kommt euch die Arbeit schwer an, werdet ihr dabei recht müde; will sie euch nicht gelingen, so blicket zu Gott auf, der euch sieht; opfert ihm alle eure Schweißtropfen auf, denket an eure begangenen Sünden." So die Mahnung des katholischen Theologen Johann Baptist Käfer. (Käfer, S.45)

Die Arbeit wird hier unmittelbar ins religiöse System integriert. Religion und Ökonomie gehen eine Liaison ein. Eine solche Verbindung besteht nicht nur beim Protestantismus calvinistischer Prägung, sondern auch beim Luthertum und ebenso im Katholizismus. Immer gilt die Regel: Wer fleißig ist, dem wird es im Himmel vergolten. Die himmlische Buchführung nimmt dabei teilweise drastische Formen an: Engel sammeln die Schweißtropfen der Arbeitenden und bringen sie vor Gottes Thron. Und der bestimmt nach deren Menge den himmlischen Lohn. (Heim S.593) Der Fleiß und die Arbeitsamkeit der Menschen, so wird gewarnt, bringen allerdings auch die Gefahr, dass die Menschen, zumal wenn sie beruflichen Erfolg erringen, sich im irdischen Treiben verlieren und Gott vergessen. Überall - in der Werkstätten und den Kaufläden, auf den Äckern und auch in den Studierstuben wird zwar unablässig und emsig gearbeitet. Wenn bei alldem aber die Ausrichtung der Arbeit auf Gott verloren gehe, so sei all dieser irdische Fleiß nichts anderes als Müßiggang. Ja, es sei sogar die hässlichste und gröbste Form des Müßiggangs.

Religion und Ökonomie steuern hier bereits auf einen schweren Konflikt zu, der sich im Hochkapitalismus noch verschärfen sollte. Mit zunehmendem Wohlstand und Reichtum verblassen die kirchlichen Verheißungen auf die Freuden des himmlischen Lebens und werden in die irdischen Regionen verlegt. Der Tanz ums goldene Kalb nimmt an Tempo zu und zieht immer mehr Menschen in seinen Bann.

Faule Hunde und fleißige Ameisen

1687 veröffentlichte Isaac Newton sein Hauptwerk: „Die mathematischen Grundlagen der Naturphilosophie", wodurch das naturwissenschaftliche Weltbild der Neuzeit maßgeblich begründet wurde. Ohne Newton wären all die bahnbrechenden Erkenntnisse der Naturwissenschaften des 18. und 19. Jahrhunderts sowie deren praktische Umsetzung und Anwendung in der industriellen Revolution nicht denkbar gewesen. Diese Entwicklung ging an den christlichen Kirchen nicht spurlos vorüber. War ihnen doch durch die Naturwissenschaften eine Konkurrenz entstanden, die ihr religiöses Welterklärungsmonopol nachhaltig zu erschüttern drohte. Die Reaktionen der Kirche auf diese für sie bedrohliche Entwicklung gingen in zwei Richtungen.

Zum einen wurde offensiv die Religion gegen die Wissenschaften ausgespielt. Prononciert findet sich dieses Motiv, in den Polemiken gegen die „gelehrten Müßiggänger" (vgl. Kapitel 7), in denen die Überlegenheit des Glaubens gegenüber der Wissenschaft herausgestellt wird. Zum anderen gab es in den Predigten aber auch vereinzelt Tendenzen, die naturwissenschaftlichen Erkenntnisse aufzugreifen, um sie ins eigene christliche System einzubauen. Konkret drückt sich dies darin aus, dass seit dem 18. Jahrhundert die Kritik an

Faulheit und Müßiggang um ein weiteres Motiv angereichert wird: Sie widersprechen nun nicht allein der göttlichen Ordnung, sondern ebenfalls der natürlichen Bestimmung des Menschen. Die Natur, so die Argumentation, sei ein harmonisches Großes und Ganzes, in welchem alle Teile genau aufeinander abgestimmt sind und nach festen Gesetzmäßigkeiten ineinander greifen. Die Natur gleicht demnach einem riesigen Mechanismus bzw. einer Maschine. So eine damals verbreitete Metapher. Der Mensch muss also nicht allein die göttlichen Befehle befolgen, sondern er ist gehalten, sich den Gesetzen der Natur und dabei insbesondere seiner natürlichen Bestimmung zu unterwerfen. Warum, so fragen die Prediger, ignorieren denn die Faulenzer die Tatsache, dass alles im menschlichen Körper auf Bewegung ausgerichtet ist. So strömt das Blut fortwährend durch die Adern des menschlichen Körpers. Bereits bei kleinen Kindern sei ja, so die These, ein ausgeprägter Bewegungsdrang festzustellen. Kaum könnten sie ihre Glieder bewegen, strebten und webten sie in alle Richtungen. Und wenn man sie daran hindern wollte, so würde es ihnen bald fad und sie würden quengelig. Denn nichts sei den Kindern unerträglicher, als müßig zu sein und sich zu langweilen.

Bei all diesen Hymnen auf die natürlichen Anlagen des Menschen, auf seine gewaltigen körperlichen und geistigen Kräfte, stellt sich freilich die Frage, warum es dennoch so viele Faulenzer auf Erden gibt. Die Antwort ist simpel: Das liege daran, dass viele Menschen gar nicht wüssten, was ihnen die Natur an Anlagen mitgegeben habe, und deshalb machten sie nichts daraus. Dies gelte besonders für den Müßiggänger: All seine Körperkräfte, mit denen ihn die Natur so großzügig ausgestattet hat, schwänden und verkümmerten mit der Zeit und jede Bewegung koste größte Anstrengungen und werde schließlich zur Qual. Warum hat er denn nicht rechtzeitig die Disziplin aufgebracht, jeden Tag zumindest einen Spaziergang zu machen oder sich anderweitig zu bewegen? Warum hat er seinen Körper so sehr missachtet und vernachlässigt? Und warum hat er sich gegenüber der Natur so sehr versündigt? Schließlich sitzt er als unbeweglicher Fettkloß in der Ecke, ist zu nichts mehr zu gebrauchen und fällt seiner Familie zur Last. Denn seine Fettleibigkeit und der damit einhergehende Muskelschwund führten am Ende dazu, dass er kaum noch seiner Arbeit nachgehen könne. Eine regelmäßige Arbeit sei auch deshalb nicht möglich, weil er fortwährend kränkele oder ihn ein Zipperlein plage. Sein Leben, das sich nur noch zwischen Bett und Lehnstuhl abspielt, werde so eintönig und deprimierend wie bei dem russischen Romanhelden Oblomow. Und dies liege alles nur daran, dass der Müßiggänger sich weigere, nach seiner natürlichen Bestimmung zu leben. Nur weniges, so die Theologen, ähnele in der Natur dem Müßiggänger. Und dieses wenige sei nicht gerade vertrauenerweckend und appetitanregend. „Der Müssiggänger gleicht einem stinkenden Sumpfe, in welchem sich Kröten und andere hässliche Tiere aufhalten und an dessen Rande nichts als Brennnesseln und stechende Disteln wachsen. Jedermann flieht ihn." (A. Bernhard 1842, S. 145) Der wortgewaltige Prediger des Barock Abraham a Sancta Clara (vgl. Kapitel 3) holt zu einem Rundumschlag gegen alles Getier aus, das in irgendeiner Weise mit Aas, Morast, Fäulnis und anderer „faulen Materie" entstanden sein soll. Damit meint er vor allem Kröten, Mäuse und Frösche. Ob es vormals richtig gewesen sei, sie in die Arche Noahs aufzunehmen, möchte er stark anzweifeln. All diese Viecher, die Mücken, Flöhe und Käfer eingeschlossen, seien es nicht wert gewesen, so Abraham a Sancta Clara, vor der Sintflut gerettet zu werden, „Eben weil sie aus der Faulheit und von der Faulheit herstammen." Der arbeitsame Mensch dagegen gleiche einem frischen, hellen, stets rieselnden Bächlein, welches Segen um sich her verbreitet, und an dessen Ufer liebliches Grün und duftende Blumen wachsen. Jedermann eile hin und erfreue sich daran. Das fromme Fazit: Nur Tätigkeit ist Leben und nur derjenige lebt als Mensch, als ein mit Nachdenken begabtes Geschöpf, der immer auf eine pflichtmäßige Weise tätig ist. Untätigkeit ist demnach etwas Widernatürliches, weil ungebrauchte und gewaltsam zurückgehaltene Kräfte zur Last fallen müssten und den Menschen dann auf die eigenen Füße fielen. Komme es irgendwann zum Stillstand der Tätigkeit, so sei dies gleichbedeutend mit dem Tod. Faulheit, Nichtstun und Müßiggang, so wiederholen die Prediger immer wieder, widersprechen der menschlichen Natur und Bestimmung. Die Müßiggänger gehörten mithin gar nicht zur menschlichen Spezies. „Die Natur hätte sie nicht zu Menschen, sondern zu Dachsen und Schnecken, oder zu Hummeln und Schmetterlingen machen müssen, da sie doch entweder ihre Tage in einer müßigen Ruhe verträumten, oder in steten Zerstreuungen ihr Leben durchflatterten." (Krünitz , Bd. 99, 1805) Ob tatsächlich Dachse, Schnecken, Hummeln und Schmetterlinge dem Müßiggänger artverwandt sind, sei dahingestellt. Allerdings spielen Tiere immer wieder allegorisch im Faulheitsdiskurs der Kirche eine wichtige Rolle. Es gibt die faulen und die fleißigen Tiere. Der Faule im Tierreich, das ist der Hund, der immer müßig hinterm Ofen liegt und bekanntlich kaum durch irgendetwas hervorzulocken ist. „Fauler Hund!" wird in der Suchmaschine Google 43 000 Mal aufgelistet und mit dieser Metapher sind natürlich in erster Linie faule Menschen gemeint. Fortwährend liegt der Hund in der Ecke und döst müßig vor sich hin und nachts raubt er durch sein immerwährendes Gebell und Gekläffe den Menschen den Schlaf. Wozu hält man ihn eigentlich auf dem Hof, wenn er doch zu gar nichts nützlich ist? Die Katze liegt auch meist faul herum und schläft, aber wenn sie wach ist, fängt sie immerhin Mäuse und manchmal sogar eine Ratte.

Als Gegenbild zu Faulheit und Trägheit dreht es sich in den frommen Predigten immer wieder um drei Tiere, die den Fleiß und die Emsigkeit verkörpern: Die Biene, die Ameise und die Spinne. Allenthalben werden sie den nicht ganz so fleißigen Menschen als leuchtende Vorbilder entgegengehalten. (Sintenis 1804, S.214). Alles in der Natur, so heißt es immer wieder, sei geschäftig und tätig. Die Biene baut Waben und sammelt Honig für sich und die Menschen.

Zur moralischen Aufrüstung der müßigen Menschen werden von den frommen Gottesmännern gelegentlich absonderliche und grausliche Geschichten zum Besten gegeben: „Man erzählt von den Ameisen, dass, wenn sie eine Müßige unter sich sehen, sie dieselbe ohne Futter aus dem Neste schaffen, draußen in einen Kreis schließen, und ihr den Kopf abreißen zur Warnung für die kleineren, damit sie sich nicht auch dem Müßiggange ergeben. Das tun Tiere! Schamröte muss jedem über der Wange glühen, der nur ein einziges Mal müßig gewesen! Wie, wenn diese Ameisensitte auch bei uns eingeführt würde, wenn der Müßige keine Speise mehr bekäme, in einen Kreis geschlossen und seines Kopfes beraubt würde zur Warnung für die Jugend?" (Saffenreuter 1840, S.102) Hier schlägt ein Pfarrer mit seinen brutalen und sadistischen Fantasien gewaltig über die Stränge. Denn letztlich wird hier ja nichts weniger gefordert, als die Todesstrafe für Müßiggänger.

Der Dichter Paul Scheerbart (1863-1915) scheint diese bizarre Geschichte gekannt zu haben und hat sie parodistisch umgekehrt: Bei ihm geht es den fleißigen Ameisen an den Kragen. Diejenige, die in der letzten Woche am meisten gearbeitet hat, wird feierlich gebraten und vom Ameisenkollektiv gemeinsam verspeist. Durch dieses Ritual, so glaubten die Ameisen, gehe der Arbeitsfleiß der gebratenen Ameise auf die anderen über.

Irdisches und himmlisches Leben folgen im Diskurs der Pfarrer und Pastoren denselben Gesetzmäßigkeiten. Sowie im Universum die Sterne und Planeten einer genau geregelten Ordnung folgten, so müsse auch auf Erden, im menschlichen Leben und in der gesamten Natur, Ordnung herrschen. Die Naturgesetze drückten sich bekanntlich unmittelbar in den Jahreszeiten aus. Alles folge nach klar definierten Regeln. Die Erdanziehungskraft und die damit verbundenen Fallgesetze gelten immer und überall auf der Erde. All dies, so heißt es, ist von Gott ins Werk gesetzt worden. Er sei der große Lenker der Welt und ohne ihn habe nichts Bestand. „Wenn Gott der Herr eine Viertel-Stunde schliefe, schlummerte und müßig wäre, so müsste die ganze Welt übern Haufen fallen." (Schuppius 1684, S.377) Und auch die heiligen Engel seien ja nicht müßig und faul; sie seien die himmlischen Gehilfen und sorgten dafür, dass alles in Ordnung bleibe. Die ganze Schöpfung sei ein Bild des Fleißes. Überall sei Tätigkeit und Ordnung aufzufinden. „Die Sonne hält nicht nur ihren jährlichen Lauf durch die zwölf Himmelszeichen; sondern auch ihren täglichen, innerhalb 24 Stunden. Sie geht an einem Ende des Himmels auf und läuft um bis wieder an dasselbe Ende." (Zedlers Universallexikon. Leipzig und Halle 1739 22.Band, Spalte 664-671); Auch wenn man es hier mit der kopernikanischen Wende noch nicht so genau nimmt, so werden doch die Gesetze des Himmels als Argumente gegen die Müßiggänger wirkungsvoll ins Feld geführt.

Der Mensch, das wisse jeder, sei nicht zur Faulheit und zum Müßiggang, sondern zur Arbeit geboren. So wie im gesamten Universum, im Kleinen wie im Großen, beim kleinsten Insekt sowie bei der Sonne alles in Bewegung ist, so müsse sich auch der Mensch diesen Gesetzen unterwerfen. Und wenn er sich dem Müßiggang hingebe, also nicht so funktioniere, wie es von der Natur vorgeschrieben sei, dann verhalte er sich als Störfaktor im großen Ganzen. Er gleicht dann einem Rädchen in der großen Fabrikhalle des Universums, das fehlerhaft ist. Damit bringe er zwar noch nicht das Universum zum Einsturz, verursache jedoch Betriebsstörungen, die von anderen, die fleißiger sind als er, wieder ausgeglichen werden müssten. Der Müßiggänger, so die Kritik, sei ein Schandfleck im Universum und die Natur sei darüber beschämt und verachte ihn. Alles was erschaffen wurde, fülle seinen Platz besser aus als der unnütze Müßiggänger. Er sei, so die Schlussfolgerung, ein unwürdiges Glied in der Kette der Schöpfung und deshalb verdiene er nicht das Licht der Sonne, und er sei des Raumes nicht wert, welchen sein träger Leichnam ausfüllt.

Die Krankheit des Müßiggangs

Reglos sitzt ein Mann in seinem Zimmer und brütet still vor sich hin. Und je länger er so sitzt und brütet, desto mehr schwinden ihm seine Kräfte; seine Muskeln erschlaffen und jede Bewegung wird ihm bald zu viel. Er wird „schwerfällig, sein Körper ungelenk und untauglich zu jedem Geschäfte, bis er hinfällt, vermodert und morsch wird wie eine unbenutzte Maschine." (Arrezo 1851, S.15) Bei all dem vernachlässigt er seine Pflichten und noch die kleinste Tätigkeit ist ihm zuwider und eine Last.

Der russische Romancier Gontscharow hat diesen untätigen und trägen Menschentyp in seinem Roman „Oblomow" verewigt. Und Lenin hatte diese Art von Schlendrian, Lethargie, und Passivität als kollektives Merkmal des russischen Volkes insgesamt angeprangert und der „Oblomowerei" entschieden den Kampf angesagt. Der träge Oblomow wurde in der Sowjetunion deshalb durch den Musterarbeiter Stachanow ersetzt.

„Der Müßiggänger ist ein von einer Krankheit angefallener Mensch: Was ihm seine Kräfte wieder herstellen sollte, vernichtet sie; die Ergötzlichkeiten sind ihm ekelhaft; die Beschäftigung drückt ihn nieder; die Einsamkeit missfällt ihm; die Welt ist ihm zur Last; die Übung ermüdet ihn; die Untätigkeit verzehrt ihn; die Arbeiten erschöpfen ihn; keine Lage, keinen Stillstand gibt es für seine Qual; selbst die nächtliche Ruhe ist nur die Ruhe eines unruhigen Kranken, und sogar der Schlaf ist eine Ermüdung." (Cambaceres 1785 S.54). Was hier drastisch beschrieben wird, das sind offenbar die Symptome eines schwer depressiven Menschen. Er verharrt wie Oblomow in seinem Zimmer und jede Störung bedeutet für ihn eine schwere Bedrohung. Oblomow gerät außer sich, als sein Freund Stolz (ein Deutscher) hereinschneit und als erstes die Fenster aufreißt, um frische Luft hereinzulassen. Und als sein Diener Sachar dezent daran erinnert, dass der Hausbesitzer die Wohnung gekündigt habe und man umziehen müsse, empfindet Oblomow dies als unverschämte Zumutung.

Müßiggang kann Ursache und Folge seelischer Erkrankungen gleichermaßen sein. Sie verstärken sich wechselseitig. Müßiggang und Faulheit gehen im Diskurs der frommen Prediger mit unmoralischem Verhalten Hand in Hand. Müßiggang wird u. a. beschrieben als ein Zustand, in welchem sich die körperlichen und geistigen Kräfte aufgelöst haben. Der Faule wird unfähig zu allem Guten. Es setzt die „Versumpfung der Seele" ein. Alle guten menschlichen Eigenschaften verfallen dieser Fäulnis und was faul ist, riecht übel und wird schließlich weggeworfen. (Saffenreuter, 1840, S.103) Der Nichtstuer verrottet, so eine drastische Formulierung, im „Schweißtuch einer unmännlichen Faulheit" (Predigten für Hausväter und Hausmütter, Band 1 Leipzig 1775)

Das absolute Nichtstun, so wird gewarnt, habe schwere Folgen. Der menschliche Organismus gleicht demnach Mühlsteinen. Solange in das Mühlwerk Korn oder Weizen geschüttet wird, dreht und mahlt es sich problem- und fehlerlos. Hat das Mühlwerk aber nichts zu mahlen, so reiben sich die Steine aneinander. Sie schlagen Funken und schließlich gibt es Feuer. Und so verhalte es sich auch beim Müßiggänger. Da er nichts zu tun habe, verzehre er sich bald selbst. Ganz ohne Arbeit sitzt der Müßiggänger verdrossen in seiner Stube und kränkelt beständig. Er hat keinen Appetit und bringt die Nächte schlaflos zu. (Dürrschedel, S.135) Eigenartig!. Der französische Philosoph Blaise Pascal (1623-1662) vertrat genau das Gegenteil. Für ihn rührt das ganze Unglück des Menschen daher „dass er sich nicht ruhig in seinem Zimmer zu halten weiß." Allerdings hatte Pascal mit seiner Kritik wohl weniger den depressiven Stubenhocker als vielmehr den umtriebigen geschäftigen Müßiggänger im Sinn.

Faulheit und Müßiggang kommen hier in ihrer trübsinnigsten Form daher. Es geht ums Eingemachte, da die Krankheit des Müßiggangs den Menschen unmittelbar und direkt trifft und sein Leben verdüstert. Es dreht sich hier alles um die physische und psychische Existenz des Müßigen. Während der wollüstige Müßiggänger es sich bei seinen Ausschweifungen wohl sein lässt, leidet der kranke Müßiggänger an seinem

Zustand elementar. Woran bemisst sich nun die Krankheit des Müßiggängers? Er mag sich, so wird gesagt, nicht auf die Prinzipien eines geregelten Lebens einlassen. Er lehnt alles ab, was ihm eine geordnete Lebensführung an Pflichten und Vorschriften auferlegen könnte.

Bislang wurde der Müßiggänger als jemand betrachtet, der sich göttlichen Geboten widersetzt und sich deshalb schuldig macht. Diese Sichtweise wird seit dem 18. Jahrhundert durch eine neue Facette ergänzt. Der Müßiggänger ist nun nicht mehr allein sündiger Täter, sondern auch Opfer. Er ist von einer Krankheit ergriffen worden, von der er geheilt werden muss. Prononciert hat diese Sicht u.a. der Aufklärungstheologe Carl Friedrich Bahrdt (1741-1792) vertreten: „Der Faule ist ein wirklich Kranker, dessen Verdorbenheit darinnen besteht, dass er einen Ekel empfindet vor jeder Beschäftigung, die entweder Anstrengung oder Kraft erfordert oder in Absicht auf Art, Zeit und Reihe an gewisse Regeln gebunden ist, die ihm Zwang auferlegen."(Bahrdt 1797, S.345 .) Dieser Lesart zufolge ist Faulheit ein psychisches Gebrechen und es sei völlig fehl am Platze, wenn Prediger und Moralisten die Keule schwingen und Faulheit als eine Sünde oder ein Laster bezeichneten. Dem Faulen, der ja krank ist, werde mit solchen Vorwürfen überhaupt nicht geholfen. Er werde dadurch, so würde man neudeutsch sagen, gesellschaftlich ausgegrenzt, wie es in der frühen Neuzeit gang und gäbe war. Man hat damals jene, die nicht gearbeitet haben, kurzerhand zu Parasiten erklärt (wenn sie nicht zu den Privilegierten zählten). Man hat sie außer Landes getrieben oder in Zucht- und Arbeitshäuser interniert. Oder aber sie wurden als Diebe und Vagabunden kurzerhand aufgehängt. (vgl. Kapitel 5) All dies waren Praktiken, die in einer aufgeklärten Gesellschaft keinen Platz mehr haben sollten. Für Bahrdt entsteht die Faulheit aus „der Schwäche und Verdorbenheit der Geisteskräfte". Auf jeden Fall, so seine These, könne man Faulenzer eher zum Arbeiten bringen, wenn man sie nicht als Bösewichte und Sünder, sondern als Kranke behandle. „Und ich wünsche dass alle Sittenlehrer mir künftig folgen, und mehr als freundliche und mitleidige Ärzte, erscheinen mögen, statt als donnernde Gesetzprediger aufzutreten und die menschlichen Herzen von sich zu verscheuchen." (Bahrdt, 1797, S. 309) Hier ist von Sünde und der Übertretung göttlicher Gebote nicht mehr die Rede. Es geht darum, dass der Faule sich selber schadet. Müßiggang kann krank machen. Soviel steht fest. Aber ihre Auswirkungen sind unterschiedlich. Der bourgeoise Nichtstuer ist zwar einerseits privilegiert; eben weil er nicht arbeiten muss. Aber einen Preis hierfür müsse er doch zahlen. Denn sein müßiger Lebenswandel hinterlasse Spuren und er kränkele allenthalben. Dagegen kann sich der Normal-Sterbliche damit trösten, dass sein karger Lebenszuschnitt ihn zumindest gesund hält.

Die Pfarrer und Pastoren sind sich einig, dass die Landbevölkerung gesünder als der Städter lebt. Von all den Zivilisationskrankheiten des überzüchteten Stadtbewohners, von den Gebresten, die durch Müßiggang und eine unnatürliche Lebensweise entstünden, habe der Landmann noch nicht einmal den Namen gehört. Der Müßiggang, so das Fazit, sei der Schlüssel zu allen nur denkbaren Krankheiten; er zersetze den menschlichen Körper gleichermaßen wie den Geist. „Gehet hin in die Spitäler und Krankenhäuser! Die abscheulichsten Krankheiten, Menschen werdet ihr finden, die bei lebendigem Leibe schon halb verfault sind. Sie verfluchen ihre Ausschweifungen, rufen nach Hilfe, aber sie sehen keine; ihr modernder Geruch lässt niemanden in ihre Nähe, und so verwesen sie denn, sich selbst zum ekelhaftesten Gegenstande geworden, noch ehe sie im Grabe die Verwesung finden. Und fragen wir nach der Ursache dieser furchtbaren Krankheit? Der Müßiggang!" (Saffenreuter 1840, 102f.)

Der faule Mensch gleiche einer kaputten Maschine. Werden ihre Kräfte nicht angewandt und nicht angestrengt, so verrotteten und verrosteten sie. Denn das sei sicher: Wie jede Maschine, jedes Werkzeug, wenn es nicht gebraucht werde, unbrauchbar wird, so sei es auch mit dem menschlichen Körper. Er sei die kunstvollste Maschine, deren ganze Existenz auf gleichmäßiger Tätigkeit aller seiner Teile beruhe.

Fehle die Tätigkeit, so trete sogleich eine Störung ein und diese weite sich zu einer Krankheit aus, die schließlich zum Tod führe. (Lampert 1863 S.288) Wo keine Übung sei, da herrsche Rückgang und so könne man mit Recht den Müßiggang als die Schwindsucht des Lebens bezeichnen.

Das Gleichnis vom Schlüssel darf hier nicht fehlen: Je mehr ein Schlüssel gebraucht wird, desto mehr glänzt er, und dies bedeutet, dass der Mensch je mehr er arbeitet und den Müßiggang meidet, desto geschickter wird. Je mehr er aktiv und tätig ist, desto mehr an Fertigkeiten erwirbt er, ganz nach dem volkstümlichen Motto „Übung macht den Meister." Und ebenso wie der nicht gebrauchte Schlüssel in der Ecke herumliegt und rostet, so rosteten auch die menschlichen Kräfte und Fähigkeiten, wenn sie nicht gebraucht würden.

Der Müßiggang untergrabe, so wurde gepredigt, nicht allein die Gesundheit des einzelnen Menschen, sondern er schade auch den Mitmenschen, weil er ansteckend sei und seinen unheilvollen Samen ausstreue. Der Müßiggänger sei mithin ein faules Glied der Gesellschaft. Man könne dies auch daran sehen, dass es in manchen Ortschaften eine Konzentration von Müßiggängern gebe. Erst waren es nur einige wenige, die dann aber im Laufe der Zeit ihre Mitmenschen mit dem Virus des Müßiggangs angesteckt hätten. Die Trägheit und mit ihr die anderen Todsünden seien Gifte, welche die Menschen infizierten und zersetzten. Es sei mithin die „Trägheit der feindliche Hinterhalt, in welchem unsere Laster auf der Lauer liegen"; sie sei das Lager des Satans, welches er mitten unter uns aufschlägt. Die faulenden Säfte des Körpers steckten die gesunden Teile an, sie verursachten viele Schmerzen, Krankheiten und den Tod. Stehende Gewässer, so wird weiter gewarnt, seien nicht nur die Herberge, sondern auch der Geburtsort giftigen Ungeziefers. „Sie können dann schicklich mit einem stillstehenden Wasser verglichen werden, das bald in Fäulnis übergeht, und einen widrigen Gestank von sich gibt; daher mag wohl das Sprichwort: ‚Der Mensch stinkt von Faulheit' herrühren." (Elsner 1844, S.171) Denn wie ein

Wasser, das keine Bewegung hat, in kurzer Zeit faulend werde, so werde der Körper eines Menschen, der in beständiger Untätigkeit lebt, bald kränklich und schwach. „Was nützt aber solch ein Müßiggänger auf der Welt? Er ist sich und anderen zur Last. Er gleicht einem verdorrten Baume, der keine guten Früchte bringt." (Michl, S. 272)

Ob ein Mensch gesund oder krank ist, hängt, so wird betont, davon ab, wie er seinen Alltag verbringt. Wenn er träge und faul sei, so sei dies das Einfallstor für allerhand unangenehme Krankheiten. Der untätige Körper modere und faule allmählich ab; seine Säfte werden wie das Wasser in einer stehenden Pfütze ohne Bewegung schwer und unrein und verbreiteten mit ihrem trägen Kreislauf in dem Leibe den Samen kränkelnder Schwäche und mühevoller Gebrechen. Dies werde unmittelbar sichtbar, wenn man einen arbeitsamen Menschen neben einen Müßiggänger stelle. Der Arbeitsame strahle Kraft und Stärke aus, während der Müßiggänger bleich, siech und verkümmert neben ihm stehe. Der Arbeitsame gliche einer kräftigen Eiche, während der Müßiggänger nichts anderes als ein „ausgedorrtes Moosrohr" sei. Aber nicht allein der Körper leide und zerfalle. Auch der Geist schlafe sich in die Vorstufen der Demenz hinein. Da er nicht gefordert werde, schrumpften auch die Denkfähigkeiten des Müßigen. Und je weniger er gefordert werde, desto weniger vermöge er und zerfalle bei lebendigem Leibe.

Faule Verelendung

Wer arm ist, der ist selbst dran schuld und meist ein Faulpelz. So lautet auch heute noch ein weit verbreitetes Klischee. Dementsprechend werden heute die arbeitsmarktpolitischen Hebel beim Arbeitslosen angesetzt. Es gilt die Devise des „Förderns und Forderns." In der Realität konzentrieren sich die Maßnahmen der Arbeitsämter jedoch auf das Fordern und hierzu gibt es absonderliche Vorschläge. In einem am 14. Juni 2006 veröffentlichten Interview mit der Bild-Zeitung forderte der arbeitsmarkpolitische Sprecher der Unionsfraktion Stefan

Müller (CSU) die Einführung eines Arbeitsdienstes für HartzIV-Empfänger. Danach sollten sich alle arbeitsfähigen Langzeitarbeitslosen jeden Morgen bei einer Behörde zum ‚Gemeinschaftsdienst' melden und dort zu regelmäßiger, gemeinnütziger Arbeit eingeteilt werden- acht Stunden pro Tag, von Montag bis Freitag. Wer sich dem verweigere und nicht erscheine, müsse mit empfindlichen finanziellen Einbußen rechnen (vgl. Der Spiegel 14.06.2006)

In einem anderen Fall hatte das Jobcenter Brandenburg 18 ältere Langzeitarbeitslose mit sog. Pedometern ausgestattet. Diese Zählgeräte sollten 40 Tage lang jeden Schritt der Betroffenen aufzeichnen und die Arbeitslosen so zu mehr Bewegung animieren. Wer innerhalb von 40 Tagen am meisten Schritte gemacht hat, sollte einen Preis bekommen. Dies ist kein Aprilscherz und auch nicht nur die verschrobene Marotte irgendwelcher Provinzbürokraten, sondern wurde von dem Vorstandsmitglied der Bundesagentur für Arbeit Heinrich Alt ausdrücklich als geeignetes Mittel begrüßt, um Arbeitslose auf Trab zu bringen. (Spiegel 9.12.2012) All diese teils demütigenden Maßnahmen zielen darauf ab, die Schuld den Arbeitslosen an ihrer Situation zuzuschieben.

„Jeder ist seines Glückes Schmied." Dieses Klischee stand im Mittelalter noch nicht auf der Tagesordnung. Zu sehr hing der materielle Wohlstand von äußeren Bedingungen ab, von Missernten, Seuchen, Kriegen und Feuersbrünsten. Zudem war im mittelalterlichen Christentum noch die Vorstellung von der Allmacht Gottes unangefochten. Nur er bestimmte über das Wohl und Wehe des Menschen.

Diese Sicht wandelt sich mit der Entstehung der bürgerlichen Gesellschaft in der Neuzeit. Der Einzelne ist nun für seine Lage selbst verantwortlich, und wenn er arm ist, so liegt das an seinem eigenen Fehlverhalten. So die simple Interpretation gesellschaftlicher Armut. Faulpelze hat es natürlich schon immer gegeben, dies erklärt aber nicht, dass seit Beginn der Neuzeit weite Bevölkerungsschichten verelendeten. Ursachen hierfür waren massive ökonomische und soziale Verwerfungen seit dem 16. Jahrhundert und schließlich die grauenhaften Folgen des Dreißigjährigen Krieges.

Ein weiterer Schub der Verelendung vollzog sich mit der Industrialisierung im 19. Jahrhundert. Dies hatte verschiedene Ausdrucksformen: Zum einen veralteten viele traditionelle handwerkliche Qualifikationen und wurden durch Maschinen ersetzt. Die Folge war, dass ganze Berufsgruppen wegbrachen. Der landwirtschaftliche Sektor wurde großenteils durch die Industrie verdrängt. Die Folge war, dass immer mehr Menschen auf der Suche nach einer Arbeit vom Land in die Städte strömten und dadurch ein Elend durch ein neues Elend ersetzt wurde. Denn auch in den Städten ging es ihnen nicht besser. Meist wurden sie so schlecht bezahlt, dass sie auf engstem Raum in erbärmlichen Mietskasernen hausen mussten. Und wenn sie in den überbordenden Städten überhaupt keine Arbeit fanden, vegetierten sie als Bettler dahin.

Betteln war nun nicht mehr das Problem einzelner gestrandeter Menschen, sondern eine gesellschaftliche Massenerscheinung. Die Bettler stellten eine eigene gesellschaftliche Schicht dar, die das städtische Bürgertum empfindlich störte. Bettel und Armut waren das krasse Gegenbild zur neuen auf Ordnung und Fleiß beruhenden bürgerlichen Gesellschaftsordnung. Die Methoden, dieses Problem zu beseitigen, beruhten damals mehr noch als heute auf Repressionsmaßnahmen. (vgl. Kapitel 5) In den Predigten der Pfarrer und Pastoren werden Armut und Bettel als Ausdruck mangelnder Arbeitsmoral dargestellt. Dort wo „sorglos und untätig die Hände ruhten", mache sich Armut und Not breit. Augenfällig könne man dies beim Acker des Müßigen feststellen. Dort wüchsen allerorten nur Disteln und Dornen. Kein Wunder wenn ein ganzes Hauswesen zerfalle. Kein Wunder, da ja der Vater ganze Stunden, ja ganze Tage im Lehnstuhl verschläft. Wenn er überhaupt einmal arbeitet, so geschehe dies nur saumselig und mit Murren. Hat er tatsächlich einmal etwas gearbeitet, so hört er damit nach kürzester Zeit wieder auf und schlurft ins Gasthaus, um dort umso eifriger Karten zu spielen und Bier zu trinken. Von seinem Arbeitsverdienst bleibt so für den

Hausstand nicht mehr viel übrig. Alles wird vertrunken. Seine Frau und seine Kinder sind darüber todtraurig. Im ganzen Haushalt herrsche Mangel und Elend. Die Kleidung sei löchrig, die Ernährung mache eher noch hungriger und der ganze Hausrat sei defekt und unbrauchbar. So klingt die deprimierende Geschichte über den Zerfall eines Hauswesens. Gelegentlich sind die Prediger ausgesprochen ungehalten. Warum können sich denn die Armen nicht aufraffen und einer regelmäßigen Arbeit nachgehen? Mit Müßiggang und Faulheit kommen sie nie aus ihrem Elend heraus. Warum haben sie auch nichts Ordentliches gelernt? So kann sie keiner gebrauchen.

Die Pfarrer und Pastoren holen weit aus und malen ein trostloses Bild an die Kirchenwand. Es geht ihnen um die grauenvolle Vorstellung von einer Gesellschaft, in welcher sich alle Menschen dem Müßiggang hingeben und die Arbeit ruhen lassen. Man stelle sich ein Gemeinwesen von Menschen vor, die alle keinen Beruf erlernt haben! Man stelle sich vor Augen, wie es uns gehen würde, wenn alle Menschen Müßiggänger wären. Wer würde denn sein Brot essen können, wenn niemand das Getreide ernten wollte? Und wer würde es ernten können, wenn es niemand angebaut hat?

Es hockten dann, so die düstere Vision, nur beschäftigungslose Menschen herum, die zu gar nichts nützlich seien. Keiner hilft dem anderen. Nicht etwa weil er boshaft oder egoistisch sei, sondern schlicht weil er gar nichts gelernt habe. Nirgendwo auf der Welt gäbe es dann Bauern, keine Handwerker, keine Kaufleute, keine Beamten und auch keine Priester. Das Ganze steigert sich in den Predigten zu geradezu apokalyptischen Ausmaßen. Ohne Arbeit löse sich die gesamte Weltordnung auf und alles stürzte ins Chaos. „Die ganze Erde würde eine Wüste, und Hunger, Krankheit, Tod; alle Laster wären der Menschen Erbteil." (Brendl 1866, S.213) Die Arbeit ist hier der Kitt, mit dem die Gesellschaft zusammengehalten wird. In dieser Argumentation steht nicht Gott im Vordergrund, der alles richtet. Die Menschen sind es hier selbst, welche die gesellschaftliche Ordnung herstellen müssen - und dies kann ihnen nur durch ihre Arbeit gelingen. In diesem Projekt, so die Konsequenz, ist der Müßiggänger ein Störfaktor. Und dies in doppelter Hinsicht: Er trägt nichts zum gesellschaftlichen Wohlstand bei und muss sich obendrein von der Gemeinschaft aushalten lassen. Oder aber er verlegt sich aufs Betteln. Eine ganz fragwürdige Lösung, weil er damit für seine Kinder ein schlechtes Beispiel gebe. Da diese von ihren Eltern nicht an Arbeit gewöhnt würden, verfielen sie ebenfalls auf die Bettelei und lernten keinen richtigen Beruf, mit dem sie ihr Brot verdienen könnten.

Die Bettelei sei insofern eine Pflanzschule der Diebe. „Junge Bettler alte Diebe" sei ein ebenso wahres Wort wie „Junge Müßiggänger, alte Bettler". Man solle den Bettlern aber bloß keine Almosen geben, weil sich die Bettelplage so immer mehr ausbreiten werde. Gelegentlich wird von den Pfarrern und Pastoren aber doch unterschieden zwischen müßiggängerischen Bettlern einerseits, und solchen, die trotz Arbeit arm sind. Die trotz ihres Fleißes nicht genug verdienen, um davon leben und ihre Familie unterhalten zu können. Der Müßiggang stelle eine permanente Bedrohung der gesamten Gesellschaft dar. Die unzähligen Erlasse, Edikte und Verbote gegen den bettelnden Müßiggang (vgl. Kap.5) dokumentieren eindrucksvoll, dass es sich hierbei um ein zentrales gesellschaftspolitisches Problemfeld handelte. Der Müßiggang hänge wie eine unheilvolle Dunstglocke über der Gesellschaft. „Nehmen wir den Müßiggang hinweg, und der Staat erspart Hunderttausende; nehmen wir den Müßiggang hinweg, und viele unserer Straf- und Arbeitshäuser werden leer stehen; nehmen wir den Müßiggang hinweg, und viele Laster werden aussterben: die Wälder werden nicht mehr unsicher, die Straßen nicht mehr gefährdet sein. Nehmen wir den Müßiggang hinweg, und man wird von so vielen Diebstählen und Räubereien nichts mehr hören; nehmen wir den Müßiggang hinweg, und Raufereien und Schlägereien werden unterbleiben" (Wiser 1858, S.388) Jedes Individuum in einer Gesellschaft ist demnach Glied einer Kette. Und diese Kette bricht bekanntlich immer an ihrer schwächsten Stelle: Beim Müßiggänger.

„Ein Mensch, der seine Pflichten nicht liebt, ist in der bürgerlichen Ordnung eine Kraft, welche die Kette zerbricht, ein Gewicht, welches das Gleichgewicht aufhebt, ein von der Masse losgerissener Stein, welcher mit Getöse fällt und herabrollt, und durch seinen Fall der öffentlichen Straße ein Hindernis wird." (Cambaceres, 1785)

Kapitel 7: Das Panoptikum der Faulpelze und Müßiggänger

Träges Gesinde

Als Tugendbeispiele fleißiger, gehorsamer und frommer Dienstboten und als Vorbilder für das Gesinde werden von den christlichen Moralpredigern immer wieder die heilige Zita und der heilige Isidor genannt. Zita wurde um 1212 in Italien als Tochter einer armen Landarbeiterfamilie geboren. Mit 12 Jahren wurde sie als Dienstmagd in das vornehme Haus der Familie Fatinelli in Lucca gegeben.

Ihre Tugend und ihr Lebenswandel ließen sich kaum übertreffen und beeindruckten auch ihre Herrschaften. Zita redete kaum und arbeitete von früh bis spät ohne Unterlass. Sie stand morgens sehr zeitig auf und begann ihren Tag mit einem inbrünstigen Gebet und sie versäumte auch nie die heilige Messe. Danach machte sie sich emsig an die Arbeit und führte einzelne Verrichtungen bereits aus, bevor ihr die Herrschaft überhaupt erst einen Befehl hierzu erteilt hatte. „Müßiggang" war für sie ein Wort aus fremder Welt. Nicht einmal eine Viertelstunde hat man sie je müßig gesehen.

Im Unterschied zu vielen Dienstmägden sei sie bei der Arbeit stets ausgesprochen fröhlich und guter Dinge gewesen; nie habe man sie verdrießlich oder eigensinnig gesehen. Was ihr von ihrer Herrschaft aufgetragen worden war, führte sie ohne Widerrede und bereitwillig aus, auch dann, wenn es mit schwersten Anstrengungen verbunden war. Und am Feierabend zog sie sich in ihre kleine und kärgliche Kammer zurück, um dort mit Inbrunst und unter frommen Tränen ihre Gebete zu verrichten. Mit 60 Jahren entschlief die fromme und arbeitsame Zita, die später vom Papst heiliggesprochen wurde und seitdem die Schutzheilige der Dienstmägde und Hausangestellten ist. Das Beispiel der heiligen Zita zeige, dass Meisterleistungen der Tugend und Frömmigkeit nicht nur in den Einöden der ägyptischen Wüste und in Klöstern, sondern auch im alltäglichen Leben erbracht werden könnten.

Dies gilt ebenso für den heiligen Isidor (1070-1130). Isidor verdingte sich als Jüngling auf dem Gut eines Barons als Knecht. Durch seinen Fleiß brachte er das heruntergewirtschaftete Gut bald wieder zur Blüte. Als Dank hierfür beförderte der Baron Isidor zum Oberknecht. Die anderen Knechte wurden darüber neidisch und versuchten, ihn anzuschwärzen. Er laufe zu viel zum Beten in die Kirche und vernachlässige darüber seine Arbeit. Der Baron ging der Sache nach, und als er auf das Feld kam, sah er zwei Engel, die den Acker pflügten.

In dem „Gebet eines Dienstboten" ist zu lesen: „Ich will meine Standespflichten immer genau erfüllen, die Beschwerden ohne Murren, Fluchen und Schmähen geduldig tragen, mich vor allem Bösen hüten; alle Untreue, Faulheit, Neid Ungehorsam, Plauderei, Lügen, Unzucht und alles was hierzu verleiten kann, weil es dir, heiliger Gott, missfällig ist, sorgfältig meiden".(Tugendbeispiele S.23f.) Das Gebet endet: „Jeder Schweißtropfen, jede Arbeit, jedes erduldete Schmähwort, jedes geduldige Leiden hilft mir ja den Himmel zu erwerben. Gott gib mir deine Gnade. Amen." (S.24)

Bereits 1564 hatte der evangelische Pfarrer Peter Glaser aus Dresden eine Schrift mit dem Titel „Gesindeteufel" verfasst, in der er „die Unsitten, die Faulheit, die Mutwilligkeit und die Halsstarrigkeiten" des Gesindes anprangerte. Warum sind denn nur die Knechte und Mägde heute wieder so schläfrig, verdrossen und faul? Sie laufen ja wieder so tranig umher, als wollten sie vor Faulheit umfallen. Sie lassen im Haus und Hof alles gehen, wie es will. Das Vieh steht ungefüttert im Stall und im Keller läuft der Wein aus. Die Hunde und Katzen fressen das Fleisch aus den Töpfen und im ganzen Haus geht es abenteuerlich zu. Wenn man dem Gesinde erlaube, in die Kirche zu gehen, so liefen sie auf direktem Wege ins Wirtshaus. Und wenn sie tatsächlich einmal in die Kirche hinein fänden, so säßen sie dort und schliefen. Es sei unglaublich, wie verdreckt sie herumliefen. So „als seien sie dem Teufel aus dem Hintern gefallen."(S.80) Und obendrein seien sie roh und frech. Solches Gesinde solle man zum Teufel jagen!

In den Predigten der Pfarrer und Pastoren des 18. und 19. Jahrhunderts wird gelegentlich der Eindruck erweckt, als seien die faulen Dienstboten die wirklichen Herren im Haus gewesen. Als müssten die Herrschaften nach ihrer Pfeife tanzen. Dies mag im Einzelfall sicherlich einmal vorgekommen sein, die Alltagsrealität sah aber offensichtlich anders aus. In den Gesindeordnungen der damaligen Zeit ist klar und deutlich festgelegt, wer das Sagen hat: So ist geregelt, dass sich die Domestiken den Anordnungen der Herrschaft ohne Widerrede unterwerfen müssen. „Die Befehle der Herrschaft und ihre Verweise muss das Gesinde mit Ehrerbietung und Bescheidenheit annehmen." (Herzogliche Gesindeordnung von 1803 Coburg, § 69) Die Domestiken sind darüber hinaus generell verpflichtet „der Herrschaft Bestes zu befördern, Schaden und Nachteil abzuwenden." Sie sind strikt ans Haus gebunden. Entfernen sie sich dennoch, so wird dies beim ersten Mal mit einem, beim zweiten Mal mit acht Tagen Gefängnis bestraft. (§ 68). Auch „Grobheit, Halsstarrigkeit und Widersetzlichkeit" werden mit Gefängnisstrafen „und nach Befinden mit Peitschenhieben" geahndet.

Aber nicht nur die Dienstboten können schlecht sein, es gibt auch ungerechte, knauserige und böse Herrschaften. Solche Geizknochen, die dem Dienstboten den versprochenen Lohn vorenthalten. All dies sei aber kein Grund zur Klage. „Geschieht dir das, mein lieber Dienstbote, so verzage nicht. Wenn du deine Dienste getreu und Gott zur Liebe verrichtest, so wird dir Gott der Herr einstens sehr reichlich lohnen; er erkennt deine Dienste und er wird dir überflüssigen Lohn dafür geben." (Tugendbeispiele S.21) Die Aufteilung der Gesellschaft in Herren und Dienstboten, sagen die Pfarrer, sei ein göttliches Gesetz, an dem man nicht rütteln dürfe.

Dass Dienstleute, Mägde und Knechte schlecht behandelt, schikaniert und drangsaliert wurden, scheint gang und gäbe gewesen zu sein. Dessen ungeachtet - so wird gepredigt - sollen die Untergebenen sich nicht davon abhalten lassen, gewissenhaft und ordentlich ihren Dienst und ihre Pflichten zu erfüllen. Ja, man kann dem sogar positive Seiten abgewinnen. Denn je mehr die Dienstboten und das Gesinde von ihren Herren zu ertragen hätten, desto besser. Denn alle Leiden würden ja im Jenseits von Gott aufgewogen und belohnt. Die geschundenen Dienstleute seien insofern „die allerglückseligsten, denn die Drangsale treiben sie zu Gott." (Fraydt 1770, S.320) Dem Knecht halten die Prediger als positives Beispiel den Esel vor Augen. Auch der müsse ja ohne Unterlass die höchsten Anstrengungen auf sich nehmen und bleibe trotz alledem ein Ausbund an Geduld. Daher die Regel: „Einem Esel gebührt Futter, ein Stecken und seine Last, einem Knecht gebührt Speise, Züchtigung und seine Arbeit." (Fraydt S.320) Aber nicht nur der Esel, sondern auch der Hund muss als Vorbild für das Dienstpersonal herhalten. Es hatte einmal ein Hund irgendeine Unartigkeit begangen, und da er wusste, dass er dafür bestraft werden würde, hatte er in vorauseilendem Gehorsam seinem Herrn die Peitsche im Maul herbeigebracht, mit der er dann halbtot geprügelt wurde. Auch hier also wieder Beispiele aus dem Tierreich. Diesmal aber nicht als Vorbilder des Fleißes wie die Ameise oder Biene, sondern der Hund als Ausbund der Unterwürfigkeit und Leidensfähigkeit. So wie der Hund und der Esel, so solle auch der Knecht Schläge und Strapazen auf sich nehmen. Dies solle aber nicht als schlimmes Schicksal, sondern als Wohltat gesehen werden, die mit asketischer Wonne ertragen werden soll. „So seid ihr denn, liebe Dienstboten, glückselig, weil ihr eine langwährende Marter habt." (Fraydt, S.320)

In all den Predigten und Tiraden gegen das Gesinde und die Dienstleute geht es darum, die Disziplin und Arbeitsmoral zu heben und den Hang zum Müßiggang einzudämmen. Sie sollen ihre Arbeit klaglos und willig akzeptieren, auch wenn es für sie oft mit saurer Mühsal verbunden sei. „Lob sei dir Gott, dass ich mich plagen kann in saurer Arbeit auf Erden." heißt es in einem Gebet, das von den Kirchenleuten speziell für die Domestiken angefertigt worden war. Im Alten Testament wurde die Arbeitsplage ja bekanntlich als Strafe für den paradiesischen Sündenfall verordnet. Dies wird hier jedoch in geradezu masochistischer Manier auf den Kopf gestellt. Die harte Arbeit ist nun nicht mehr Sündenstrafe sondern göttliche Wohltat und Gnade.

Gott hätte die Welt ja auch ganz anders einrichten können. Nur eines einzigen Wortes hätte es den Allmächtigen gekostet, und alles was die Menschen zum Leben brauchten, Essen und Trinken, fiele vom Himmel herab, ohne dass sich die Menschen mühen und plagen müssten. Für die Knechte, die Mägde und das Dienstpersonal wäre dies aber ausgesprochen fatal gewesen. Denn dann wären sie ja vollkommen überflüssig gewesen. Und dass dies nicht geschehen ist, dafür dankten sie Gott: „ Oh mein Gott, mein Gott, was ist doch die Plage und Beschwerde hier auf Erden köstlich, da sie so große Seligkeit schafft." (Tägliches Morgengebet eines Tagelöhners und Knechtes auf dem Lande, 1776)

Die Klagen und das Gezeter der Herrschaften über ihre Dienstleute nehmen kein Ende. Warum ist bloß das Gesinde heute wieder so faul und nachlässig. Ach hätte die Magd doch nur ein Quäntchen des Arbeitsfleißes der heiligen Zita. Und auch der Knecht sollte sich ein Vorbild am heiligen Isidor nehmen. Wenn man ihn aber braucht, so ist er weit und breit nicht zu sehen. Wahrscheinlich vergnügt er sich mal wieder mit dem Küchenmädchen auf dem Heuboden.

Worin sehen die Kleriker nun die Ursachen für die vermeintliche Faulheit und Haltlosigkeit der Dienstleute? Man ist sich darüber einig, dass sie zu wenig ihre christlichen Pflichten erfüllen, dass sie weder zur Messe noch zum Beichten gehen. Hieran, so der Tadel der Pfarrer, würden sie allerdings gelegentlich auch von ihren Herrschaften gehindert, da man ihre Arbeitskraft auch gerne an Sonntag ausnutze.

Leider, so klagen die Kirchenleute, seien die Regeln für einen fleißigen und gehorsamen Dienstboten oft in Vergessenheit geraten, so dass sie hier noch einmal mit Nachdruck genannt werden müssten. „Willigen Fleiß, Treue und Ehrlichkeit, Aufrichtigkeit und Wahrheit, eine allgemeine ehrerbietige Unterwürfigkeit, und eine herzliche Liebe." (Teller 1773, S.200) Der größte Ausdruck von Frömmigkeit bestehe darin, auch lästige

Aufträge murrenlos und gewissenhaft auszuführen. Das Ganze endet mit einem weiteren Stoßgebet zu Gott. Diesmal beten allerdings nicht die Dienstboten, sondern die Herrschaften : „O gütiger Vater, erwecke du selbst das Gesinde zur gewissenhaften Erfüllung seiner Pflichten; stelle allen Dienstboten sowohl die dereinstige strenge Rechenschaft vor Augen, die ein jeder Mensch vor deinem Throne ablegen muss, als auch die ewigen Belohnungen der Treue und Rechtschaffenheit, dass alle das Unrecht meiden, und in guten Werken fleißig sein mögen." (Predigtentwürfe über die ganze christliche Moral) Und erinnere sie an die fleißigen und gottesfürchtigen Schutzheiligen des Gesindes, die heilige Zita und den heiligen Isidor.

Faule und bequeme Reiche

Dass ein Reicher arbeitet, war und ist nicht immer selbstverständlich. In der Antike galt die Arbeit als eines freien Mannes unwürdig. Dafür hatte man die Sklaven und die Handwerker, die in Griechenland Banausen hießen. Von der Antike bis in die Neuzeit war die Attitüde der herrschenden und privilegierten Klassen, sich der Muße hinzugeben, ein geradezu unverzichtbares Statussymbol. Wer auf sich hielt, befleckte seine Hände nicht mit banalem Alltagsdreck. Man war eben reich genug, um ein müßiges Leben führen zu können. Und dies musste auch nach außen demonstriert werden. Statt zu arbeiten, war und ist es z.B. in der englischen Oberschicht verbreitet, sich lieber exklusiven und aufwendigen Sportarten wie dem Polo hinzugeben. Oder man veranstaltet Fuchsjagden oder wetteifert darin, wer die größte Segelyacht besitzt. Der amerikanische Soziologe Thorstein Veblen nennt in seiner „Theorie der feinen Leute" diese Art der Lebensführung „demonstrativen Müßiggang". All die verschiedenen Ausdrucksformen eines müßigen Lebens bestehen darin „zu zeigen, dass man seine Zeit nicht für produktive Arbeit verwendet. Die demonstrative Befreiung von jeglicher Arbeit wird deshalb zum konventionellen Merkmal des überlegenden Besitzes und zum herkömmlichen Maßstab des Prestiges." (Veblen, S.60)

In den Augen der Moralprediger des 18. und 19. Jahrhunderts verträgt sich eine solche Lebensweise überhaupt nicht mit den Normen einer christlichen Lebensführung. Die Kritik richtet sich natürlich nicht gegen das aufstrebende fleißige Bürgertum. Gemeint war hier vor allem der müßiggängerische Adel, der oftmals keiner ernstzunehmenden Tätigkeit nachging. Die Pflicht zur Arbeit sei, so hieß es, ein göttliches Gebot, dem alle Menschen unterworfen seien. Denn schließlich seien ja alle Menschen mit Händen zum Arbeiten geboren worden. Der traditionelle Standesdünkel, dass man sich die Hände nicht schmutzig machen dürfe, habe, so heißt es nun, seine Berechtigung verloren.

Dementsprechend galt der müßiggängerische Reiche schlicht als ein Parasit, weil er andere für sich arbeiten ließ. Er machte sich mithin nicht nur gegenüber Gott schuldig, sondern auch gegenüber der gesamten menschlichen Gesellschaft. Der Wert eines Menschen bemisst sich, so sagen die Pfarrer, demnach nicht nach seinem Stand, sondern nach der Erfüllung seiner Pflichten. In dieser Hinsicht sei ein Tagelöhner, der gewissenhaft und ordentlich arbeitet, sehr viel mehr wert, als z. B. ein Adeliger, der ganz frei von Arbeit und dem Müßiggang ergeben in den Tag hinein lebt. Das gleiche gelte für einen Handwerker, der ordentlich und beflissen seinen Beruf ausübt. Auch er stünde, so hieß es, bei weitem höher, als z.B. ein Fürst, welcher sich nur seinen egoistischen Marotten und sinnlosen Vergnügungen hingibt. Und wie steht es mit dem Bauern? Der steht morgens um fünf Uhr auf, um das Vieh zu füttern und geht dann mit seinem Pflug und seinen Pferden auf den Acker, um zu pflügen. Feierabend gibt es für ihn erst, wenn die Dunkelheit hereinbricht. „Ein solcher Landmann, der hinter dem Pfluge den ehrlichen Schweiß vergießt, für seine Nebenmenschen säet, pflanzet und erntet, ist ehrwürdiger, als der reiche und vornehme Müßiggänger, der in Trägheit oder Schwelgerei die Früchte des Landes verzehrt." (Sturm, S.188) Ein träges, faules und müßiges Leben sei insofern ein sträfliches Leben, weil nach dem Sündenfall und der Vertreibung aus dem Paradies die Menschen zur Arbeit verdammt seien. So steht es schon in der Bibel. Seitdem müssten alle Menschen arbeiten. Auch die Reichen. Doch diese setzten auf ihre Sünde noch eine weitere drauf. Nicht nur dass sie das göttliche Arbeitsgebot ohne mit der Wimper zu zucken, missachteten. Für sie sei der Müßiggang keine Schande, sondern im Gegenteil ein Kennzeichen ihrer adligen Würde und Herkunft. Und obendrein erwarteten die Reichen, dass die Menschen sie wegen ihres Titels oder ihres Reichtums mit Unterwürfigkeit und tiefen Verbeugungen verehrten. (Less 1773 S.43f.)

Müßiggang und Trägheit, seien schlicht asoziale Verhaltensweisen und gegenüber den Mitmenschen unsolidarisch, so die Kritik der Prediger. Der Wohlstand einer Gesellschaft lasse sich nur sichern, wenn jeder hierfür seinen Beitrag leiste. Wer keinem Beruf nachgeht und nicht arbeitet, sei demnach ein Auswuchs am Körper der menschlichen Gesellschaft. Er sei ein Parasit, der auf Kosten anderer Menschen lebt. Der reiche Müßiggänger leistet, so der Vorwurf der Seelsorger, keinen Beitrag zum gesellschaftlichen Wohlstand, weil er sich schlicht weigert, zu arbeiten. Ein Vorwurf, der schon fast nach Sozialismus klingt. Schließlich habe der Mensch Hände zum Arbeiten, aber wenn er sie zu nichts weiterem als zum Essen und Trinken gebrauchst, so müssten andere für ihn schuften. Und dies führe dazu, dass die Untertanen sich abquälen müssten, weil die parasitären Reichen oftmals an einem einzigen Tag mehr verbrauchten als hundert Arme in einem ganzen Monat.

Hier weht ein neuer Wind: Adel und Klerus waren ja bekanntlich im Mittelalter eine Phalanx, wenn es um die Unterdrückung der Bauern und des gemeinen Volkes ging. Als das Bürgertum im 18. Jahrhundert die welthistorische Bühne betrat und schließlich den Ton angab, veränderte sich die Perspektive. Insbesondere in der protestantischen Aufklärungstheologie aber auch von der katholischen Kirche wird nun die Arbeit in den Mittelpunkt des gesellschaftlichen

Wertesystems gestellt. Und hierbei kam die müßige Oberschicht schlecht weg. Die reichen und adligen Müßiggänger werden nun von den Pfarrern und Pastoren als abgestorbene Glieder der Gesellschaft abgekanzelt, „die man abschneiden muss."
Sie seien es nicht wert, als Menschen bezeichnet zu werden. Arbeit, so die Kritik, müsse von jedem geleistet werden. Sie sei eine grundlegende Pflicht und Aufgabe für alle Menschen. Auch für die reichen Müßiggänger. Von denen wurde die Aufforderung zur Arbeit allerdings als Affront gegen ihr gesamtes Leben zurückgewiesen. Für die Arbeit seien sie doch viel zu schwach und die geringste Anstrengung würde sie auf der Stelle töten, riefen die vornehmen Damen. Jene Damen, die sich gerne in die Kleiderkammern ihrer Eitelkeiten zurückzögen und sich darin gefielen, über die „Achhaftigkeit" der Welt zu seufzen. Und die adligen Herren wendeten ein, dass sie sich, wenn sie arbeiten müssten, sofort und unmittelbar die schwersten Krankheiten zuziehen würden. Das hinderte die reichen Müßiggänger aber überhaupt nicht, anstrengende Fuchsjagden zu veranstalten. Und auch den Festen, Vergnügungen, Tanzveranstaltungen und sonstigen Ausschweifungen waren sie ja durchaus gewachsen. Doch dieses asoziale Verhalten, so die Drohung der Kirchenmänner, bleibe nicht ungesühnt und nach dem Tode folge die gerechte Strafe: All seine Vergehen und menschenfeindlichen Handlungen würden dem reichen Müßiggänger dereinst aufgetischt werden. Und dass er wegen seines Müßiggangs, seiner Hartherzigkeit, seiner Völlerei und seiner Ausschweifungen nicht in den Himmel kommen werde, sei so klar wie das Amen in der Kirche. So bleibe ihm nur der Weg in die Hölle. Der Arme hingegen, der sein Leben lang Gott und seinen Mitmenschen gedient und seine Pflichten erfüllt hat, werde belohnt und sofort nach seinem Tode „von den Engeln in Abrahams Schoß getragen, das heißt: in die Gesellschaft der Engel und Gottes, mit Ruhm und Freude aufgenommen!" (Waldau, S.455) Die Kirche befand sich in einem Spagat: Auf der einen Seite vertrat sie die Armut als religiöses Grundprinzip und Wert.

„Es geht eher ein Seil (die gängige Übersetzung „Kamel" ist falsch) durch ein Nadelöhr, als ein Reicher ins Himmelreich." Auf der anderen Seite war die Kirche aber auch immer der Garant der bestehenden Gesellschaftsordnung. Auch die Reformation im 16. Jahrhundert bildet hier keine Ausnahme. Im Gegenteil: Als die Bauern gegen ihre Verelendung und Unterdrückung aufbegehrten, hatte sich Luther bekanntlich ohne Zögern auf der Seite der Fürsten gestellt. Insofern dürfen die Tiraden der Kirchenmänner gegen die müßiggängerischen Reichen auch nicht allzu ernst genommen werden. Eine Aufrüttelung zum Klassenkampf sind sie gewiss nicht. Möglicherweise ging es nur darum, etwas Dampf abzulassen.

Neben der Kritik an den Reichen finden sich denn auch Predigten, die das Leben der Oberschicht in trostlosem Licht erscheinen lassen. Ihr Leben auf Erden sei gar nicht zu beneiden, da sie trotz all ihrer Privilegien oft der Untätigkeit und der Langeweile verfielen. Es sitzt da einer auf dem Lehnstuhl, der alles besitzt, was der Alltagsmensch sich wünscht und ersehnt. Doch er weiß gar nichts Rechtes damit anzufangen. Die Depression und der Überdruss bemächtigen sich seiner. Es ist dies ein ähnlicher Zustand, wie ihn die Einsiedler in der ägyptischen Wüste (Kapitel 2) durchlitten. Mit dem Unterschied, dass diese völlig mittellos waren. So wie dem Einsiedler in der Wüstenhitze die Zeit nicht voranschreiten wollte, so dehnt sich dem Reichen der Tag ins Unermessliche. Vielleicht sollte er sich Eigenschaften und den Lebenswandel des geschäftigen Müßiggängers zulegen. Dann könnte er immerhin die Zeit sehr wirkungsvoll totschlagen. Jedoch all die Zeitvertreibe, denen es sich hingibt, langweilten oder ekelten ihn nach kürzester Zeit. Insofern sei der Reiche auch nicht unbedingt zu beneiden. Die Pfarrer wurden nicht müde, den „kleinen Leuten" von der Kanzel ein schreckliches Bild vom Leben der Reichen zu malen. Und die armen Gläubigen verließen den Gottesdienst mit dem Trost, dass ihre Armut dem Reichtum allemal vorzuziehen sei. Schließlich würden Reiche oftmals auch eher krank; denn ihr passives und unbewegliches Leben sei ihrer Gesundheit überhaupt nicht zuträglich. Das viele Herumsitzen, Liegen und Schlafen ließen ihre Glieder verkümmern und machten sie für allerlei Krankheiten anfällig. Auch die Nacht bringe dem reichen Müßiggänger keine Linderung, werde er doch oft von zermürbender Schlaflosigkeit geplagt. Er wälzt sich in seinem Bett, kann aber keinen Schlaf finden und morgens quält er sich völlig zerschlagen aus den Federn. Dies rühre natürlich daher, dass er nicht arbeitet und so den lieben langen Tag meist unbeweglich auf seinem Ohrensessel sitzt oder aber wie Oblomow reglos auf dem Kanapee liegt. Was gebe ein solcher reicher Müßiggänger für ein Stündchen eines so süßen und erquickenden Schlafes, den der fleißige Landmann genießt.

Wie steht es aber nun mit dem Reichtum des Müßiggängers? Ist er nicht wenigstens darum zu beneiden? Denn materieller Wohlstand gilt ja als Inbegriff eines glücklichen Lebens. Doch auch dies garantiert nicht unbedingt ein sorgenfreies Leben. Denn Reichsein will gelernt sein und wer viel besitzt, der kann bekanntlich auch viel verlieren. Wenn nun ein Armer reich würde, so bekäme ihm dies nimmermehr. Er hörte auf zu arbeiten und würde sich dem prassenden Müßiggang hingeben. Doch wird der Mensch davon glücklich? Natürlich nicht. Dies wird ja heute bekanntlich auch über die meisten Lottogewinner gesagt. Es zeige sich, dass ein Leben in Müßiggang und ohne Arbeit meist ein träges und nichtsnutziges Leben sei. Ob denn nicht arbeiten müssen, ein Glück sei? Im Gegenteil: Der Müßiggang könne sich leicht zu einer Qual ausweiten. Der arme Bauer und Handwerker solle deshalb den Reichen nicht beneiden. Jeder habe sein Teil und soll glücklich sein mit dem, was er hat. Der Dichter Christian Fürchtegott Gellert (1715-1769) hat diese Einstellung der Genügsamkeit in einem Vierzeiler auf den Begriff gebracht. „Genieße was dir Gott beschieden/ entbehre gern, was du nicht hast/ ein jeder Stand hat seinen Frieden/ ein jeder Stand hat seine Last." So einfach ist das.

Gelehrte Müßiggänger

„Gelehrte sind Leute, die zur Faulheit Freibriefe haben und gleichsam privilegiert sind, die mithin in einer schändlichen Muße leben, ihre Tage in Unwirksamkeit und sorglosen Schlummer vollenden und von anderen noch dafür bezahlt werden müssen." (Zitat bei Koltitz, S.11) Angesichts solcher damals (und auch heute noch in bestimmten Kreisen) verbreiteter Vorurteile hatte der Theologe August Gottlob Friedrich Koltitz, 1758 eine Abhandlung mit dem Titel „Sind Gelehrte privilegierte Müßiggänger?" verfasst, in der er sich mit solchen Pauschalurteilen kritisch auseinandersetzt.

Die Kritiker der Gelehrten, so Koltitz, beurteilten den Wert einer Sache nur nach der äußerlichen Mühe, mit der sie zustande gebracht wird. Es seien solche, die sofort von Müßiggang redeten, „wenn sich die äußeren Gliedmaßen nicht bewegen, und dabei die Stirne, ja der ganze Körper mit keinem Schweißtropfen befeuchtet wird." (S.12) Diese Kritiker seien Leute, welche die Arbeit des Gelehrten „ für leere, nichts bedeutende Theorien, leichte Spinnenweben, für Auswüchse schaler und spitzfindiger Köpfe, für dunkle Träume ansehen. Für sie sind Gelehrte nichts weiter „als melancholische und träge Seelen, nichts anderes als Schlummerköpfe und Subtilitätenkrämer."(S.13)

In der Tat: In einer durch körperliche Arbeit geprägten Gesellschaft konnte die Arbeit des Intellektuellen leicht als gelehrter Müßiggang erscheinen. Ob ein Gelehrter arbeitet, oder ob er sich dem Müßiggang hingibt, das können ja selbst die Juristen nicht auf Anhieb entscheiden. (vgl. S.14). Denn es gibt ja kaum äußere Hinweise, die zeigen, ob ein gelehrter Produktionsprozess vonstatten geht, oder ob einer nur faul dasitzt. Denn auch das Produkt gelehrter Tätigkeit - in der Regel beschriebenes oder bedrucktes Papier - findet nur selten den Weg in eine breitere Öffentlichkeit und sein gesamtgesellschaftlicher Nutzen wird oftmals nachhaltig angezweifelt „Deutschlands aus wissenschaftlichen Instituten entsprungene und von Professoren gepredigte Weisheit hat der Menschheit noch wenig gefruchtet. Das ist Deutschlands Unglück, dass es fast gar keine praktischen Menschen hat. Handelt es sich um Reformen, so sucht ein Schwarm gelehrter Müßiggänger in allen Folianten nach, was Hans und Peter darüber geschrieben, kompiliert, extrahiert, und man kümmert sich weniger um die Sache, als um die Gelehrsamkeit, die dabei auszukramen wäre." (Gross-Hoffinger, S. 70)

Der gelehrte Müßiggang, so heißt es weiter, bestehe ja nicht darin, dass einer gar nichts tut und nur träge in der Ecke hockt, sondern er sei vielmehr unaufhörlich bemüht, sich neues Wissen anzulesen. Allerdings, so kritisieren die Pfarrer, scheut er dabei jede Anstrengung und wählt nur die leichte Kost und schmökert sich wirr und ohne System durch Berge von Büchern. Das ganze bleibe meist folgenlos. Es gehe ihm nicht darum, die erworbenen Kenntnisse irgendwie anzuwenden oder weiter zu verarbeiten. Er begnügt sich damit, in dem riesigen „Körnerhaufen des Wissens" (Robert Musil) wahllos herumzuschaufeln. Ein wissenschaftlicher Fortschritt sei dabei kaum festzustellen. Ohne jeden Kompass irre er durch Bibliotheken, getrieben von seiner unstillbaren Wissbegierde, die von unfruchtbaren Grübeleien begleitet werde.

Intellektueller Müßiggang findet sich, so heißt es weiter, aber nicht nur bei den Wissenschaftlern, sondern auch bei den Dichtern. Der berühmte Lyriker Eduard Mörike (1804-1875), der im Hauptberuf Pfarrer war, hatte gelegentlich keine Lust zu predigen; stattdessen legte er sich lieber unter einen Baum und überließ den Gottesdienst dem Vikar. Mörike hat bekanntlich wunderschöne Gedichte geschrieben und ist insofern für seinen Müßiggang entschuldigt. Es gibt aber auch Dichter, so der Vorwurf, die in ihrem eigenen Metier faul seien. Dies seien jene, deren Müßiggang darin bestehe, dass sie schlampig dichteten, also die Verse nicht richtig ausarbeiteten und z.B. den Reim weglißen. Man habe dies zu Recht als „Poesie der Faulen" bezeichnet. (Venzky)

Der deutsche Philosoph Christian Thomasius (1655-1728) ist mit seiner Intellektuellenzunft hart ins Gericht gegangen. Ebenso wie die Kirche zweifelt er den gesellschaftlichen Nutzen an, wenn die Gelehrten unentwegt in Bibliotheken und Buchläden laufen, sich den Kopf immer mehr mit Wissen anfüllen und „immer noch mehr nachschütten." (S. 417) Auch das Argument, dass fortwährendes wissenschaftliches Herumstöbern und Schaufeln- wenn es auch zunächst ganz nutzlos sei- doch immerhin den Geist schärfe, will Thomasius nicht gelten lassen. Denn allzu viele Übung könne eher ungeschickt als geschickt machen, so wie ein Messer, das allzu sehr geschliffen, ja auch wieder stumpf wird.

Bei den Forschern, so die Kritik der Kirche, habe sich die Triebstruktur im unmittelbaren Wortsinne auf den Kopf gestellt. Nicht die Selbsterhaltung, wie bei den meisten Menschen, habe bei ihnen den Primat, sondern die Wissbegierde. Alles sei bei ihnen diesem Streben nach Erkenntnis und Wissen untergeordnet. Am Leben hingen sie nur insoweit, als es ihnen die Möglichkeit gebe, sich in die Lagerräume ihres Wissens zurückzuziehen und dort drauflos zu forschen. Ein prominentes Beispiel aus der neueren Literatur ist der Privatgelehrte Peter Kien in Elias Canettis (1905-1994), Roman „Die Blendung". Peter Kien ist ein wissenschaftliches Genie, dabei ist ihm aber die Alltagswelt restlos abhandengekommen und er gerät immer mehr unter die Räder. Der Roman endet damit, dass der große Forscher in seiner Bibliothek verbrennt.

Wer sich den Ausschweifungen der Wissenschaft hingibt, zahlt oftmals einen hohen Preis. So die Warnung der Theologen. Der Körper rächt sich. Es stellten sich Herzbeschwerden und Kreislaufprobleme ein. Der Rücken werde immer krummer und die Muskeln immer schlaffer. Diese körperlichen Unbilden würden von den Gelehrten aber klaglos hingenommen, wenn sie nur ihrem Wissensfortschritt dienten. Am liebsten seien dem gelehrten Müßiggänger die Nachtstunden, weil er sich dann ungestört seinen Studien widmen könne.

Die Distanz und Aversion gegen Wissenschaftler und Gelehrte erhielt dadurch weitere Nahrung, dass sie meist den privilegierten Ständen angehörten. Insbesondere die Studenten mit all ihren Eskapaden und ihrer betrunkenen Randale waren dem normal Sterblichen ein stetes Ärgernis. Der faule

Student beschäftige sich, so lautet die geistliche Kritik, (wenn er nicht gerade im Bett liegt) mit allen nur denkbaren Ablenkungen, Tändeleien und Vergnügungen und so vernachlässige er sein Studium vollends und werde im Laufe der Jahre zu einem verbummelten Studenten. Er falle seinen Eltern und dem Staat zur Last. Schließlich verkomme er zu einem Parasiten und gesottenen Taugenichts, dem auch die Religion gleichgültig geworden sei. In seinen Predigten an die „studierende Jugend" warnt der Theologe Benedict Poiger die jungen Leute vor solch einem Schicksal. Ein Mensch ohne Religion (zumal, wenn er ein Gelehrter sein will) sei nicht nur ein „Verworfener", sondern auch ein höchst gefährlicher Mensch - ein Mensch, der es nicht wert sei, „in irgendeiner Gesellschaft mit Menschen zu leben." (Poiger, S.49)

Immer wieder führte das müßige und oft wilde Leben der Studenten zu Exzessen. In einer Ermahnung des Senats an sämtliche Angehörigen der Königlich Preußischen Friedrichs-Universität von 1699 wird verordnet, dass die Studenten allen Müßiggang, liederliche Gesellschaften, Fress- und Saufgelage, nächtliche Musiken und andere Schwärmereien samt allem unordentlichen Leben künftig zu unterlassen hätten. Derartige Dekrete scheinen jedoch wenig gefruchtet zu haben. Im Gegenteil: Die studentischen Orgien eskalierten in Duellen und Mord und Totschlag. 1710 gab der akademische Senat deshalb ein weiteres Dekret heraus, in dem es hieß: „Die Ursachen woraus all diese Zankhändel, Schlägereien, Duelle und alles Blutvergießen auf den Universitäten entstehen" liegen darin, dass viele Studenten „viele Zeit mit Müßiggang hinbringen, böse oder doch unerbauliche Gesellschaft suchen, sich vorsätzlich in Saufgelage begeben, Coffee- und andere Trinkhäuser lieben, Zeit und Geld mit Spielen verschwenden, der Geilheit und anderen schändlichen Lastern nachhängen."

Ein weiterer Kritikpunkt am gelehrten Müßiggang ergab sich seit der frühen Neuzeit aus der wachsenden Konkurrenz zwischen Religion und Wissenschaft. Können sich Religion und Wissenschaft miteinander vertragen? Die Vorherrschaft der Religion schwindet seit der kopernikanischen Wende zugunsten der Wissenschaft. Diese bedroht immer stärker das angestammte klerikale Welterklärungsmonopol, was von der Kirche allerdings nicht widerstandslos hingenommen wurde. Die Kritik der Kirche an der Wissenschaft richtet sich gegen deren absoluten Wahrheitsanspruch. Gemessen an der Wahrheit der Religion sei es mit der Wissenschaft allerdings nicht allzu weit her, da ja mit jedem neuen Wissen das Quantum des Nichtwissens steige. Wie bei einem Brunnen, dessen Wasserspiegel sich umso mehr in die Tiefe entfernt, je mehr Wasser man schöpft.

Wahrheit und Weisheit, so heißt es, finde sich dagegen nur in der Religion. Wer weise und gelehrt sein wolle, müsse die Wahrheit nicht auf Erden, sondern im Himmel suchen. Und dort könne man sie sehr viel leichter und schneller finden. „Es ist in diesem Aufenthalte des Lichts nicht nötig, dass man viele Zeit anwende, und viele Erfahrungen sammle, um vieles zu wissen und zu entdecken. Um alles zu sehen und zu erkennen, ist es genug, dass man Gott anschaue." Dies ist in den Augen der Kleriker nicht nur der einzige Weg zur Wahrheit, sondern er sei auch sehr viel klarer und einfacher, als der Weg der Wissenschaft. Zudem bestünde die Gefahr, dass man über all den wissenschaftlichen Studien Gott vollends vergesse. Müßiggänger seien insofern nicht nur jene, welche die Zeit mit Nichtstun zubringen, sondern auch solche, die bei all ihrem irdischen Treiben Gott aus den Augen verloren hätten. Der tiefe Graben zwischen Religion und Wissenschaft könnte in den Augen der Kirche jedoch überwunden werden, wenn sich die Wissenschaften im Christentum verankerten. Nur vermöge der Religion könne es dem Gelehrten gelingen, Stabilität und Ordnung in sein Leben zu bringen. Der katholische Theologe Georg Joseph Saffenreuter spitzt den Unterschied zwischen Religion und Wissenschaft noch weiter zu. Das Problem der Wissenschaften liegt demnach darin, dass sie immer nur die äußere Welt betrachteten und keine Innenschau vornehmen. Was nütze es aber, wenn man unentwegt die Größe, Zahl und Entfernung der Gestirne messe und dabei nur den äußeren Himmel betrachte, aber den inneren Himmel darüber vergesse. Die Schlussfolgerung aus alldem lautet, dass die Wissenschaft meist nichts anderes sei als gelehrter Müßiggang, der von Gott wegführe. Es kommt aber noch ärger: „Wissenschaft ohne Tugend ist ein Graus in den Augen Gottes; weil sie wider die Ordnung der Natur gerade alles zum Verderben der Welt, und zum Spotte des Himmels anrichtet, da sie doch eine Wohltäterin der Menschheit und Verehrerin der Gottheit sein soll. Wissenschaft ohne Tugend ist ein Dolch in der Hand eines Rasenden; er wird sich und andere damit ermorden." (Poiger, S.71) Amen.

Faule Eltern - Faule Kinder

Beibiegen, einbläuen, einpauken, einschärfen, einschustern, einfuchsen, einhämmern, schulmeistern. All diese Verben finden sich unter dem Stichwort „Lehren" im „Deutschen Wortschatz" von Franz Dornseiff. Lehren und Unterrichten galt durch Jahrhunderte hindurch als Prozess des Eintrichterns. Es kommt in der Bildung aber bekanntlich nicht darauf an, Fässer zu füllen, sondern Flammen zu entzünden. (Rabelais) Im traditionellen Frontalunterricht ist der Lehrer der Sender, der Informationen an die Schüler = Empfänger sendet. Dieser Transfer funktioniert jedoch meist nur teilweise, da es im Unterricht vielfältige Hemmnisse gibt. Ein ganz wichtiger Störfaktor ist in diesem Modell die vermeintliche Faulheit der Schüler. Und ein probates Mittel, um dieses Lernhindernis zu beseitigen, war traditionell die Prügelstrafe. In einem Dokument aus dem antiken Ägypten erzählt ein Schüler, wie er durch den ganzen Schulalltag hindurch von einem Lehrer nach dem anderen verprügelt wurde. Diese Methode war auch in unseren Breitengraden bis vor einiger Zeit noch gang und gäbe. Ein Bekannter, der in den 1950er Jahren des letzten Jahrhunderts eine Zwergschule in Rheinland-Pfalz besuchte, berichtet ähnliches. Wer nicht aufmerksam war oder etwas nicht wusste, bekam vom Lehrer Prügel. Die Jungen mit dem Rohrstock auf den Hosenboden, die Mädchen mit dem Lineal auf die Finger oder „eins hinter die Ohren". Derartige Körperstrafen standen im Belieben des Lehrers und wurden in Deutschland (BRD) erst 1973 abgeschafft.

Die Schule ist bekanntlich eine wichtige Sozialisationsinstanz, über welche die Kinder schon frühzeitig an Disziplin, Fleiß und Arbeitsamkeit gewöhnt werden sollen. Über den richtigen Weg hierzu wird gestritten, seit es Schulen gibt. Soll man den Kindern die herrschenden gesellschaftlichen Tugenden und Werte mit Zwang und Strafen einbläuen, oder ist eher eine sanfte Methode vorzuziehen. In dieser Debatte haben die christlichen Kirchen eine wichtige Rolle gespielt. Pädagogik war bis zum Ende des 18. Jahrhunderts ein Teilgebiet der Theologie. Erst 1779 wurde an der Universität Halle der erste Lehrstuhl für Pädagogik eingerichtet.

Wer über die Faulheit der Kinder klagt, kommt an den Eltern nicht vorbei; denn sie sind es ja, die maßgeblich die Weichen für das Leben ihrer Kinder stellen. Insofern ist es plausibel, dass die Moralpredigten sich vor allem an die Eltern wenden. Ganz abgesehen davon, dass kleine Kinder wohl kaum den Gottesdienst verstanden haben dürften. Wie sollen die Eltern nun ihre Kinder vom Müßiggang bewahren und sie an die Arbeit gewöhnen? Hier gab es zwei Varianten: Die einen, gleichsam die damalige reformpädagogische Richtung, wollen die Kinder behutsam an die Arbeit heranführen und auch Belohnungen verteilen. Hierzu gehören auch aufmunternde Reime wie „Arbeit macht uns frohe Tage, Trägheit wird uns bald zur Plage" (Campe) Wenn man die Kinder rechtzeitig an die Arbeit gewöhne, so wollten sie gar nicht mehr aufhören und klagten über die vielen Feiertage, an denen sie nicht arbeiten dürften.

Die Vertreter dieser pädagogischen Richtung fordern, dass man die Kinder nicht zu früh arbeiten lassen solle, dass man sie nicht überanstrengen dürfe und die Arbeitszeit nicht zu lang sein dürfe. Es soll bei der Beschäftigung von Kindern nicht in erster Linie darum gehen, dass sie einen Nutzen schafften. Im Mittelpunkt stehe vielmehr die pädagogische Wirkung. Die Kinder müssten dahin gelenkt werden, dass sie die Arbeit lieb gewönnen und sich an ein tätiges Leben gewöhnten. Arbeit soll so bei ihnen zu einem Grundbedürfnis werden. Allerdings solle alles vermieden werden, was sie überanstrengen könnte. Um eine Kleinigkeit zu verdienen, würden die Kinder oftmals vor ihrer Reife zu Arbeiten herangezogen, die weit über ihre Kräfte gingen; dadurch würde ihre geistige und leibliche Entwicklung gestört, sie verkrüppelten und fingen frühzeitig an zu kränkeln und siechten dahin. So gab es Eltern, die ihre Kinder in die Fabriken schickten, wo sie an Leib und an der Seele den größten Schaden erlitten. Die Kinderarbeit vor allem in der neu entstandenen Textilindustrie aber auch im Bergbau hatte zu Beginn der Industrialisierung unvorstellbare Formen angenommen. Kinder im Alter von 10 bis 14 Jahren mussten täglich 14 bis 15 Stunden, oftmals im Hocken, schuften. Solche Perversionen kapitalistischer Kinderarbeit sollten auf jeden Fall vermieden werden, wird von den „Reformpädagogen" gefordert. Auch die Schulbildung dürfe bei alledem nicht vernachlässigt werden. Oftmals schenkten die Eltern dem aber keine Beachtung.

Die andere eher traditionelle und vorherrschende Variante setzte auf Zucht, Ordnung und Bestrafung. Alles was nach Verweichlichung und Verzärtelung schmecken konnte, wurde hier rigoros abgelehnt. Denn so würden die Kinder an ein träges Leben gewöhnt und dadurch die Weichen gestellt, die gleichsam in die Sackgasse des Müßiggangs führten. Es gebe Eltern, so die geistliche Kritik, die ihre Kinder auf Händen trügen und sie abends wie ein Hündchen auf weiche Kissen betteten. Aber damit nicht genug. Aus einer unvernünftigen Affenliebe heraus verzärtelten solche Eltern den Leib ihrer Kinder. Warum, so kritisieren die Pfarrer, lassen die Eltern nur ihre Kinder den lieben langen Tag herumgammeln und unentwegt Süßigkeiten futtern. So sei es kein Wunder, dass ihre Zähne frühzeitig verrotteten. Und wenn sie immerfort herumliegen, so mache sie das krank, dick und unbeweglich. Scheucht solche faulen Kinder doch auf und bringt sie in Bewegung! An die Stelle der Verweichlichung, so wird gefordert, müsse die Abhärtung des Körpers treten, vor allem um ihre „sündigen sexuellen Regungen" zu unterdrücken. (vgl. wollüstiger Müßiggang)

Mit der Sexualität beschäftigen sich die ehe-und kinderlosen katholischen Pfarrer besonders gerne. Allenthalben warnen sie in ihren Predigten vor deren schlimmen und für die Kinder verderblichen Folgen. Der katholische Theologe Sebastian Winkelhofer kritisiert die Eltern mit drastischen Worten. Sie ließen ihre Kinder schamlos herumkriechen „sie zusammen schlafen, wie unvernünftige Tiere; Buben und Mägdlein springen herum halbnackt, liegen in einem Bette; es geschieht die erste Verführung, sie lernen das Böse, ehe sie es kennen."(Winkelhofer) Deshalb müsse man, so die Mahnung, alles vermeiden, was den Körper der Kinder verweichlichen könnte. Stattdessen solle man durch körperliche Arbeiten „ihre Sinnlichkeit abstumpfen". Lasst sie doch nicht müßig herumsitzen oder schlafen! Treibt sie aus den Federbetten heraus! Ratsam seien auch häufige kalte Bäder und viel „Bewegung in freier Luft, aber nicht zu Pferde." (Wiser 1850, S.478)

Der Umgang mit unkeuschen Kindern müsse auf jeden Fall vermieden werden. Und wenn die Kinder sich an den sog. Doktorspielen erfreuten, so müsse dieser Unsitte ein Riegel vorgeschoben werden. Zudem sei es wichtig, dass man sie daran gewöhne, auf der Seite und keinesfalls auf dem Rücken zu liegen, und sie sollten erst dann ins Bett gebracht werden, „wenn der Schlaf sie übermannt."

Die Geistlichen sind mit liberalen Erziehungsmethoden überhaupt nicht einverstanden. Warum gibt es immer wieder Eltern, die ihre Kinder nicht im Gutsein übten, sondern sie im Gegenteil zu „Orten der Lustbarkeiten" mitnehmen, wo ihnen dann die Sittenverderbnis aus erster Hand geboten werde? Warum schleppen sie die Kinder zu „öffentlichen Ergötzungsorten", wo selbst Erwachsene „selten ohne Verlust ihrer Tugend" hingehen könnten Zu Tanzböden und zu Schauspielen, wo sittlicher Unflat herrsche und die noch unverdorbenen Kinder zu „Schlachtopfern der schändlichsten Gelüste" würden. Wo sie von den Netzen der Sinnlichkeit zunächst mit dünnen seidenen Fäden und später dann mit vielfach gedrehten Stricken umsponnen würden. Die Erziehung der Kinder müsse darauf abzielen, so fordern die Theologen, ihnen klare Moralvorstellungen zu vermitteln. „Bringt ihnen vor allem bei, was gut und was böse ist, und haltet ihnen immer wieder die Sünden vor Augen; denn Sünden seien ja noch gefährlicher als Schlangen und Löwen!" Ganz schlimm stehe es, so die geistliche Warnung, mit Kindern, die im Müßiggang und ohne jede Zucht und Ordnung gehalten würden, die „wie Tiere wild und roh" aufwüchsen. Deren Unarten und Ausschweifungen sich täglich vermehrten und sich geradezu epidemisch ausbreiteten. Und nur mit Schrecken und Entsetzen dächten die Eltern daran, „dass das jetzt lügenhafte, oder diebische, oder faule, oder zornige Kind einst ein Mann mit allen diesen Lastern werden wird." (Sturm 1785, S.125)

Die Eltern sollten das Augenmerk ihrer Kinder, nicht zu sehr auf das Zeitliche und Weltliche richten. Dadurch wachse die Gleichgültigkeit gegenüber der Religion, die man leider bei vielen Jugendlichen antreffen könne. Und so führe ihr Weg fort von Gott und damit unmittelbar ins Verderben. Und dies allein sei dann die Schuld ihrer Eltern. Solche Eltern seien schlimmer als Mörder; denn ein Mörder vernichtet ja nur das zeitliche Leben eines Menschen. Die Eltern aber, die das Seelenheil ihrer Kinder vernachlässigten, schickten sie „in den ewigen Tod und die ewigen höllischen Qualen." (Klein, S.164)

Der Müßiggang, so wird immer wieder konstatiert, sei ein Gift und Verderben für die Kinder. Er schwäche ihren Geist und lasse die „Kräfte ihres Gemüts" verrosten. Im Müßiggang erzogene Kinder, seien fast immer böse: „Denn es fehlt ihnen ja die Kraft und Energie, die nötig ist, um gut zu werden." (John Tillotson, S.338) Für die Prediger ist es auch ein unerträglicher Zustand, wenn arme Eltern ihre Kinder zum Betteln abrichten. Die Folgen seien meist verheerend: Die Kinder gingen nicht zur Schule, sie gewöhnten sich an den Müßiggang und erlernten alle möglichen betrügerischen Tricks und Kniffe. Es kommt aber noch schlimmer: Sie geben sich dem Diebstahl oder gar dem Straßenraub hin. Alles Laster und

Verbrechen, die sie schließlich ins Zuchthaus oder gar unters Henkerbeil bringen könnten. Und all dies sei die Folge sorgloser und verantwortungsloser Eltern, die ihre Kinder zu Verbrechern machten! „Solchen Eltern sollte man einen Mühlstein um den Hals hängen und sie im Meer ersäufen, dort wo es am tiefsten ist."(Glaser, S.90) Ein junger Mann war von seiner Mutter schon sehr früh zum Diebstahl und zu allerhand anderen Untaten verleitet worden und wurde wegen all dieser Vergehen und Kleindiebereien zum Galgen geführt. Er hatte nur noch eine Bitte. Man möge seine Mutter rufen, er wolle ihr noch etwas Heimliches ins Ohr sagen. Als die Mutter nun kam und neben ihm stand, wandte er sich zu ihr hin und biss ihr kurzerhand die Nase ab. „Und wahrlich, die Eltern, welche ihre Kinder zum Stehlen halten, verdienen vielmehr, dass ihnen nicht allein die Nase, sondern auch der ganze Kopf abgerissen wird." (Glaser, S. 91)

Wenn die Kinder zum Müßiggang erzogen worden seien, wie sollen sie sich dann später ihren Lebensunterhalt verdienen? Wie mögen daher so manche groß gewachsenen Söhne und Töchter müßig ihren Eltern auf dem Hals sitzen, da sie oft weder etwas zu nagen noch zu beißen hätten? Und was wird aus diesen verzärtelten und verzogenen Töchtern und Söhnen, wenn die Eltern das Zeitliche gesegnet haben. Sie werden auf dieser Welt nicht zurechtkommen und sich ernähren können. Das Einzige, was sie könnten, sei, nun selbst „die Welt mit Kindern zu überfüllen, die dann auch alle lebensunpraktische Müßiggänger würden und so „die Kette des Verderbens immer länger fortschmieden." (Wiser, 1885, S.388)

Wollüstiger Müßiggang

„Seid fruchtbar und vermehrt euch." So lautet bekanntlich das göttliche Gebot aus der Genesis des Alten Testaments. Die Kirche, vor allem die katholische, befand sich in dem Dilemma, dass sie einerseits die Fortpflanzung auf ihre Fahnen geschrieben hatte, auf der anderen Seite aber zur Sexualität ein ausgesprochen restriktives Verhältnis hatte. Denn es ist ja nicht leicht festzustellen, ob die Sexualität der Lust oder der Fortpflanzung dient. Die Kirche forderte die Pflicht, verdammte aber die Kür. Um die Kür in Grenzen zu halten, hat die katholische Kirche bis heute den Menschen zwei Verbote auferlegt: Das Abtreibungsverbot und das Verbot der Empfängnisverhütung. Und wer sich nicht daran hält, der wird im Jenseits sein blaues Wunder erleben.

Es geht der katholischen Kirche auch heute noch um die Kritik an der „ungeordneten Geschlechtslust" und dies ist dann der Fall, wenn die Sexualität nicht ausschließlich der Fortpflanzung dient. Dies ist auch der Grund, weshalb die katholische Kirche die Homosexualität verurteilt. Kurz und gut (oder schlecht): all jene, die sich nicht an die kirchlichen Vorschriften zur Sexualmoral hielten, galten als wollüstige Müßiggänger. Die Folgen im Jenseits, so die Drohung, seien grauenerregend. Kein Szenario konnte bizarr genug sein, wenn es in den Predigten darum ging, die Sexualität zu verteufeln. Nicht auszudenken, wie die Moralpredigten ausgefallen wären, wenn es damals schon Aids gegeben hätte.

Der müßige Wollüstling, so heißt es, beschäftige sich ausschließlich mit seiner Lust. Um andere Menschen kümmere er sich überhaupt nicht; er sei Egoist und Hedonist, der auch über Leichen gehe. Er sei ein Verführer in doppeltem Sinne: Zum einen entehre und verdürbe er seine Opfer und darüber hinaus sei er ein schändliches Vorbild für andere. Oftmals sei er Täter und Opfer in einem. Täter weil er unschuldige Frauen ins Unglück stürze. Opfer, weil er von seiner Lust und Gier getrieben werde. „Kaum gebietet die Wollust, so wird er auf der Erde kriechen und sich im Staube wälzen." So die Horrorvision des Hofpredigers Johann Andreas Cramer. (Cramer S.138) Sein Kollege Johann Baptist Hergenröther malt ein ähnlich düsteres Bild. „Ein träges und müßiges Leben ist wie ein umgebaut liegender und öder Acker, der nichts als Disteln und Dornen hervorbringt. So wie sich gewisse Insekten am liebsten im Kot aufhalten, so verweilten die Gedanken des wollüstigen Müßiggängers am liebsten bei unreinen Dingen."(Hergenröther S.231) Seine Einbildungskraft beschäftige sich fortwährend mit unkeuschen Vorstellungen und Bildern.

Der ausschweifende Mensch, so wird immer wieder von der Kanzel herunter gewarnt, werde krank. Er werde von der Sexualität ausgelaugt und verbrannt. Verwesung schändete sein Gesicht. Ausschweifende Menschen stürben häufig einen frühen Tod. Die Kritik der kirchlichen Prediger geht in zwei Richtungen: Zum einen gegen das gemeines Volk, das seine Triebe nicht im Zaum hält. Zum anderen gegen die privilegierten Nichtstuer des Adels, die sich im Barockzeitalter hemmungslos auslebten. Die Verkörperung des privilegierten wollüstigen Müßiggängers ist Don Giovanni, der Titelheld in Mozarts gleichnamiger Oper. Als Edelmann braucht er keiner Arbeit nachzugehen. Im Gegenteil er hat einen Diener angestellt, der ihm bei seinen amourösen Abenteuern zuarbeitet.

In seinen „Predigten über die katholische Sittenlehre" malt der Pfarrer Johann Baptist Zollner hierzu ein abschreckendes Gemälde des wollüstigen Müßiggängers an die Kirchenwand: „Die Wollust verpestet den Leib und die Seele des Menschen. Welche Verwüstungen richtet sie an dem Leibe und den Sinnen dessen an, den sie einmal unter ihre Herrschaft gebracht hat! Sie schändet seine Augen durch zahllose lüsterne Blicke, seine Ohren durch wohlgefälliges Anhören unzüchtiger Reden, seine Zunge durch Zoten und Possen, seine Hände durch abscheuliche Betastungen, seine Füße durch Besuch schlimmer Gesellschaften, alle Glieder des Leibes durch Hingabe an den Götzen der Wollust. Gleiches Verderben bringt sie der Seele. Sie verfinstert den Verstand, erfüllt die Einbildungskraft mit den hässlichsten Bildern, schwächt den

Willen und macht ihn für alles Höhere unempfänglich und tierisch." (Zollner 1865, S.60) Die Sünde der Wollust, so die Kritik, sei dem Sünder unmittelbar ins Gesicht geschrieben. Wie mit spitzen Messern grabe sie sich ein und hinterlasse mit den Jahren ihre Spuren. „Wie schändlich ist ein solcher Greis, der nun einen zerrütteten Körper mit sich herumschleppt, und doch immer noch von unreinen Begierden gefoltert wird, die er nicht mehr befriedigen kann." (Cramer, S.141) Der Lasterhafte, heißt es, stelle sich mit seinem Lebenswandel auf die Stufe eines Tiers, ja noch unterhalb eines Tiers. Gemeint sind hier selbstverständlich nicht die emsigen Ameisen und fleißigen Bienen oder Spinnen, sondern Tiere, die sich am Boden oder in fauligen Gewässern tummeln, z.B. Kröten, Frösche; Schlangen. Der vom Sex Besessene stehe im „Schlamm der Sünde".

Zwischen Wollust und Müßiggang besteht in den Predigten ein direkter Zusammenhang. Sie schaukeln sich wechselseitig hoch. All die Predigten und Appelle an die wollüstigen Müßiggänger scheinen jedoch keine nachhaltige Wirkung gezeigt zu haben, sonst hätten sie ja nicht pausenlos wiederholt werden müssen. Im Gegenteil: Der Sünder zeigt sich halsstarrig; er ist so trotzig und widerborstig wie Don Giovanni, der ja selbst im Angesicht der Hölle nicht von seinem ausschweifenden Treiben lassen will.

Es werden aber auch lobenswerte Beispiele genannt. Geschichten, in denen ein Wollüstling zur Tugend bekehrt wurde. Oft sind es die Musterheiligen wie Antonius der Große (vgl. Kapitel 2) oder Hieronymus, die ihrem vormals ausschweifenden Leben abgeschworen hatten, um dann Meister der Askese zu werden. Immer wieder werden die Großtaten der Einsiedler in der ägyptischen Wüste beschworen und allenthalben geht es um Beispiele, wie die Einsiedler ihre Sexualität dadurch unterdrückt hätten, dass sie wie besessen gearbeitet hätten, um von ihren erotischen Gedanken und Gelüsten abzukommen. Um diese zu vertreiben, wurden bei den Wüstenheiligen darüber hinaus alle nur denkbaren Asketeübungen vollführt. Es ist viel von der Abtötung des

Fleisches die Rede. Eine Formulierung, die sich bis in unsere Tage im Katechismus der katholischen Kirche findet. Gemeint sind damit die verschiedenen Varianten zur Bekämpfung und Unterdrückung sexueller Lust. So hatte sich z.b. ein Mönch, als ihm die sexuellen Anfechtungen allzu arg zusetzten, im Winter in einen kalten Brunnen gesetzt und dort mehrere Tage und Nächte ausgeharrt. Von einem anderen wird berichtet, dass er sich sechs Monate hindurch nackt in einer Sumpfgegend aufhielt, bis die Stechmücken seinen Körper derartig entstellt hatten, dass man ihn nur noch an seiner Stimme erkennen konnte.

Es gibt, so der Tenor der Predigten, Erotomanen ersten und zweiten Grades. Die ersteren seien nur normal verderbt und meist nur etwas willensschwach; sie sündigten so vor sich hin und wüssten oft selbst nicht, wie es kommen konnte, dass sie wieder einmal gegen das Gebot der Keuschheit verstoßen hatten. Die wollüstigen Müßiggänger zweiten Grades dagegen, das seien die besonders verderbten Exemplare; sie verfolgten ihre sittenlosen Ziele mit strategischem Kalkül und oftmals mit geradezu krimineller Energie. Prominentes Beispiel ist hier wieder Don Giovanni, der bekanntlich ja auch nicht vorm Mord zurückschreckt. Wollüstiger Müßiggang, so die Warnung, ist jedoch nicht allein für den Einzelnen eine Sünde, sondern darüber hinaus eine Pest der Gesellschaft und eine Vernichtung aller guten Ordnung. Es würden dadurch Familien zerrüttet und Kinder vernachlässigt und Menschen zu Müßiggang und Üppigkeit verführt, die durch diese Seuche „in den ekelhaftesten Jammer und das grauenvollste Elend gestürzt würden." (Resewitz 1784, S.2)

Der protestantische Theologe und Kanzelredner Johann Gottlob Marezoll (1761-1828) hatte damals ein spezielles „Andachtsbuch für das weibliche Geschlecht" verfasst und in einer nach unserem heutigen Verständnis geradezu unverschämten und frauenfeindlichen Weise darin die Frauen vor den Gefahren des Müßiggangs und der Unzucht gewarnt: Mehr noch als Männer, so seine Argumentation, seien Frauen den verführerischen Gefahren ausgeliefert, da sie über geringere Widerstandskräfte gegen die Sünde verfügten. Trägheit und Untätigkeit machten gerade Frauen weichlich, erschlafften ihren Geist, verzärtelten den Geschmack und entnervten den Körper. Verweichlichung, so heißt es weiter, sei eine Art Webfehler des weiblichen Geschlechts. Es sei dies eine furchtbare Quelle der Laster, weil sie schwach und unfähig mache, den Verlockungen der Sünde Widerstand zu leisten, erotische Phantasien fernzuhalten und den Kampf gegen sexuelle Begierden und Neigungen zu bestehen. „Wie ein entnervter, kränkelnder Körper bei den geringsten Veränderungen der Luft und Witterung niedergeworfen wird, so wird ein geschwächter, weichlicher Geist von jedem Anfalle der Sinnlichkeit übermannt(!) und von dem schwächsten, entferntesten Reize zum Laster verführt." (Marezoll, Andachtsbuch 1798, S.71)

Neben der Askese gilt in den Predigten die Arbeit als wesentlicher Schutzwall und als Hauptbollwerk gegen den wollüstigen Müßiggang. Wer arbeitet, habe weder die Energie für erotische Eskapaden, noch habe er die Zeit für einen ausschweifenden Lebenswandel. Dieses Motiv zieht sich wie ein roter Faden durch die christlichen Moralvorstellungen von den Einsiedlern der Wüste bis hin in die Neuzeit. Durch Arbeit würden wir vor den Reizungen der Unzucht und Wollust bewahrt. Ein Mensch ohne alle Beschäftigung, der die meiste Zeit des Tages in trägem Müßiggang zubringe, sei jederzeit in Gefahr, zu den Sünden der Wollust und „Unreinigkeit" hingerissen zu werden. Notwendig müssten in diesem Zustand der Untätigkeit sich seiner Seele solche Bilder und Gegenstände darstellen, durch welche der Funke unreiner Begierden angefacht werde. Je mehr er mit Vergnügen seinen wollüstigen Gedanken nachhänge, und der ersten Regung der Unzucht nur einige Nachsicht gestatte, desto unausbleiblicher sei sein Verderben. Der erste Schritt, den er „auf dem schlüpfrigen Weg der Wollust" wage, führe ihn immer weiter und stürze ihn bald wider seinen Willen in die Abgründe des Elends hinab. Ein Christ, der mit Nachdruck und Elan seinen beruflichen Geschäften nachgehe, baue einen

Schutzwall um sich herum gegen die Verlockungen der Wollust. Sexuelle Bilder und Vorstellungen fänden nicht so leicht in einer Seele Platz, die ganz mit Arbeit beschäftigt ist; und die heilsame Ermüdung des Körpers verhindere, dass die Triebe der Natur sich zu häufig und zu stark regten. „Wahrlich, o Christ, du hast schon einen wichtigen Sieg über deine Leidenschaften erfochten, wenn du durch deine zweckmäßigen Arbeiten in den Stand gesetzt wirst, die ersten Regungen der Wollust in deinem Herzen zu unterdrücken oder wenn du, sobald ein unkeuscher Gedanke in dir entsteht, deine Seele auf ernsthafte Arbeiten lenkst oder dich durch die Geschäfte zerstreust, die mit deinem Beruf verbunden sind." (Sturm, Predigten Bd. 3, S. 355) Man muss deshalb, so warnen die Prediger, den Anfängen wehren und sich all die schrecklichen Folgen immerzu vor Augen halten und in den Abgrund der Hölle blicken, wo die Wollüstlinge ganz furchtbare Qualen erleiden müssten

Fazit des frommen Sermons: „Wenn Unkeuschheit und Wollust Entnervung und frühen Tod nach sich ziehen; wenn die Ausschweifungen der Jugend eine völlige Zerrüttung des Körpers herbeiführten; wenn vormals blühende Jünglinge als junge Greise bleich und entstellt, langsam und kraftlos vor unsern Augen wandelten; wenn Verschwendung und Üppigkeit, Müßiggang und Arbeitsscheu sich durch bittere Armut und Dürftigkeit rächten; wenn die Schande und Strafe dem Verbrechen auf dem Fuße folge, „müssen wir dann nicht erschrecken über das Elend dieser Sünde?" (Couard, S.146)

Fromme Singvögel

Der Heilige Simeon war stets darauf erpicht, sich neue und immer schwierigere asketische Meisterleistungen auszudenken und zu vollführen. So grub er sich einmal in einer öden und abgeschiedenen Gegend bis zur Brust ein und trotzte in dieser unbequemen Haltung sage und schreibe zwei Jahre der Sommerhitze und der winterlichen Eiseskälte. Ein andermal ließ er sich in eine Klosterruine einmauern und harrte dort ohne Nahrung fast bis zum Hungertode aus. Doch all dies genügte ihm nicht; es zog ihn deshalb auf einen Berg, wo er sich mit einer schweren Eisenkette an einen Felsen anschmieden ließ. Richtig berühmt wurde Simeon jedoch erst durch seine Säulensteherei. Die Säulen, auf die er sich stellte, nahmen im Laufe der Zeit immer höhere Ausmaße an; die letzte maß 20 Meter. Auf ihr verharrte er - im Stehen!! - geschlagene 30 Jahre bis zum Ende seines Lebens. So wird es jedenfalls berichtet. All diese bizarren Übungen und noch viele andere mehr vollführte Simeon, um seine Tugend zu festigen, sich vom Irdischen abzuwenden und vor allem um Gott zu gefallen.

Eine weitere bei den Wüstenheiligen verbreitete Asketeübung war das Dauerbeten. Der Mönch Paulus schaffte pro Tag 300 Gebete, wurde jedoch - was ihn sehr verdross - von einer unweit lebenden Nonne übertroffen. Sie absolvierte 700 Gebete pro Tag; und dies, obwohl sie im Nachteil war, da sie gleichzeitig fastete! Auch beim Hersagen von Psalmen ließen sich Rekorde aufstellen. Als normaler Durchschnittswert galt von alters her das Hersagen von 12 Psalmen in stehender Haltung. Mit der Ausbreitung christlicher Askese wurde diese Norm jedoch zusehends gesteigert; und zwar nicht allein im Hinblick auf die Anzahl der Psalmen, sondern durch verschärfte körperliche Strapazen. So wurde das Psalmodieren mit Kniebeugen verbunden. Der bereits erwähnte Säulensteher Simeon soll es auch in dieser Hinsicht zu virtuoser Meisterschaft gebracht haben; beim Psalmodieren auf seiner Säule soll er 1244 Kniebeugen pro Tag vollführt haben. Und dies alles wiederum zum höheren Lobpreis Gottes.

Derartige asketische Extremformen, wie sie bei den Wüstenheiligen des frühen Mittelalters verbreitet waren, stießen im späteren Christentum kaum auf Gegenliebe. Für das Leben eines normalen Alltagschristen waren all diese Übungen natürlich völlig ungeeignet. Denn wenn man sie derartig übertreibe, wie es die Einsiedler betrieben hatten, so entstünde daraus statt christlicher Frömmigkeit, nichts weiter als ein frommer Müßiggang, der die Zeit mit Fasten, Beten, Singen und anderen willkürlichen Bußübungen vergeude. „Denn Müßiggang, wenn er auch fromm heißt, lehrt doch viel Böses«. (Krug, S.243)

Luther, der in jungen Jahren selbst dem Orden der Augustinereremiten angehörte, hatte ja bekanntlich später der „Möncherei" den Kampf angesagt und den Ort der Bewährung eines Christenmenschen auf den irdischen Alltag verlegt. (vgl. Kapitel 4) Im Mittelpunkt steht nicht der solistisch agierende Einzelne, sondern das Kollektiv der Gemeinde. Dies bedeutet, dass der wahre Christ auch Verantwortung für seine Mitmenschen trägt und die Fähigkeit der Nächstenliebe erwerben muss. In der Frühzeit des Christentums herrschte indes ein diametral entgegen gesetztes Programm. Nicht Nächstenliebe in der Gemeinschaft, sondern spirituelles Leben in der Einsamkeit stand ganz oben auf der Werteskala. Es war die Zeit des religiösen Virtuosentums (Max Weber). Simeon, von dem hier am Anfang die Rede war, ist kein Einzelfall gewesen, allerdings stellt er eine Extremform dar. Der übliche Einstieg in die asketische Lebensweise war der Auszug in die Wüste, um dort in Einsamkeit zu leben. Von daher war es auch nur konsequent, dass die Asketen ehelos waren und sich in ein sexuelles Niemandsland begeben hatten. Extremes Fasten gehörte gewissermaßen zum täglichen Brot. Auf diese asketische Grundausstattung türmten sich weitere Meisterleistungen wie eben das berühmte Säulenstehen. All dies waren nun allerdings nicht die Auswüchse neurotischer Spinner, sondern diese verschiedenen Askeseleistungen hatten ein solides religiöses Fundament. Ganz entschieden ging es dabei - wie in allen Spielarten des Christentums - um den Weg zu Gott. Und diesen Weg konnte man im frühen Mönchtum nur erfolgreich beschreiten, wenn man sich möglichst rigoros aus allem Irdischen, aus aller menschlichen Gemeinschaft heraushielt und den Pfad des engelsgleichen Lebens beschritt. Ein Haupthindernis auf diesem Weg war der eigene Körper. Das Rezept hierbei war denkbar einfach: Alles was den Körper quält, das nützt der Seele. Und hierbei war man erfinderisch. Um den Schlaf zu vermeiden, wurden z.B. schwere Säcke von einem Ort zum anderen geschleppt - und dann wieder zurück. In der Kritik an solchen extremen Bußübungen gab der Protestantismus, der damals unter dem Begriff „Kirchenverbesserung" firmierte, den Ton an. Kritik kam aber auch von katholischen Predigern. Mit wahrem Glauben und Christentum habe es überhaupt nichts zu tun, wenn man seinen Körper kasteie und quäle. Auch das von den Mönchsorden verkündete Gelübde der Armut, Keuschheit und des Gehorsams habe keine christliche Grundlage. „Der Gottesdienst, welchen das Christentum verlangt, ist ein vernünftiger, den Vorschriften, Gründen und Beweisen der reinen Vernunft gar nicht widersprechender Gottesdienst. Nicht dunkle Gefühle, nicht eingebildete Schwärmereien, nicht Übertreibungen eines siechen Körpers und kranken Geistes machen ihn aus." (Menne, S.241) Derartige Ausschweifungen der Askese wurden als gefährliche Abwege kritisiert, auf welche sich immer wieder Menschen zu verirren pflegten. Die Flagellanten des Spätmittelalters, die durch die Lande zogen und sich dabei selbst bis aufs Blut geißelten, waren eine weitere abstruse Spielart.

Fromme Müßiggänger finde man zu allen Zeiten und überall in der Christenheit, „die mit Singen und Beten, mit gottseligen Zusammenkünften, oder Gesprächen von ihren geistlichen Empfindungen alle ihre Zeit verbringen und sich, von pharisäischem Dünkel aufgebläht, für sonderlich auserwählte, für Kinder Gottes halten, da sie doch nur eine Herde frommer Müßiggänger sind." (Predigten für Hausväter und Hausmütter Bd.1, S.135)

Der fromme Müßiggänger, so die kirchliche Kritik, begnügt sich mit Äußerlichkeiten. Er erscheint pünktlich zum Gottesdienst und setzt dort eine fromme Miene auf. Er betet einen Rosenkranz nach dem anderen herunter und glaubt, dass dies bereits genügt, um Gott näher zu kommen. Oftmals verfielen solche Menschen in eine derartige Frömmelei und übertriebene Askese, die von einem schlechten Gewissen geplagt würden, weil sie sich in ihrem früheren Leben allen nur denkbaren Eitelkeiten, Zerstreuungen und Lüsten hingegeben hatten.

Diese zur Frömmigkeit bekehrten Ausschweiflinge begnügten sich meist mit äußerlichen Ritualen, mit Übungen der Andacht und des Gebets. Solche Übungen der Frömmigkeit und des äußeren Gottesdienstes seien für jeden Christen zwar wichtig, aber beileibe nicht die einzigen und sie sollten nicht übertrieben werden. Die frommen Müßiggänger sollten bedenken, dass es neben dem Singen und Beten, Lesen der Bibel noch ein Leben im Alltag mit all seinen Berufsgeschäften und familiären Bindungen gebe. Sie sollten einsehen, dass es neben der Frömmigkeit auch die Tugenden des Fleißes, der Dienstfertigkeit und der Menschenfreundschaft gibt. Und gerade in der Familie und im Beruf ließen sich wirkliche Gott wohlgefällige Taten ausführen.

Auch hier wird wieder die Geschichte von Maria und Martha bemüht. (vgl. Kapitel 2) Allerdings wird sie nun umgekehrt. Martha kümmert sich beflissen um das Wohl von Jesus und macht sich in der Küche zu schaffen. Maria dagegen sitzt Jesus zu Füßen und lauscht andächtig seinen Worten. Aber dies hat mit Kontemplation und Glauben nun nicht mehr viel zu tun. Letztlich sei die Haltung der Maria, so heißt es nun, nichts anderes als frommer Müßiggang. Es gebe immer wieder Menschen, die den ganzen Tag wie Maria zu den Füßen Jesu säßen, seine Lehre hörten und bei ihm verweilen möchten. Stundenweit liefen sie in die Kirche, bei allen Andachten fänden sie sich ein, wenn sie auch dabei wichtige häusliche Geschäfte versäumten. „Sie verabscheuten eben jede anstrengende körperliche Arbeit, und seien daher Müßiggänger in Bezug auf das Irdische." So schreibt der katholische Pfarrer Franz Josef Birkl. (S. 95)

Andacht und Arbeit werden nun in einen unmittelbaren Zusammenhang gestellt. Durch Andacht, Gebet und Kontemplation soll sich der Christ für seine irdischen Geschäfte stärken. Denn diese bedeuteten ja ebenfalls Gottesdienst. Wer aber immer nur beten und singen wollte, habe den göttlichen Auftrag nicht begriffen. „Ein solcher frommer Müßiggänger verkennt durchaus den Zweck der wahren Andacht, der kein andrer ist, als unseren Geist zur Arbeit unseres Berufs aufzumuntern." (Predigten für Hausväter und Hausmütter Bd.1, S. 138) Gott hat, so die Prediger, dem Menschen den Auftrag gegeben, zu arbeiten; dies sei seine Aufgabe und seine Pflicht. „Wenn du die Hände müßig in den Schoß legtest, und sängest und betetest noch so viel, so wäre das keine Sorge für Seele und Seligkeit, sondern frommer Müßiggang und Ungehorsam gegen Gott." (Baur, S. 111) Wenn Beten und Singen die höchste Form der Glückseligkeit wären, so hätte Gott den Menschen ja sofort ohne Umweg in den Himmel setzen können, wo er ohne jede Mühe und Arbeit glücklich wäre. Der Mensch müsse sich aber für das Himmelreich erst bewähren. Und je mehr er arbeitet und sich plagt, desto größer seien seine Chancen, in den Himmel zu kommen. All dies aber hätten die Mönche mit ihrer weltabgewandten Lebensweise nicht begriffen. „Und ich möchte in jedes Kloster gehen und zu den Mönchen sagen: 'Kommt heraus, liebe Brüder, kommt heraus! Wenn ihr seid, was ihr zu sein vorgebt, Diener Gottes, so gehet heim zu den Euren. Nichts mehr von dieser sinnlosen Ordensregel!"(Spurgeson, S.96)

Frommer Müßiggang, so das geistliche Fazit, sei oft nichts anderes als Vorwand, um sich von den Berufsgeschäften und dem Alltag zu drücken. Wenn einer nicht krank ist und die Fähigkeit hat, einer sinnvollen Arbeit nachzugehen, aber stattdessen nur faul in der Ecke sitzt und betet, so sei er nichts anderes als „eine Null in der Menschengesellschaft, und vor Gott ein verwerflicher Knecht, weil er Gutes tun könnte und sollte." (Riegler, S.606)

Aktives Handeln in der Welt und nicht frommer Müßiggang sei das, was Gott vom Menschen erwarte. Insgesamt befänden sich diese frommen Müßiggänger auf dem Holzweg. Das von ihnen gesungene und gebetete Christentum habe mit einem Gott wohlgefälligen Leben nichts zu tun. Und es sei deshalb auch nur konsequent, wenn „diesen frommen Singvögeln die Federn ausgerupft würden." (Maier 1812, S.57)

Müßige Schlafmützen

Je länger einer schläft, desto mehr verdient er. Wer bis zum Mittag schläft, erhält eine Sonderprämie. Wann und wo immer man ein Nickerchen machen möchte, man legt sich einfach aufs Ohr. Das nötige Bettzeug stellt die Natur. Es gibt Büsche, die tragen Betttücher aus Laub und ihre Rinde besteht aus Federkissen. Dieser Traum aus der „verkehrten Welt" des Schlaraffenlands war spätestens ausgeträumt, als man sich anschickte, aus Zeit Geld zu machen. Wer ihn dennoch weiter träumen wollte, dem rückten Weckkommandos zu Leibe, die mit Stangen gegen die Fenster klopften, um die müßigen Langschläfer zur Frühschicht zu treiben. Wer sich auch dann noch taub stellte und nicht aus dem Bett herauskam, konnte sich, so wird es jedenfalls berichtet, auf eine noch wirkungsvollere Weise wecken lassen. Er band sich eine Schnur um den großen Zeh, die dann aus dem Fenster herausgehängt und vom Weckkommando wie ein Glockenseil gezogen wurde. (Lawrence Wright: Clockwork man. London 1968, S. 118)

  Solch handgreiflicher Methoden bedarf es heute freilich nicht mehr. Die Zeitdisziplin hat sich als Kulturtechnik voll etabliert. Dass einer morgens nicht aus dem Bett herausfindet, den lieben langen Tag in den Federn liegen bleibt, gilt als Sinnbild von Faulheit und Müßiggang schlechthin. Der Volksmund nannte diese Spezies drastisch beim Namen: Murmeltier, Bärenhäuter, Schlafhaube, Schlafmütze, Siebenschläfer, Träumer, Polsterdrücker usw. Und auch die Sprichwörter lassen an Eindeutigkeit nichts zu wünschen übrig: „Der Schlaf ist ein Dieb, er stiehlt uns die Hälfte des Lebens." „Der Schlaf ist ein Bruder des Todes." „Je länger man schläft, je weniger man lebt." „Je länger geschlafen, je weniger geschaffen." „Lange schlafen, tut Laster schaffen."

  Schlafen hat in unserer Kultur eine eher negative Bedeutung. Der Schlaf und dort besonders das Träumen stehen subversiv zum gesellschaftlichen Normenkatalog und zum verordneten Primat der Vernunft. Der Schlaf widerspricht dem Projekt der vernunftgeleiteten Selbstkontrolle. Man verliert seine Zeit, so der fromme Vorwurf, wenn man sich beständig weichlichen Träumen hingibt; wenn man die Vernunft, die dem Menschen zum Handeln verliehen wurde, durch Nichtstun einschläfert; wenn man die Kräfte der Natur durch träge Ruhe abstumpft, statt sie durch unermüdliche Tätigkeit zu schärfen. Die Dauerschlafmüßiggänger hätten das Leben mit dem Schlaf verwechselt. Wenn sie denn einmal gestorben sind, so wird man an ihrem Grabe kaum sagen können, dass sie je gelebt hätten, sondern nur ihren Schlaf fortsetzten. Und auf ihren Grabstein werde man den Spruch meißeln: „Hier liegt einer, der sein ganzes Leben verträumte". (Vierzig Predigten, S.270)

Für den fleißigen und regsamen Bürger ist der Schlaf eine einzige unliebsame Störung. Bedeutet er doch, dass über eine längere Strecke des 24-Stunden-Tages überhaupt nicht gearbeitet wird. Zudem ist ja zwischen einem Faulen und einem Schläfer äußerlich auch kaum ein Unterschied festzustellen. Der Schlaf, diese Sphäre der Untätigkeit, ist insofern nicht allein der kleine Bruder des Todes, sondern auch der Vetter des Müßiggangs und der Faulheit. Man solle sich einmal die Konsequenzen eines übermäßigen Schlafens vergegenwärtigen. Wenn man täglich nur eine Stunde länger schläft „als die Natur es fordert", (Dinter) so kommen da pro Jahr fünfzehn volle Tage zusammen und in fünfzig Jahren summiert sich dies auf sage und schreibe zwei Jahre, die man durch zu viel Schlaf verliert. Der Schlaf, so die Mahnung, sei ganz generell eine Pause des Lebens, eine im Grunde störende Unterbrechung. Warum hat Gott den Menschen überhaupt Schlaf verordnet? Er selbst hat ja auch nicht geschlafen. In der Schöpfungsgeschichte ist zwar bekanntlich davon die Rede, dass sich Gott am siebten Tag ausgeruht hat. Von einem göttlichen Schlaf ist in der Bibel allerdings nichts zu lesen. So die spitzfindige Argumentation eines Pfarrers, der es ja wissen muss. „Ich nehme es für ausgemacht an, dass jeder Christ, welcher nicht durch besondere Leibesschwäche daran gehindert wird, des Morgens früh aufsteht. Es ist schwer zu glauben, dass viel Gutes an einem Sklaven der Schlafsucht sein könne..." (Basedow 233) Schlaf sei nichts anderes als die „Betäubung unserer mit dem Dasein der gedachten Dinge übereinstimmenden Denkkraft, oder ein unnützes und mehrenteils auch unangenehmes Geschäft der Träumerei. Der übermäßige Schlaf mache unser ganzes Gemüt weichlich und verdrossen, und hindere uns, auch wachend recht wirksam zu sein. Leben ist doch nicht Atemholen, sondern Wirken." (Basedow, S. 233f.)

Der Frühaufsteher, das ist heute der dynamische Tatmensch, der, bevor er sich ins Büro begibt, erst einmal zehn Kilometer durch den Wald joggt oder 20 Bahnen im Schwimmbad herunterkrault. Der Frühaufsteher, das ist z.b. der Manager, der sich damit brüstet, 16 wenn nicht gar 18 Stunden am Tag zu arbeiten und damit immerhin, was sein geringes Schlafquantum anlangt, napoleonisches Format erreicht. Karl Kraus, der gegen die Geschäftigkeit der Frühaufsteher mit all seinem ätzenden Sarkasmus Front machte und fürs mittägliche Aufstehen plädierte (da nur die Dummheit zeitig aufstehe), hat diese Entwicklung nicht aufhalten können.

Schlaf benötigt Zeit und die Zeit lässt sich nicht beliebig vermehren. Dies bedeutet, dass in der kirchlichen Zeitbudgettheorie und -praxis die verschiedenen Sphären miteinander in Konkurrenz geraten. Die Zeit, die zu viel geschlafen wird, geht ja eindeutig zu Lasten der anderen beiden Formen der Zeitnutzung. Dem Gottesdienst und der Arbeit. Zeit, welche mit Zerstreuungen, Vergnügungen und Müßiggang zugebracht wird, ist demnach gar keine richtige Zeit. Im Gegenteil: Es handelt sich beim Müßiggang um eine Zeitvernichtungsmaschinerie. Und dies gilt ebenso für den Schlaf. Auch er ist letztlich eine Störung des Gott gefälligen Tagesablaufs. Er ist eine Art Leerlauf des Lebens und muss dementsprechend verkürzt werden.

Trotz solcher Angriffe auf den Schlaf, lässt er sich schlechterdings nicht völlig vermeiden. Schlafen muss der Mensch nun einmal, sonst geht er zugrunde. Schlafentzug war bei den Anachoreten in der ägyptischen Wüste eine Askeseform. Makarius der Große wollte sein Schlafbedürfnis zur Gänze überwinden. Immerhin schaffte er es 20 Tage und Nächte, also ca. 480 Stunden, bis ihm das Gehirn vertrocknet war. (Vgl. Otto Zöckler, Askese und Mönchtum, Frankfurt a.M.. 1897, S.240) Der heutige Weltrekord im Nicht-Schlafen beträgt angeblich 266 Stunden. Wenn es auch aussichtslos sein dürfte, das Projekt des Makarius, des Schlafes vollends zu entraten, zu realisieren, so versuchten die Anachoreten dies wettzumachen, indem sie in unbequemer Lage schliefen - im Sitzen oder Stehen oder auf dem nackten Boden. Der Erfinder der sog. wissenschaftlichen Betriebsführung, und Vorkämpfer der Rationalisierung F.W. Taylor (vgl. Kapitel 8), ließ sich hiervon offensichtlich inspirieren. Da er häufig unter Alpträumen litt und meinte, diese Alpträume seien durch die Rückenlage beim Schlafen hervorgerufen, konstruierte er sich eine Vorrichtung aus Latten und Riemen, die bei Einnahme der Rückenlage einen derartigen Druck ausübte, dass er sofort erwachte. Dass Taylor angesichts solch fragwürdiger Therapie später chronisch unter Schlafstörungen litt und überhaupt nur noch im Sitzen schlafen konnte, ist nicht weiter verwunderlich. (vgl. Witte 1928, S.25)

Über solche individuellen Unbilden des Schlafentzugs hinaus kann Schlafmangel aber auch zu schweren Unfällen führen. Immer wieder, wenn es zu technischen Katastrophen kommt, wird als Ursache „menschliches Versagen" genannt und hierbei spielt sehr häufig Übermüdung des Bedienungspersonals eine entscheidende Rolle. So z.B. 1986 im Atomkraftwerk Tschernobyl, als eine Betriebsstörung auftrat, die den Verlust von Kühlwasser für den Reaktorkern zur Folge hatte. Die Belegschaft der Nachtschicht war völlig übermüdet und tat nun genau das Gegenteil dessen, was die Katastrophe hätte verhindern können. Als es zu einer Hitzeentwicklung im Reaktor kam, schalteten sie aus unerfindlichen Gründen alle automatischen Sicherungssysteme aus. Und damit nicht genug, legten sie auch noch das Notkühlsystem des Reaktors still. Die Folge war die bisher größte AKW-Katastrophe. All die angestrengten Zeitsparaktionen, all die Methoden zur Rationierung und Rationalisierung des Schlafs schlagen hier ins Gegenteil um. Schlafreduktion bedeutet - wie das Beispiel zeigt -, dass Zeitsparstrategien blindlings in die technische Katastrophe führen und somit in höchstem Maße kontraproduktiv wirken können.

Der Schlaf entzieht sich der gesellschaftlichen Kontrolle. Dies ist für die Prediger umso schlimmer, da in der Nacht- und Schlafenszeit das Realitätsprinzip seine Vorherrschaft an das Lustprinzip abgibt. Die Sphäre des Unbewussten mit all seinen Träumen gibt hier den Ton an. Deshalb sei die Gefahr groß, dass man sich dem „gefährlichen Schlaf der Sinnlichkeit" (Furtner S.413) hingibt. Die halbschlummernde Seele produziere so „süße Vorstellungen und Träume, welche seine Sinne verführen und sie gleichsam in Ergötzungen einwiegen." (Predigten über die ganze christliche Moral. Bd. 3, S.399)

Das einzige was sich beim Schlaf kontrollieren lässt, ist die Schlafdauer und der Beginn sowie das Ende des Schlafs. Zu diesem Zweck wurden Wecker erfunden. Was sich zwischendrin in den sieben bis acht Stunden Schlaf abspielt, entzieht sich dem Zugriff und der Kontrolle. Gefährlich ist, so die Mahnung der Kirchenmänner, vor allem die Phase zwischen Wachen und Schlafen. Halbträumend verirre sich der Mensch in eine sinnliche Welt und werde auf ein Terrain gelockt, auf dem seine sexuellen Phantasien und seine Begierden in Wallung versetzt würden. Man solle deshalb nie länger das Bett hüten, als es zur Wiederherstellung der Kräfte nötig sei. Bleibe man länger liegen, so seien zwar die Leibeskräfte „wieder mutig geworden", aber der Verstand befinde sich noch im Tran und könne seine Kontrollfunktion über den Körper nicht wahrnehmen. Und so könnten sich dann sündige und wollüstige Phantasien breitmachen und den Menschen vom klaren Pfad der Sittlichkeit und Vernunft abbringen und in den Strudel der Sinnlichkeit hinabstürzen.

Die Prediger mahnen auch in eigener Sache und kritisieren die Unsitte, dass sich die Gläubigen im Gottesdienst ihrer Schlafsucht hingäben. Dies sei nichts anderes als geistlicher Müßiggang. Da habe man schon gar keine Lust mehr zu

predigen. Bei alten und gebrechlichen Menschen sei diese Unsitte ja eventuell noch entschuldbar. Aber bei „ledigen Mann- und Weibspersonen" sei dies überhaupt nicht hinzunehmen. Zumal sie sich im Wirtshaus und auf dem Tanzboden recht wach und lebendig austobten. Aber immerhin hatten die so kritisierten Kirchenschläfer es überhaupt in die Kirche geschafft. Viele gingen erst gar nicht hin, sondern drehten sich einfach im Bett herum und schliefen weiter.
Schlaf, sofern er nicht gesamt als Störung angesehen wird, hat in den Augen der Kirchenmänner nur seine Berechtigung als Erholung von der Arbeit. Man muss sich seinen Schlaf durch Arbeit verdienen. Nur wer sich müde gearbeitet hat, den erquickt ein sanfter und erholsamer Schlaf. Es sei auch schädlich, wenn man zu viel schläft, weil man dann von den Dämonen heimgesucht werde, die das Unkraut des Müßiggangs in die Seele streuten. Und aus den Samen des Müßiggangs sprießen „die Tollkörner der Hoffart, die Körner der Rachsucht und des Neides, und das anfänglich süße Kraut der Wollust." (Düx, S.137) Träge und sündig wie der Mensch nun einmal sei, wehre er sich nicht gegen diese Angriffe des Teufels. Im Gegenteil: Willfährig und ohne den geringsten Widerstand lasse der Mensch seine Einflüsterungen zu. Und habe sich das Böse einmal des Menschen bemächtigt, so öffne es sein schreckliches Füllhorn des Verderbens. Es ende schließlich damit, dass der Mensch „an seinem eigenen Busen" die Schlange aufzieht, die ihn tödlich verwundet.

Geschäftiger Müßiggang

„Um Gotteswillen, warum rennen Sie denn so!" Es ist einer von früh bis spät immer auf Trab. Ist mit Besorgungen beschäftigt, ist in allerhand Ausschüssen von Vereinen und Verbänden tätig, weiß gar nicht mehr, wo ihm der Kopf steht vor lauter Betriebsamkeit. Nimmt sich Arbeit mit nach Hause. Selbstverständlich macht er auch unbezahlte Überstunden. Und wenn er nicht an seinem Schreibtisch sitzt, so ist er doch immerfort und überall erreichbar. Das Smartphone und der

Internetanschluss machen es möglich. Multitasking ist das Gebot der Stunde. Bei alldem verzettelt er sich, weil er immer alles zugleich erledigen will und so bringt er letztlich gar nichts zustande. Einen Vorläufer einer solchen Arbeitsauffassung gab es bereits im 18. Jahrhundert. Im Jargon der Predigtliteratur der damaligen Zeit wird er als geschäftiger Müßiggang bezeichnet.

Die bürgerliche Gesellschaft, wie sie sich seit dem 18. Jahrhundert etablierte, erforderte neue Verhaltensweisen und Qualifikationen: Regelmäßigkeit, Pünktlichkeit, planvolles Arbeiten, Zielgerichtetheit, Zuverlässigkeit, Motivation, Einsatzbereitschaft, selbstständiges Arbeiten, Ordnung, systematisches Arbeiten, Beharrlichkeit, Konzentrationsfähigkeit, die Dinge zur rechten Zeit erledigen, nichts verschieben. All diese Arbeitstugenden und noch einige mehr sind in unserem heutigen Arbeitsleben ganz selbstverständlich. Die meisten Menschen in unserer Zeit haben sie bereits als Kinder mit der Muttermilch eingesogen. Sie gehören in unserer kapitalistischen Arbeitsgesellschaft gleichsam zur Infrastruktur des modernen Menschen. Das Problem des geschäftigen Müßiggängers besteht darin, dass er diese neuen Arbeitstugenden noch nicht verinnerlicht hat. Im oberflächlichen Sinne ist er ja nicht faul, sondern im Gegenteil: er ist ständig unter Speed und legt in allen Dingen, die er tut, eine unglaubliche Schnelligkeit an den Tag, die allerdings mit Fleiß nicht viel zu tun hat; denn ein hohes Arbeitstempo ist ja noch kein Garant für Effizienz.

Bei der Diskussion über den „geschäftigen Müßiggang" in der damaligen Zeit werden grob zwei Varianten unterschieden: Der Chaot und der zwanghafte Pedant. Beiden gemeinsam sei es, dass sie nicht imstande seien, Wichtiges von Unwichtigem zu unterscheiden. Beide, die Pedanten und die Chaoten, erreichten nicht ihre Ziele. Die einen versinken im Chaos des Alltags, die anderen übertreiben es mit ihren Regeln und Alltagsvorschriften und vertrockneten so in ihrer Pedanterie. Auch heute nimmt dies teils groteske Züge an. So wird beispielsweise über jemanden berichtet, der ordnungsbeflissen täglich die nachwachsenden Grashalme zwischen den Steinplatten seiner Garageneinfahrt mit einem Küchenmesser entfernte. Ein anderer kam sich dabei wichtig vor, die täglichen Wasserstandsmeldungen des Rundfunks in einem riesigen Schreibbuch gewissenhaft aufzuschreiben. Und ist nicht auch die griechische Sagengestalt Sisyphos ein prominenter Vertreter des geschäftigen Müßiggangs, da er ja bekanntlich unentwegt einen Stein auf einen Berg hinaufrollte, der dann mit schöner Regelmäßigkeit wieder herunterkullerte?

Die geschäftigen Müßiggänger der Variante Pedant übertreiben es mit ihren Regeln und Alltagsvorschriften. Der evangelische Theologe und Prediger Franz Volkmar Reinhard hat dies den „Kleinigkeitsgeist in der Sittenlehre" genannt. „Sich mit einer Menge von kleinen Pflichten und Dienstleistungen zu überladen, die kein Mensch verlangt, und sich denselben mit einer wichtigen Miene und einer ganz eignen Emsigkeit zu widmen: das ist die Sache solcher Menschen; ihr Leben ist das unruhige Nichtstun; die ganze Sittenlehre verwandelt sich unter ihren Händen in ein Gewebe von kleinlichen Regeln, die fast nichts weiter betreffen, als sinnlose Gebräuche und unbedeutende Verrichtungen." (Reinhard 1801, S.17f.)

Ganz anders der Chaot. Der zeichnet sich darin aus, dass er immer etwas zu tun hat und der Zeit hinterher läuft. Allerdings betreibt er alles ohne vernünftigen Plan. Von einer Aufgabe zur anderen springen. Nie bei einer Sache verharren, sich nicht ausdauernd mit einer Sache beschäftigen. Chaotisch und hektisch mit den Dingen und Aufgaben jonglieren und dabei alles fallen lassen. Er gleicht einem, der Wasser mit einem Eimer ohne Boden schöpft.

Die seit der Neuzeit vom Bürgertum propagierten Tugenden der Pflichterfüllung, der Ordnung, der Disziplin, des geregelten Lebens, des planmäßigen Handelns und der Zeitökonomie kommen, so die klerikale Kritik, beim geschäftigen Müßiggänger entschieden zu kurz. Der geschäftige Müßiggang gilt als der gefährlichste von allen Varianten, weil er sich als Arbeit tarne und hierfür oft die höchste gesellschaftliche Anerkennung erhalte. Er arbeite ja oftmals nicht weniger als der

Arbeitsame, sondern eher mehr. Eben weil er keine Ordnung und Systematik in seinen Dingen hält. Büros und Verwaltungen sind heutzutage ein sehr beliebtes Revier des geschäftigen Müßiggängers. Werden hier doch mit wichtiger Miene unendlich viele Tassen Kaffee getrunken und wird hier die Hälfte der Arbeitszeit damit zugebracht, irgendwelche Papiere, Skripts, Rechnungen, Protokolle oder Briefe zu suchen und immer wieder neu zu ordnen. Im Zentrum der Symptome des geschäftigen Müßiggängers der Variante Chaot, so heißt es bei den Predigern, steht die Unfähigkeit, im Leben Ordnung zu halten und ihm eine Struktur zu geben. Der Tagesablauf sei oftmals geprägt von Hyperaktivität, Chaos und Durcheinander. Und dies wiege in der Arbeitssphäre besonders schwer, weil es dort ja meist um die verlässliche und verbindliche Zusammenarbeit mit anderen Menschen gehe.

Ausführlich hat sich der evangelische Theologe Karl Christian von Gehren in seinen Predigten „zur Bewahrung des Wahren und Guten" (1793) mit dem Phänomen des geschäftigen Müßiggangs beschäftigt. Der Arbeitsame und der geschäftige Müßiggänger unterscheiden sich danach nachhaltig in ihrer Arbeitsauffassung. „Der Arbeitsame unterwirft sein ganzes Tagwerk gewissen selbst entworfenen oder wohl auch vorgeschriebenen Regeln." (Gehren, S.43) Er führt all seine Geschäfte „zur rechten Zeit am rechten Ort, auf die rechte Art aus, in gehöriger Folge und besonders nach einem zweckmäßigen Plan." (ebd.) Nicht so der geschäftige Müßiggänger: Der verfalle auf dieses und auf jenes; er eile von einer Zerstreuung zur anderen und schwatzt und klatscht sich durch den ganzen Tag. All dies bereite ihm jedoch oftmals nicht einmal Spaß und Vergnügen; denn diese Art ziel- und sinnloser Beschäftigung drücke auf den Gemütszustand. Wenn er einmal aus dem Hamsterrad seiner Vielgeschäftigkeit herausgepurzelt sei, stelle sich ein Gefühl der Leere ein. Wozu das alles? Eine Beschäftigung ist so gut bzw. schlecht wie die andere und so verfällt er in eine depressive Stimmung. (Gehren, S. 48) „All diese umtriebigen geschäftigen Müßiggänger werden, wenn die Abendglocken läuten, von dem vernichtenden Gefühl übermannt, dass all ihr mühevolles Sorgen, ihre gewonnenen Schätze, ihre durchwachten Nächte, all ihr vergossener Schweiß nichts waren als ein vergeudetes, ödes, freudloses Leben." (Karl Schwarz 1862, S.326)

Geschäftige Müßiggänger sind nach geistlicher Lesart auch jene, die sich immer nur mit dem beschäftigen, wozu sie gerade Lust haben. Sie seien wie Kinder, die stets etwas Neues spielen wollten und dabei nichts zu Ende führten. Die Dinge, die man zu erledigen hat, soll man aber mit Ernsthaftigkeit und nicht auf eine „spielende, tändelnde und kindische Art" tun. Man solle immer erst die dringenden Dinge verrichten. Der geschäftige Müßiggänger erledige nicht das, was seine Aufgabe ist. Er beginne nie mit dem Wichtigsten. Er sei zwar immer in Bewegung, aber am Abend wisse er nicht, was er getan habe. Er mische sich auch gerne, so der Vorwurf, in fremder Leute Angelegenheiten und gehe ihnen damit schrecklich auf die Nerven.

Wie steht es aber mit jenen Menschen, die sich zwar unentwegt den Kopf mit Projekten vollstopfen, dabei aber ihre eigentlichen Aufgaben und Pflichten vernachlässigen? Auch wenn sie sich dabei ausgesprochen aktiv und geschäftig geben, so seien sie doch nichts anderes als Müßiggänger. Zu dieser Spezies zählt in den Augen der Prediger z.B. der Bauer, der anstatt sein Feld zu bestellen, anstatt seinen Kindern und dem Gesinde ihre Arbeit anzuweisen, zu Hause sitzt und Bücher schreibt, in denen er sich mit der Verbesserung des Staatswesens beschäftigt. Eine ähnliche Variante verkörpert Don Quichotte, der Ritter von der traurigen Gestalt. Nachdem er bis zu seinem fünfzigsten Lebensjahr ein geordnetes und beschauliches Leben als kleiner Gutsbesitzer verbracht hatte, verfiel er auf die Idee, als Ritter durch die Lande zu ziehen und die Menschheit von allen Ungerechtigkeiten und sonstigen Übeln der Welt zu befreien. Bei alldem scheiterte er bekanntlich grandios.

Seine profanen Nachfolger sind jene, die mit ihrem mittelmäßigen Leben unzufrieden und davon besessen sind, einmal etwas Außergewöhnliches und Ruhmvolles zu vollbringen.

Meist sind sie in der beschäftigungslosen Oberschicht beheimatet. Vorzugsweise gehören auch Sammler zu dieser Gattung. Oder aber auch Menschen, die ihr Leben damit zubringen, ohne jeden Auftrag kulturgeschichtliche Abhandlungen zu verfassen. All dies gefällt den christlichen Predigern überhaupt nicht. Für sie gilt die Volksweisheit „Schuster bleib bei deinem Leisten." Die Marxsche Utopie „heute dies, morgen jenes zu tun, morgens jagen, nachmittags fischen, abends Viehzucht treiben, nach dem Essen zu kritisieren" wäre überhaupt nicht nach ihrem Geschmack gewesen, sondern als geschäftiger Müßiggang missbilligt worden.

Bei aller Kritik der Pfarrer und Pastoren am geschäftigen Müßiggang muss allerdings berücksichtigt werden, dass sich mit der Entwicklung der bürgerlichen Gesellschaft im 18. Jahrhundert ähnlich wie heute eine „neue Unübersichtlichkeit" (Habermas) in der Gesellschaft breitmachte und dass soziale Zuordnungen ins Schwimmen gerieten. War es bisher eindeutig und klar, was Arbeit und Müßiggang ist, so entstehen nun Zwischenzonen. Ob einer arbeitsam oder faul ist, lässt sich nicht mehr eindeutig an seinem Habitus erkennen. Vielleicht ist ja der junge Mann, der da über den Boulevard spaziert, gar kein geschäftiger Müßiggänger, sondern ein gewiefter Spekulant, der sich auf dem Weg zur Börse befindet? Und der Mensch, der da scheinbar müßig am Fenster sitzt? Ist er ein Müßiggänger? Möglicherweise ist es ja ein Gelehrter, der gerade ein neues philosophisches System entwickelt.

Die Debatte der Pfarrer und Pastoren über den geschäftigen Müßiggang hatte insofern zwei Facetten: Auf der einen Seite ging es um die Kritik am hyperaktiven Faulpelz und hypergenauen Pedanten, auf der anderen Seite werden aber auch solche Menschen ins Visier genommen, die damals durch das Raster traditioneller Arbeits- und Berufsformen fielen.

Kapitel 8: „Schluss mit der Drückebergerei!"
Die Enteignung der Faulheit im Kapitalismus *(teilweise Auszug aus H.A.Wulf 1987)*

Faulheit braucht Freiheit. Ein Galeerensklave hat keine Möglichkeit faul zu sein. Faulheit setzt ein Mindestmaß an Entscheidungsspielraum darüber voraus, wie viel, wann und wie schnell einer arbeiten will. Und eben hierum dreht sich der ganze jahrhundertlange Kampf zwischen Unternehmern und Arbeitern. Es geht um den Konflikt um Lohn und Leistung.

Wer streikt und nicht arbeitet, gilt in den Augen der Unternehmer als faul. Ganz gleichgültig ob es sich um einen einzelnen Faulpelz handelt, der aus Bequemlichkeit die Arbeit schwänzt, oder ob Tausende Arbeiter in organisierter und disziplinierter Form um höhere Löhne oder bessere Arbeitsbedingungen streiken. Und damit trafen sie den Nerv der sozialdemokratischen deutschen Arbeiterbewegung. Denn sie kämpfte einerseits mit Arbeitsniederlegungen gegen Ausbeutung und unmenschliche Arbeitsbedingungen. Auf der anderen Seite hatte sie sich mit Haut und Haaren der Arbeit verschrieben und pochte darauf, dass sie mit ihrer Arbeit den gesellschaftlichen Fortschritt garantierte. Der Messias Arbeit und sein Prophet Josef Dietzgen hatten bereits im ersten Kapitel ihren Auftritt. Mit Faulheit hatte man in der Sozialdemokratie nichts in Sinn, im Gegenteil: „Wir haben nicht Zeit zum Schwätzen/ wir müssen schaffen und schöpfen/ Ernstlich nützen die Zeit/ Sonst wird die Menschheit verkommen/ Arbeit: Arbeit heißt leben." So tönt es in einem Gedicht aus dem 19. Jahrhundert.

Paul Lafargues „Recht auf Faulheit" fand in der deutschen Sozialdemokratie denn auch ein vorwiegend negatives Echo. Es könne nicht das Ziel der Arbeiterbewegung sein, schlicht die Rollen mit den bürgerlichen Müßiggängern zu vertauschen und zur Abwechslung sich nun selbst auf die faule Haut zu legen. Das Predigen der Faulheit überlasse man den Anarchisten. Derartige Bekenntnisse zu Fleiß und Arbeit konnten die Arbeitgeber und ihre Presse allerdings nicht davon abhalten, ihre Sticheleien fortzusetzen. „Nach den Begriffen der sozialdemokratischen Presse verlangt es die 'Ehrhaftigkeit' nicht nur des Parteiführers, sondern des Arbeiters überhaupt, dass möglichst wenig und saumselig gearbeitet wird." (Deutsche Arbeitgeberzeitung, 1908, Nr.4) Neben solchen propagandistischen Tiraden konzentrierten sich die Unternehmer darauf, die Arbeit noch ergiebiger zu gestalten. An die Stelle der extensiven Ausbeutung im Frühkapitalismus mit 16-stündigen Arbeitstagen traten nun neue Methoden der Intensivierung der Arbeit. Rationalisierung war das Gebot der Stunde.

In der Geschichte der industriekapitalistischen Produktion hat es zwei große Rationalisierungskünstler gegeben: Frederick W. Taylor (1856-1915) und Henry Ford (1863-1947) Nach der Ansicht des Erfinders der sog. „Wissenschaftlichen Betriebsführung" Taylor ist der Arbeiter von Natur aus faul. Taylor geht es deshalb darum, dem Arbeiter auf die Schliche zu kommen und all seine Tricks und Kniffe aufzuspüren und ihm auszutreiben. Auch Henry Ford ging es darum, der Faulheit und dem Schlendrian gnadenlos den Kampf anzusagen. Dabei war er allerdings um einiges gewiefter als Taylor. An die Stelle des einzelnen Arbeitsplatzes tritt bei ihm die Rationalisierung des gesamten Produktionsablaufs, die systemische Rationalisierung. Doch zunächst zu Taylor.

Frederick W. Taylor war Ingenieur und hatte sich um die Entwicklung rationellerer Methoden bei der Herstellung von Schnelldrehstahl verdient gemacht. Die gleichen Methoden wandte er auch bei den Experimenten an, die ihn als „Vater der wissenschaftlichen Betriebsführung" (vgl. Witte 1928, S. 21) in die Geschichte eingehen ließen. So wie er eine mathematische Formel für das Metallschneiden gefunden hatte, glaubte er, grundsätzlich alle betrieblichen Arbeitsabläufe auf eine wissenschaftliche Grundlage stellen und dadurch die Produktivität erheblich steigern zu können. Sein Hauptinteresse galt zunächst den Ausführungsmethoden der verschiedenen Arbeitsabläufe. In der Regel, so stellte Taylor fest, gibt es im betrieblichen Alltag für ein und dieselbe Arbeit 50 bis 100 Varianten (vgl. Taylor 1919, S.33) - ein anarchischer Zustand, der Ineffizienz bedeute; denn für Taylor bestand die Gewissheit, dass es immer nur eine optimale Arbeitsmethode geben könne. An die Stelle von Faustregeln, die sich aufs Belieben des einzelnen Arbeiters stützten, sollten objektivwissenschaftliche Methoden treten (vgl. ebd., S.14f.). Um diese herauszufinden, hatte Taylor ein komplexes System von Zeitstudien ersonnen. Die Erkenntnisse dieser Zeitstudien wurden im zentralen Arbeitsbüro gespeichert und von dort dem einzelnen Arbeiter in Form detaillierter schriftlicher Anweisungen für jeden einzelnen Arbeitsschritt vorgegeben. Alle planenden und dispositiven Funktionen wurden im Arbeitsbüro zentralisiert. Es war sozusagen das Hirn des Produktionsprozesses, von dem aus alle Arbeitsabläufe koordiniert wurden „etwa so wie man Schachfiguren auf dem Schachbrett hin und herschiebt". (ebd., S. 72)

Das wesentliche Hindernis zur Erzielung höchster Arbeitsproduktivität lag für Taylor in der Spezifik menschlicher Arbeitskraft begründet, die - vergleichbar der unvollkommenen Qualität herkömmlicher Schneidstähle - sich gegenüber einer optimalen Arbeitsgeschwindigkeit als zu spröde erweist, da sie von natürlicher Faulheit geprägt sei. „Die Lässigkeit und der gemeinsame Widerstand gegen rasches Arbeiten" liegt für Taylor begründet in „dem Instinkt und der Neigung der Leute, die Dinge leicht zu nehmen", da „der Durchschnittsmensch zu einem schlaffen und langsamen Tempo in allen Dingen geneigt" (Taylor, 1914, S. 8) sei. Dabei stimmten sich die Arbeiter untereinander ab. Dieses stillschweigende oder offene Übereinkommen der Arbeiter, sich um die Arbeit zu drücken, d.h. absichtlich so langsam zu arbeiten, dass ja nicht eine wirklich ehrliche Tagesleistung zustande kommt, sei in industriellen Unternehmungen fast allgemein gang und gäbe. (Taylor, 1919 S.12) Und er fährt fort: „Ich glaube mit der Behauptung, dass dieses 'Sich-um-die-Arbeit-drücken› das größte Übel darstellt, an dem gegenwärtig die arbeitende

Bevölkerung krankt, keinen Widerspruch fürchten zu müssen." (ebd. S.12) Taylor lässt nicht locker. „Dieses 'Sich-Drücken-von-der-Arbeit' entspringt zwei Ursachen: erstens dem angeborenen Instinkt und der Neigung des Menschen, nicht mehr zu arbeiten, als unumgänglich notwendig ist; zweitens der durch den Einfluss und das Beispiel anderer und durch eigenes Nachdenken geschaffenen Auffassung von seiner Zweckmäßigkeit im eigenen Interesse; letzteres könnte man vielleicht das systematische 'Sich-Drücken' nennen." (ebd. S.18)

Taylors Fazit: „Zweifellos neigt der Durchschnittsmensch bei jeder Beschäftigung zu langsamem und gemütlichen Tempo bei der Arbeit." (ebd.) Der Drückeberger trägt mit seiner Faulheit dazu bei, dass auch seine Arbeitskollegen ihr Niveau senken und sich gegenseitig mit ihrer Faulheit abzusprechen. „Wenn ein energischer Mensch auch nur wenige Tage an der Seite eines Faulpelzes arbeitet, so ist seine Schlussfolgerung ganz berechtigt und verständlich: 'Warum soll ich mich anstrengen und hart arbeiten, wenn dieser Faulpelz dieselbe Bezahlung wie ich erhält und nur die Hälfte von dem leistet, was ich leiste?" (ebd.19) Taylor geht von der „angeborenen Bequemlichkeit der Menschen." aus. (ebd. S.20)

Der weitaus größte Teil von systematischer Drückebergerei geschehe jedoch mit dem fest gefassten Vorsatz, die Arbeitgeber in Unwissenheit darüber zu erhalten, wie schnell die Arbeit tatsächlich getan werden könne. (ebd. S.21) Hinzu komme die „systematische Bummelei", die oft gegen den Willen des einzelnen Arbeiters von den Gewerkschaften erzwungen werde, um „die Werkstättenleitung über die mögliche Leistung im Unklaren zu halten" (Taylor 1914, S.9). Dieses „stillschweigende oder offene Übereinkommen der Arbeiter, sich um die Arbeit zu drücken", führe dazu, dass häufig „nicht mehr als ein Drittel oder höchstens die Hälfte einer ehrlichen Tagesleistung" (Taylor 1919, S.12) erbracht werde. Eine wesentliche Voraussetzung zur Beseitigung dieser Leistungszurückhaltung ist für Taylor die systematische Erfassung und Messung der einzelnen Arbeitsabläufe mit der Stoppuhr, wobei er eine als Buch getarnte Stoppuhr empfiehlt, die „unbemerkt von dem zu beobachtenden Arbeiter" (Taylor 1914, S. 94) bedient werden könne. All diese Zeitmessmethoden galten damals als Neuland in der kapitalistischen Effizienzsteigerung. Was damals revolutionär war, verursacht heute allerdings nur ein müdes Lächeln. Denn heute ist es ja für viele Menschen chic und modern geworden, sich ohne jeden Zwang unentwegt mit Hilfe computergestützter Apparaturen selbst zu vermessen. Selbstoptimierung in allen Lebenslagen ist das Gebot der Stunde und wird gelegentlich bis zum Umfallen betrieben.

Bei Taylor sollten die Zeitstudien die Betriebsleitung in den Besitz der Kenntnisse über die Arbeitsausführung bringen, die bisher Eigentum des einzelnen Arbeiters waren und einen Teil seiner Qualifikation ausmachten. Damit ist jedoch noch nicht gewährleistet, dass die Arbeiter ihr langsames Arbeitstempo tatsächlich auch aufgeben und das leisten, was Taylor als „ehrliche Tagesleistung" bezeichnet. Dies wird erst ermöglicht durch die Anwendung des von ihm ersonnenen Lohnsystems. Auf der Grundlage der durch die Zeitstudien gewonnenen Daten wird dem Arbeiter anhand schriftlicher Anweisung nicht nur vorgeschrieben, was er tun soll und wie er die einzelnen Arbeitsschritte ausführen soll, es wird ihm auch exakt die dafür vorgesehene Zeit vorgegeben. Erreicht der Arbeiter das bestimmte Pensum in der vorgegebenen Zeit, so erhält er einen Zuschlag auf seinen gewöhnlichen Lohn, erreicht er das Pensum nicht, so geht er nicht nur des Prämienzuschlags verlustig, es werden ihm -gleichsam als Strafevon seinem Grundlohn Bestandteile abgezogen. Je nach Art der Arbeit kann der Prämienzuschlag zwischen 30-100% liegen. Zu hoch dürften nach Taylors Erfahrungen die Löhne allerdings auch nicht bemessen sein, weil es für die meisten Menschen nicht gut sei, rasch zu vielem Geld zu kommen; zu hohe Löhne machten die Arbeiter „unbescheiden, unregelmäßig bei der Arbeit und verschwenderisch" (Taylor 1914., S. 6). Taylor ist besessen von der Idee, exakt die mögliche Maximalleistung menschlicher Arbeitskraft festlegen zu können, ähnlich wie er die Leistungsfähigkeit von Schneidstählen definiert hatte. Konkret geht es ihm darum, eine Methode zu entwickeln, mit der genau quantifiziert werden kann, „wie viele Meterkilogramm Arbeit ein Arbeiter in einem Tag billigerweise zu verrichten imstande ist" (Taylor 1919, S. 58). Dies ist der Hauptzweck all seiner jahrelangen Beobachtungen und Experimente bei den verschiedensten Arbeitstätigkeiten. In seinem Hauptwerk rühmt er sich, eine solche Berechnungsmethode, die er in den Rang einer physikalischen Gesetzmäßigkeit erhebt, gefunden zu haben (Taylor 1919, S. 60f.).

Hierdurch -so Taylors Schlussfolgerung- sei es nun möglich, den traditionellen Konflikt zwischen Lohn und Leistung, zwischen Arbeiterschaft und Unternehmen endgültig aufzuheben; denn der Beweiskraft wissenschaftlicher Gesetze könne sich niemand entziehen. Infolge der von ihm entwickelten objektiven Berechnungsmethode zur Festlegung der Lohn-Leistungsrelation kämen sowohl die Arbeiter als auch die Unternehmer zu der Erkenntnis, „dass es möglich und für beide Teile segensreich ist, an einem Strang zu ziehen". (Taylor 1914, S. 3) Die Arbeiter gäben ihre Bummelei und Leistungszurückhaltung auf und entwickelten eine völlig veränderte Einstellung zur Arbeit, die Taylor folgendermaßen charakterisiert: „1. In günstigem Sinne völlig veränderte Sinneshaltung gegen die Vorgesetzten und Erwachen von Lust und Liebe zur Arbeit. 2. Durch verbesserte Arbeitsbedingungen; vermehrten Verdienst und gesteigerte Arbeitsfreudigkeit hervorgerufene Erhöhung der Leistungsfähigkeit auf das Zwei- bis Dreifache der bisherigen." (Taylor 1914, S. 78)

Nachdem derart durch die wissenschaftliche Betriebsführung die betrieblichen Interessengegensätze objektiviert worden seien, müsste sich auch die Rolle der Gewerkschaften grundlegend ändern. Taylor stellt zwar ihre Existenzberechtigung nicht generell in Frage (vgl. ebd., S. 112); die bisherige zentrale Aufgabe der Gewerkschaften, die Aushandlung der Löhne, werde jedoch überflüssig werden, da die Löhne jetzt ja „viel besser durch wissenschaftliche Zeitstudien" (ebd., S.

113) ermittelt würden. Als Ingenieur und Wissenschaftler sieht Taylor sich selbst über den Interessengegensatz von Kapital und Arbeit hinausgehoben und berufen, mit seinem System die widerstreitenden Interessen zu versöhnen. Gleichwohl verschweigt er nicht, dass er sich in seiner langjährigen Betriebspraxis als Vertreter der Unternehmerseite verstand. Taylor, der im Laufe seines Lebens fast alle Positionen der Betriebshierarchie - vom Monteur bis zum Generaldirektor - innegehabt hatte, redet in diesem Zusammenhang nicht um die Interessengegensätze herum: „Kaum war ich Meister über eine Gruppe von Arbeiten geworden, sagte ich ihnen unverhohlen, dass ich jetzt auf der Seite des Geschäfts stünde." (1919, S. 52) Ausführlich schildert er den „Krieg" (ebd., S. 53), den er mit den ihm unterstellten Arbeitern führte, und die Repressalien, bis hin zur Entlassung, die er dabei anwandte. „Ich versuchte verschiedene Mittel, sie zu einem normalen Quantum Arbeit täglich zu bringen: Ich entließ die Hartnäckigsten, die sich fortgesetzt weigerten, sich zu bessern, oder setzte den Stücklohn herab, stellte Neulinge ein, die ich persönlich anlernte, und nahm diesen das Versprechen ab, dass sie nach ihrer Lehrzeit eine richtige Tagesarbeit leisten würden. Die Arbeiter aber übten beständig (in und außerhalb der Werkstätte) einen solchen Druck auf die aus, die mehr Arbeit lieferten, dass sich diese gezwungen sahen, es den anderen gleichzutun oder zu gehen." (ebd.) Die „wissenschaftliche Objektivität" von Taylors System scheint sich mithin den Betroffenen nicht unmittelbar erschlossen zu haben. Widerstände gab es auch von der anderen Seite, den Betriebsleitern, die sich oft „steifnackig" (Taylor 1914, S. 45) stellten und mit ihren tradierten Methoden nicht brechen wollten. Taylor ließ sich hiervon allerdings nicht beeindrucken, da er fest davon überzeugt war, dass sein System berufen sei, den gesellschaftlichen Wohlstand zu heben und den sozialen Frieden herzustellen: „Eine Zeitlang werden Partei eins und Partei zwei revoltieren. Die Arbeiter werden jede Störung ihrer alten Faustregelmethoden übel vermerken, und die Leitung wird es ablehnen, neue Pflichten und Bürden

auf sich zu nehmen; aber am Ende wird das Volk die Neuordnung der Verhältnisse den Arbeitgebern wie den Arbeitnehmern aufzwingen." (Taylor 1919, S. 150) Die Prinzipien seiner „wissenschaftlichen Betriebsführung", die er selbst in den Rang einer Philosophie erhoben hatte, wollte Taylor auf alle gesellschaftlichen Bereiche übertragen - „auf die Verwaltung und Leitung des Haushaltes und des Bauerngutes, die Geschäftsführung des Handwerk- und des Fabrikbetriebes, die Leitung und Verwaltung von Kirchen, Wohlfahrtseinrichtungen und Universitäten" (ebd., S. 6). Überall sollte das Prinzip rationellen Energieeinsatzes herrschen.

Es ist verbürgt, dass Taylor sogar versuchte, sein eigenes Alltagsleben diesem Prinzip zu unterwerfen. So pflegte er z.B. stets seine Schritte zu zählen, um so die kürzesten Wege zu ermitteln (vgl. Braverman 1977, S. 78). Die Reduzierung menschlichen Verhaltens auf physikalische Gesetzmäßigkeiten, wie sie sich in dem Beispiel beredt ausdrückt, ist symptomatisch für Taylors Methode insgesamt. Der Arbeiter ist für ihn ein nach mechanischen Gesetzen funktionierendes Lasttier, das lediglich mit einem bestimmten Lohnquantum gefüttert werden muss. Psychische und soziale Aspekte bleiben bei Taylor ausgeblendet. So abstrus manche Züge des Taylorsystems heute auch erscheinen mögen, so war es doch nicht nur das Werk eines zwangsneurotischen, effizienzbesessenen Einzelgängers. Die von Taylor formulierten Überlegungen zur Rationalisierung lagen damals gewissermaßen in der Luft. Sie sind Ausdruck eines naturwissenschaftlichen Weltbildes, wie es sich seit dem 19. Jahrhundert in den Industrieländern zum alles beherrschenden Interpretations- und Wertmuster, gleichsam zur Ersatzreligion, aufgeschwungen hatte. Der Taylor-Herausgeber Rudolf Roesler hat im Vorwort zu den „Grundsätzen" denn auch zu Recht auf die Verwandtschaft von Taylors Ideen mit der Theorie des deutschen Philosophen und Chemikers Wilhelm Ostwald (1853-1932) aufmerksam gemacht. Ostwalds Devise „Vergeude keine Energie, verwerte sie" (Ostwald 1912, S. 85), lässt sich als Motto auch über Taylors „wissenschaftliche Betriebsführung" stellen. Auch ihm geht es grundsätzlich um die Erhöhung des Wirkungsgrades - gleichgültig ob es sich um Schneidstähle oder die menschliche Arbeitskraft handelt. Es sei eigentümlich, so wundert sich Taylor, dass sich der Arbeiter am Wochenende in seinem Sportverein bis an die äußersten Grenzen verausgabe. Wenn er nun aber am nächsten Tag zu seiner Arbeit zurückkehre, handele er strikt nach der Devise, möglichst wenig zu arbeiten. Statt sich wie beim sonntäglichen Sport bis an die Grenze auszupowern, drossele er nun seine Arbeitsleistung auf ein Drittel einer „ehrlichen Tagesleistung". Denn wenn er mehr leiste, werde er von seinen Arbeitskollegen wegen Akkordbrecherei zurückgepfiffen. „So allgemein verbreitet ist gerade dieses 'Sich-Drücken›, dass sich kaum ein guter Arbeiter in einem größeren Unternehmen mit dem gewöhnlichen Lohnsystem finden lässt, der nicht einen beträchtlichen Teil seiner Zeit darauf verwendet, ausfindig zu machen, wie langsam er arbeiten kann, um trotzdem bei seinem Arbeitgeber den Eindruck zu erwecken, er arbeite in flottem Tempo." (Taylor 1919, S.21)

Die „Drückebergerei" der Arbeiter hat für Taylor also zwei Motive: Zum einen seien die meisten Menschen von Natur aus faul, zum anderen liege es in seinem unmittelbaren ökonomischen Interesse. Denn sobald er mehr arbeite, würden die Arbeitsnormen nach oben geschraubt. „Naturgemäß liegt es somit im Interesse jedes einzelnen Arbeiters, darauf zu sehen, dass nicht schneller gearbeitet wird als bisher. Die jüngeren, weniger erfahrenen Leute werden von den älteren dahingehend instruiert, und alle möglichen Überredungskünste und sozialer Einfluss werden aufgewendet, um die Ehrgeizigen davon abzuhalten, neue Rekorde aufzustellen, die ja eine zeitweilige Erhöhung des Verdienstes bringen könnten, aber alle, die nach ihnen kommen, zwingen würden, für den alten Lohn mehr und angestrengter zu arbeiten." (Taylor 1919, S.22) Taylor hat mit seinem System der wissenschaftlichen Betriebsführung nichts Geringeres im Sinn als die Aufhebung des Klassenverhältnisses von Kapital und Arbeit. Die taktische Leistungszurückhaltung, um

Akkordbrecherei zu verhindern, vergifte das Verhältnis zwischen Arbeiter und Arbeitgeber.

Taylors „wissenschaftliche Betriebsführung" sorgte im ersten Drittel des 20. Jahrhunderts für viel Furore und erzielte auch in der deutschen Übersetzung etliche Auflagen. In der betrieblichen Praxis scheint sie sich jedoch nur wenig bewährt zu haben. (vgl. Wulf, S. 69) Sein System mit all seinen Zeitstudien und Arbeitsbüros war einfach zu umständlich. Zudem hatte er immer nur den einzelnen Arbeitsplatz im Blick und nicht den systemischen Zusammenhang des gesamten Produktionsprozesses.

Visionärer und effizienter war dagegen das Rationalisierungskonzept des amerikanischen Automobilkönigs Henry Ford. Bei Ford tritt an die Stelle der Stoppuhr das Fließband, mit dem er den Arbeitern die Faulheit und den Schlendrian austrieb. An die Stelle personaler Herrschaft und Kontrolle tritt bei Ford das technische System, hinter dem sich die kapitalistische Herrschaft verbirgt.

Direkte Hinweise, wonach Taylor und Ford sich gegenseitig inspiriert hätten, gibt es nicht. Ford nennt Taylor in seinen Büchern nicht ein einziges Mal, und umgekehrt scheint auch Taylor die Fordsche Fließbandfertigung nicht zur Kenntnis genommen zu haben. Worin bestehen nun die Unterschiede?

Taylors Ansatzpunkt ist der Arbeitsablauf des Einzelarbeiters, dessen Arbeit er mittels Zeitstudien effizienter zu gestalten trachtet. Ford dagegen geht vom betrieblichen Gesamtarbeiter aus. Er analysiert den gesamten komplexen betrieblichen Produktionsprozess und zerlegt die für die Herstellung eines Produkts notwendigen Arbeitsvollzüge in eine Vielzahl möglichst einfacher Funktionen, auf deren Grundlage er ein neues System der Arbeitsteilung aufbaut. Durch diese ins Extrem getriebene Arbeitszerlegung bis hin zu repetitiven Arbeitsformen, bei denen der einzelne Arbeiter lediglich noch einen oder zwei Handgriffe auszuführen hat, erreicht Ford eine erhöhte Arbeitsintensität am Einzelarbeitsplatz. Zusätzlich - und dies ist ein Unterschied zu Taylor -

macht er sich die produktiven Potenzen verstärkter Arbeitsteilung zunutze. Nach Fords eigenen Angaben konnte durch die Einführung seiner neuen Produktionsmethoden die Produktivität in seinen Werken vervierfacht werden. Das Prinzip der Zerlegung komplexer Produktionsabläufe in eine Vielzahl von Arbeitsverrichtungen war nun freilich nicht neu; es wurde bereits von Adam Smith in seinem vielzitierten Beispiel der Stecknadelproduktion demonstriert.

Das spezifisch Neue bei Ford ist, dass er die einzelnen Arbeitsverrichtungen entsprechend ihrer zeitlichen Abfolge räumlich anordnet und den zu bearbeitenden Arbeitsgegenstand mit Hilfe des Fließbandes durch die verschiedenen Bearbeitungsstationen seinem Endzustand entgegen wandern lässt. Der Arbeitsgegenstand wird also zum Arbeiter gebracht und nicht - wie bisher üblich - umgekehrt. Dies ist der Grundgedanke der Fließbandarbeit. Sollte diese Produktionsorganisation ökonomisch effizient funktionieren, bedurfte es eines innerbetrieblichen Transportsystems, das der Eigenart des herzustellenden Produkts (Auto) Rechnung trug. Hier ließ Ford sich von den Transportketten der Chicagoer Schlachthöfe inspirieren. Da es bei ihm jedoch nicht um die Demontage von Schweinen, sondern um die Montage von Autos ging, bevorzugte er statt der Ketten Montagebahnen bzw. Transportbänder.

Aufgrund der Vernetzung des arbeitsteilig zerlegten Produktionsprozesses mit Hilfe des Fließbandes kann Ford auf ein zentrales Mittel von Taylors System verzichten. Da die Arbeitsgeschwindigkeit vom kontinuierlich laufenden Band diktiert wird, bedarf es keines leistungsstimulierenden Lohnsystems. Fords Bandarbeiter werden im Zeitlohn bezahlt (vgl. Ford 1923, S. 146). Zeitstudien werden zwar auch bei Ford angestellt, haben jedoch eine völlig andere Funktion als bei Taylor. Sie dienen hier nicht als Bemessungsgrundlage für die individuelle Arbeitsleistung, sondern sind ein Mittel, um die einzelnen Arbeitstakte am Band zeitlich aufeinander abzustimmen, um Staus bzw. Leerläufe an den einzelnen Produktionsetappen zu vermeiden. Nicht die Arbeitsgeschwindigkeit, sondern der Arbeitsrhythmus wird bei Ford mit Hilfe der Zeitstudien ermittelt. Und das Problem maximaler Arbeitsleistung, auf das Taylor so viel Energie verwandt hatte, löst sich bei Ford vergleichsweise einfach: Das Arbeitstempo ist durch die technische Anlage, das Fließband, vermittelt. Soll eine höhere Arbeitsleistung erzielt werden, so wird schlicht die Geschwindigkeit des Bandes erhöht und schon beschleunigen ganze Kolonnen von Arbeitern ihre Bewegungsabläufe, ohne dass es einer Anweisung durch einen Vorgesetzten bedurft hätte. Charles Chaplin hat diesen Mechanismus in „Modern Times" drastisch dargestellt, und der Boss des Unternehmens in seinem Film hat sicherlich nicht zufällig Ähnlichkeit mit Henry Ford.

Mit der technischen Lösung des Problems der Arbeitsgeschwindigkeit wurde aber auch ein zweiter zentraler Gegenstand in Taylors „wissenschaftlicher Betriebsführung" gleichsam automatisch mit erledigt: Die Frage der optimalen Bewegungsabläufe. Taylor wollte dem einzelnen Arbeiter die Handbewegungen en detail vorschreiben. Bei Ford dagegen bleibt die Art der Arbeitsausführung dem Arbeiter selbst überlassen. Scheinbar bleibt ihm dadurch ein größerer Dispositionsspielraum, wird er doch nicht durch die Anweisungszettel eines tayloristischen Arbeitsbüros entmündigt. Da ihn bei Ford aber die Bandgeschwindigkeit permanent antreibt, wird er allerdings selbst die für ihn günstigsten Bewegungsabläufe suchen und einüben müssen. Für die Fordsche Produktionsorganisation hat das auf jeden Fall den Vorteil, dass es keines bürokratischen Wasserkopfes à la Taylor bedarf und dass vor Ort, in den Fertigungshallen, eine geringere Zahl von Vorgesetzten notwendig ist. Unmittelbare personale Herrschaft tritt hier zurück zugunsten technisch vermittelter Herrschaft. An die Stelle des Antreibers treten scheinbar neutrale technische Sachzwänge. Das von den Unternehmern so verhasste „Bummelantentum" der Arbeiter, ihre Leistungszurückhaltung und ihre „Faulheit" scheinen mit dem Fordschen Fließband ein für alle Mal beseitigt zu sein. Allerdings sind komplexe vernetzte Produktionssysteme wie z.B. die Fließbandfertigung sehr viel anfälliger und angreifbarer als der traditionelle Einzelarbeitsplatz. Günther Wallraff berichtet in seinen „Industriereportagen" von einem Arbeiter, dem man eine Zigarettenpause verweigerte und der daraufhin einen Schraubenzieher in das Fließband warf. Mit der Konsequenz, dass das Band mehrere Stunden stillstand und repariert werden musste.

In seinen Memoiren, die weltweit in riesigen Auflagen verbreitet wurden, widmet Henry Ford ein Kapitel dem „Terror der Maschine". Die Vorstellung am Fließband zu arbeiten, sei für ihn selbst grauenvoll. Da sei er aber eine seltene Ausnahme. „Der Durchschnittsarbeiter wünscht sich - leider- eine Arbeit, bei der er sich weder körperlich, noch vor allem geistig anzustrengen braucht." Insofern sei es auch vollständig fehl am Platze, die Arbeiter zu bedauern, die am Fließband stehen. (Ford, S.120)

Bei allen Unterschieden zwischen Taylor und Ford, eines haben sie gemeinsam. Immer geht es darum, durch Rationalisierung „die Poren des Arbeitstages" zu schließen, Pausen zu verhindern und so die Faulheit zu enteignen.

Henry Ford war aber auch noch in anderer Hinsicht visionär: Er hatte sehr hellsichtig den Arbeiter als Konsumenten entdeckt. Er war einer der ersten, der die Logik der kapitalistischen Massenproduktion begriffen und umgesetzt hatte. Er ließ in seinen Fabriken Autos bauen, die auch für diejenigen, die an seinen Fließbändern arbeiteten, erschwinglich sein sollten. Das berühmte von Ford entwickelte T-Modell, das in seinen Fabriken millionenfach gefertigt wurde. In seinen Memoiren schreibt Ford: „Ich beabsichtige, ein Automobil für die Menge zu bauen. Es wird aus dem allerbesten Material und von den allerbesten Arbeitern gefertigt. Trotzdem wird der Preis so niedrig gehalten sein, dass jeder, der ein anständiges Gehalt verdient, sich ein Auto leisten kann." (Ford S. 119)

Die Idee, dass sich ökonomisches Wachstum und die Produktion von neuen Bedürfnissen wechselseitig bedingen, hat bei

Ford zum ersten Mal konkrete und systematische Gestalt angenommen. Ein Mechanismus, der uns heute ganz selbstverständlich geworden ist. Wirtschaftliche Wachstumsprognosen und Konsumklimaindex sind heute zwei Seiten derselben Medaille. Dieses System funktioniert jedoch bekanntlich nur dann, wenn die Beschäftigten neben ihrer Rolle als Produzenten auch ihre Verantwortung als Konsumenten ernst nehmen. Die Faulheit erhält so eine neue Dimension. Faul ist nun nicht allein, wer nicht arbeiten will, sondern ebenso derjenige, der zu wenig in die kapitalistische Warenwelt eintaucht, sich also als sogenannter Konsummuffel verhält.

Kapitel 9
Jenseits der kapitalistischen Arbeitsgesellschaft
(10 Thesen)

1. Wie kommt es, dass immer mehr Menschen darüber klagen, dass sie immer weniger Zeit haben, obwohl sie immer mehr Zeit haben? Begriffe wie Stress und Burnout sind heute längst zu Modeworten geworden. Psychostress in der Arbeitswelt verursacht den Krankenkassen jährlich mehrere Milliarden Euro Kosten. Und dass sich die Freizeit immer mehr der Arbeit angleicht, das haben Philosophen bereits vor mehr als 100 Jahren diagnostiziert. Beide sind heute gleichermaßen vom Zeitspardiktat und den Prinzipien der Selbstoptimierung beherrscht. Selbst die ehemaligen Oasen der produktiven Muße, die Universitäten, sind längst unter die Räder der Ökonomie geraten. „Man denkt und forscht mit der Uhr in der Hand." (Nietzsche)
Wie können wir uns von diesem Arbeitsdiktat befreien? Sollen wir einfach aussteigen? Aber was kommt dann? Wovon sollen wir dann leben? Was sollen wir mit unserer Zeit anfangen? Wenn wir dann nur träge und faul in der Ecke hocken und uns langweilen, so haben wir ja nichts gewonnen.

2. Grundsätzlich gibt es zwei Möglichkeiten. Die bequemste Lösung besteht zweifellos darin, sich aus allem herauszuhalten und sich jenseits aller finanzieller Sorgen in eine romantische Idylle, ganz ohne Arbeit, zurückzuziehen. Man sitzt gemütlich auf der Terrasse des berühmten „Grandhotels Abgrund" und blickt wohlig-schaudernd auf das Gewusel, das sich unten abspielt. Ansonsten lässt man es sich wohl sein, trinkt Champagner und vergnügt sich mit der Lektüre von erbaulichen Büchern wie die „Die Kunst des Müßiggangs" oder „Das Lob der Faulheit". Der andere, nicht ganz so bequeme Weg, gilt für all jene, die Geld für ihren Lebensunterhalt verdienen müssen. Denn Lohnabhängigkeit ist in unserer Gesellschaft bekanntlich ein kollektives Schicksal und wer seine Arbeitsstelle verliert, gerät auf Dauer leicht in den

Strudel der Verelendung. Es geht hier also -anders als bei den privilegierten Müßiggängern- um die Arbeitswelt mit ihrem traditionellen Konfliktfeld von Lohn und Leistung.

Solange es nicht möglich ist, das kapitalistische Hamsterrad in ein Jahrmarktkarussell umzuwandeln, besteht nur die Möglichkeit, partiell an den Stellschrauben des Produktionssystems Veränderungen vorzunehmen. Lässt sich die Geschwindigkeit und somit das Arbeitstempo drosseln? Können die Arbeitsbedingungen halbwegs erträglich gestaltet werden? Wie lange müssen wir dort täglich arbeiten und welchen Lohn erhalten wir? In den 1970er Jahren haben die Gewerkschaften verschiedene Projekte unter dem Begriff der „Humanisierung der Arbeit" durchgeführt. Dabei ging es vor allem um zusätzliche stündliche Arbeitspausen und um die Veränderung der Arbeitsabläufe bei Fließbandarbeit. Und vor einiger Zeit haben die Gewerkschaften eine Kampagne mit dem Titel „Gute Arbeit" gestartet, um die Arbeit generell menschlicher zu gestalten.

3. Der französische Sozialist Paul Lafargue, von dem am Anfang dieses Buches die Rede war, hat in seinem „Recht auf Faulheit" provokant die Extremforderung nach einem Drei-Stunden-Tag formuliert. Die Erwerbsarbeit soll nicht mehr lebensbeherrschend, sondern lediglich Appendix, „eine Würze der Vergnügungen der Faulheit" sein. Mit seiner Forderung nach einer radikalen Arbeitszeitverkürzung unterscheidet er sich grundlegend von den Autoren des „Lobs der Faulheit" und der „Kunst des Müßiggangs", welche meist lediglich von Faulheitsnischen im Privaten träumen. Gegen die ewige Litanei der Unternehmer über die angeblich faulen Arbeiter dreht Lafargue den Spieß um. Das Recht auf Faulheit wird bei ihm zur Forderung nach einer rigorosen Arbeitszeitverkürzung. Jawohl, wir wollen faul sein und weniger arbeiten! Drei Stunden pro Tag sind genug!

4. Die Forderung nach Arbeitszeitverkürzung ist so alt wie die Arbeiterbewegung selbst und feierte ihren ersten Sieg mit der

Durchsetzung des 10-Stunden-Tages in England im 19. Jahrhundert. In den 1960er Jahren setzten die deutschen Gewerkschaften sukzessive die 40-Stundenwoche durch und in den darauf folgenden 80er Jahren entbrannte der Kampf um die 35-Stundenwoche. Diese Forderung konnte zwar bekanntlich bis heute nicht voll durchgesetzt werden. Dennoch ist der Kampf der Gewerkschaften für die Verkürzung der Wochenarbeitszeit von epochaler Bedeutung. Er ist ein wichtiger Schritt hin zur Realisierung des uralten Traums von einem Leben, das nicht mehr primär von entfremdeter Arbeit bestimmt wird. Die Verkürzung der Wochenarbeitszeit hat jedoch nicht im gleichen Maße die Lebensqualität erhöhen können, weil parallel dazu die Intensivierung der Arbeit erheblich gestiegen ist.

5. Seit einiger Zeit werden verstärkt alternative Arbeitszeitmodelle diskutiert und teils auch praktiziert. Verbreitet sind verschiedene Varianten der Teilzeitarbeit oder flexiblen Arbeitszeit. Daneben gibt es etliche Modelle, bei denen man sich durch temporären Lohnverzicht und den Aufbau von Arbeitszeitkonten einen Freizeitanspruch aufbauen kann. Ein Beispiel hierfür ist das sog. Sabbatical. Immer öfter geht es darum, das standardisierte System fester Wochen- und Lebensarbeitszeiten zu durchbrechen.

6. Mehr Lebenszeit und weniger Arbeit haben allerdings ihren Preis; denn in der Regel führt eine deutliche Verringerung der Arbeitszeit, wie z.B. bei der Teilzeitarbeit, zu Einkommensverlusten. Aber dies muss ja nicht automatisch Verzicht an Lebensqualität bedeuten, wenn man sein Konsumverhalten verändert und sich nicht jedem Werbeversprechen der Warenwelt hingibt. Die Absurdität besteht heute ja darin, dass viele Menschen Konsumartikel kaufen, für die sie hart arbeiten müssen, die sie aber oftmals gar nicht benötigen. Es entsteht ein fataler Teufelskreis aus Arbeit und Konsum, in dem sich Arbeitsfrust und Konsumsucht wechselseitig hochschaukeln.

7. Neuerdings gibt es verstärkt Tendenzen, sich von diesem Konsumwahn zu befreien und neue Wege zu gehen, durch die sich die Lebenshaltungskosten senken lassen. So gibt es beispielsweise immer mehr Second Hand-Läden und ebenso haben Tauschbörsen ihren Nutzen demonstriert. Nicht jeder benötigt 24 Stunden am Tag und 365 Tage im Jahr ein Auto. Zudem breiten sich neue Trends wie z.B „Gib - und Nimm-Stationen" oder das Upcycling aus. Eine weitere Variante besteht darin, Haushaltsgegenstände, Mobiliar, Lebensmittel oder Kleidung in Eigenarbeit herzustellen. Mögen die genannten Beispiele vielleicht auch etwas trivial erscheinen, so könnten sie doch ein erster Schritt hin zu einem Wertewandel bedeuten.

8. Bei all den verschiedenen Modellen der Share Economy und den Beispielen der Selbstversorgung geht es keineswegs um entsagungsvolle Askese, sondern um den Versuch, die eigenen Lebenshaltungskosten zu verringern, ohne dabei aber die Lebensqualität senken zu müssen. Nur diese Kombination von weniger arbeiten einerseits, und einfacher (aber nicht schlechter) leben andererseits, lässt den Sprung aus dem Teufelskreis von Arbeit und Konsum gelingen.

9. Dies sind freilich nur erste Schritte. Erst die radikale Abnahme entfremdeter Erwerbsarbeit könnte zu einem besseren und sinnvolleren Leben führen. Die Freizeit und nicht die Arbeitszeit bestimmte dann das Leben. Gradmesser für die Lebensqualität wäre dann nicht allein das Geld, sondern ebenso die Zeit, die man zur freien Verfügung hat. Bereits 1980 wurde von dem Politologen Jürgen Rinderspacher der Begriff des „Zeitwohlstands" in die Diskussion eingebracht.

10. Und wenn Erwerbsarbeit in ihren heutigen Formen nicht mehr lebensbestimmend sein wird, dann wird auch die Faulheit als Kontrastbegriff zur Arbeit ihren Sinn verlieren. „Denn Faulheit ist eine verständliche Neigung, aber es kann kein Lebensprinzip sein." (Negt, S. 181) Die drei Faulen am

Beginn dieses Buches möchte man wohl kaum als utopische Vision gelten lassen. Jenseits der fremdbestimmten Erwerbsarbeit könnten an die Stelle von Faulheit Begriffe wie selbstbestimmtes Leben, Kreativität, lustvolle Arbeit, autonomes Handeln, gutes Leben, genussvolle Zeitverschwendung und auch Muße treten.

Literaturverzeichnis

ABRAHAM A SANCTA CLARA: Judas der Erzschelm. Nürnberg 1752.

ABRAHAM A SANCTA CLARA: Wunderwürdiges, ganz neu ausgehecktes Narrennest. Passau 1840.

ALBERTI, Leon Battista: Vom Hauswesen (Della Famiglia). München 1986.

ALBERTINUS, Aegidius: Lucifers Königreich und SeelenGejaydt. Berlin ca. 1886.

ANGENENDT, Arnold: Geschichte der Religiosität im Mittelalter. 3. Auflage. Darmstadt 2005.

ANTONINUS VON FLORENZ: Summa Theologica (=Summa moralis). Verona 1740 4 Bde..

APOPHTEGMATA PATRUM (=Weisung der Väter): Eingeleitet und übersetzt von Bonifaz Miller. Freiburg 1965.

ARREZO, Thomas von: Sonn- und Festtagspredigten Bd. 2. München 1851.

ATHANASIUS: Vita Antonii. Leipzig 1986.

AUGST, Rüdiger: Acedia - religiöse Gleichgültigkeit als Logismos und Denkform bei Evagrius Ponticus. Saarbrücken 1988.

AUGUSTINUS, Aurelius: Die Handarbeit der Mönche. Würzburg 1972.

AVE-LALLEMANT, Friedrich Christian Benedict: Das deutsche Gaunertum. Wiesbaden o.J. (fotomech. Nachdruck).

AYAß, Wolfgang: Das Arbeitshaus Breitenau: Bettler, Landstreicher, Prostituierte, Zuhälter und Fürsorgeempfänger in der Korrektions- und Landarmenanstalt Breitenau (1874 - 1949). Kassel 1992.

AYAß, Wolfgang: Die „korrektionelle Nachhaft". Zur Geschichte der strafrechtlichen Arbeitshausunterbringung in Deutschland. In: Zeitschrift für Neuere Rechtsgeschichte 15 (1993), S. 184 - 201.

AYAß, Wolfgang: „Asoziale" im Nationalsozialismus. Stuttgart 1995.

BACHT, Heinrich: Das Vermächtnis des Ursprungs. Schriften zum frühen Mönchtum. Pachomius - Der Mann und sein Werk. Würzburg 1983.

BAHRDT, Carl Friedrich: Handbuch der Moral für den Bürgerstand. Halle 1789.

BAHRDT, Carl Friedrich: Moral für alle Stände Bd. 2. Berlin 1797.

BAHRDT, Carl Friedrich: System der moralischen Religion zur endlichen Beruhigung für Zweifler und Denker 2 Bde. o.O. 1791.

BARACK, Karl August (Hg.):Des Teufels Netz. Satirisch-didaktisches Gedicht aus der 1. Hälfte des 15. Jahrhunderts. Stuttgart 1863.

BASEDOW, Johann Bernhard: Anschläge zu Armen-Anstalten wider die Unordnung der Bettelei, besonders in mittelmäßiggroßen Städten. Dessau 1772.

BASEDOW, Johann Bernhard: Zur christlichen Besserung und Zufriedenheit in vornehmen Ständen. Leipzig 1782.

BAUR, Samuel: Homiletisches Handbuch zu Hochzeitpredigen und Trauungsreden. Ulm 1819.

BENEDIKTINERREGEL: Der vollständige Text der Regel lateinisch-deutsch. Zürich, Einsiedeln, Köln 1982.

BENZ, Ernst: Das Recht auf Faulheit oder Die friedliche Beendigung des Klassenkampfes. Frankfurt/M./Berlin 1983.

BERND, Adam: Der Teufel hat mich verführet, Oder: die eitle Ausflucht der Sünder. Leipzig 1730.

BETRACHTUNGEN UND GEBETE DEN LANDLEUTEN bei ihren Mühen und Arbeit zur Erleichterung und Freude des Herzens. Halle 1776.

BINDING, Karl/ HOCHE, Alfred: Die Freigabe der Vernichtung lebensunwerten Lebens.. Leipzig 1920.

BIRKL, Franz Xaver: Kurze Predigten auf alle Sonn- und Festtage des Kirchenjahres. Regensburg 1849.

BOEHNKE, Heiner/JOHANNSMEIER, Rolf: Das Buch der Vaganten. Köln 1987.

BRANT, Sebastian: Das Narrenschiff (1494). Stuttgart 1964.

BRAVERMAN, Harry: Die Arbeit im modernen Produktionsprozess. Frankfurt a.M./ New York 1977.

BREVIER FÜR MÜßIGGÄNGER. Salzburg 1968.

BRIETZKE, Dirk: Arbeitsdisziplin und Armut in der frühen Neuzeit. Hamburg 2000.

BUNGE, Gabriel: Akedia. Die geistliche Lehre des Evagrios Pontikos vom Überdruss. 4. Aufl. Würzburg 1995.

BURKART, Thomas: Populäre Predigten auf die Sonn- und Festtage. Band1. und Band 2 Regensburg 1856/57.

BÜSING, Elke: Die Unterbringung im Arbeitshaus unter besonderer Berücksichtigung der Verhältnisse in Niedersachsen. Göttingen 1968.

CALVIN, Johannes: Unterricht in der christlichen Religion = Institutio Christianae religionis. Neukirchen-Vluyn 2008.

CAMBACERES, Etienne François de. Predigten, Band 3. Augsburg 1785.

CAMPE, Joachim Heinrich: Sittenbüchlein für Kinder. Braunschweig 1831.

Cantoni, Davide: The Economic Effects of the Protestant Reformation: Testing the Weber Hypothesis in the German Lands. Harvard 2009.

CARLYLE Thomas: Sozialpolitische Schriften. Göttingen 1895.

CARLYLE, Thomas: Arbeiten und nicht verzweifeln. 76.-80. Tausend. Düsseldorf und Leipzig o. J. (ca. 1910).

CARLYLE, Thomas: Beiträge zum Evangelium der Arbeit. Berlin 1851.

CARLYLE, Thomas: Vergangenheit und Gegenwart. Leipzig 1903.

CASSIANUS, Johannes: Von den Einrichtungen der Klöster. Kempten 1877.

CELLA, Johann Jacob: Freymütige Gedanken über Landesverweisungen, Arbeitshäuser und Bettelschübe. Ansbach 1784.

CHESTERFIELD, Philip Dormer Stanhope, of: Briefe an seinen Sohn (1774), 2 Bde. München und Leipzig 1912.

CHESTERFIELD, Philip Dormer Stanhope, of: Briefe an seinen Sohn (1774), Leipzig und Weimar 1983.

COUARD, Christian Ludwig: Predigten über gewöhnliche Perikopen und freie Texte. Band 3. Berlin 1840.

CRAMER, Johann Andreas: Neue Sammlung einiger Predigten. Band 2. Kopenhagen 1763.

DAS INSEL-BUCH DER FAULHEIT. Frankfurt a. M. 1983.

DECARREAUX, Jean: Die Mönche und die abendländische Zivilisation. Wiesbaden o.J.

DEIMEL, Theodor: Carlyle und der Nationalsozialismus. Würzburg 1937.

DELATTE, PAUL: Kommentar zur Regel des heiligen Benedikt. Sankt Ottilien 2011.

DER NICHTSESSHAFTE MENSCH Ein Beitrag zur Neugestaltung der Raum- und Menschenordnung im Großdeutschenreich. München 1938.

DIETZGEN, Josef: Sozialdemokratische Philosophie: In: ders. Schriften in drei Bänden. Bd.1 Berlin 1961.

DIETZGEN, Josef: Die Religion der Sozialdemokratie. In: ders. Schriften in drei Bänden. Bd.1 Berlin 1961.

DINTER, Gustav Friedrich: Predigten zum Vorlesen in Landeskirchen. Band 2. Neustadt a.d. Orla 1835.

DIWALD, HELMUT: Luther. Eine Biografie. Bergisch Gladbach 1982.

DODEL, Franz: Das Sitzen der Wüstenväter. Freiburg (Schweiz) 1997.

DÖRRIES, Hermann: Mönchtum und Arbeit. In: Ders. Wort und Stunde 1. Band. Gesammelte Studien zur Kirchengeschichte des vierten Jahrhunderts. Göttingen 1966, S.277-301.

DOLEISCH VON DOLSPERG, Franz: Die Entwicklung der Freiheitsstrafe unter besonderer Berücksichtigung des Auftretens moderner Freiheitsstrafen in England. Breslau 1928.

DORNSEIFF, Franz: Der deutsche Wortschatz nach Sachgruppen. 5. Aufl., Wiesbaden 1959.

DÜRRSCHEDEL, Thomas: Sonn- Fest- und Feiertagspredigten über die Evangelia des ganzen Jahres. o.O, 1787.

DÜLMEN, Richard Van: Kultur und Alltag in der Frühen Neuzeit. 3 Bde. München 1994.

DÜX, Johann. Martin: Das katholische Festjahr, oder Auslegung der Episteln und Evangelien. Würzburg 1863.

DÜX, Johann Martin: Der Ruf des Evangeliums: ein vollständiger Jahrgang von Predigten. Band 1. Regensburg 1842.

DURANT, Will: Kulturgeschichte der Menschheit, Bd. 9: Das Zeitalter der Reformation. Köln 1985.

EGER, Karl: Die Anschauungen Luthers vom Beruf. Ein Beitrag zur Ethik Luthers. Gießen 1900.

ELIAS, Norbert: Über den Prozeß der Zivilisation. 2 Bde. 6. Auflage. Frankfurt a.M. 1978.

ELSNER, Von Franz X.: Der katholische Christ an Sonn- und Feiertagen. Regensburg 1844.

ELSTER, Ludwig: Johannes Calvin als Staatsmann, Gesetzgeber und Nationalökonom. Jena 1878.

ENGELS, Friedrich: Die Lage der Arbeitenden Klasse in England, Marx-Engels-Werke (MEW) Bd. 2. Berlin (DDR) 1962.

ENGELS, Friedrich: Die Lage Englands, Marx-Engels-Werke (MEW) Bd. 1 Berlin (DDR) 1964.

ENZYKLOPÄDIA BRITANNICA 11. Auflage Cambridge 1910, Bd.5.

EVAGRIUS PONTICUS: Briefe aus der Wüste. Eingeleitet, übersetzt und kommentiert von Gabriel Bunge. Trier 1986.

EVAGRIUS PONTICUS: Practicus. Münsterschwarzach 1986.

EVAGRIUS PONTICUS: Über das Gebet. Münsterschwarzach 1986.

FETSCHER, Iring: Sind wir unfähig zur Muße? In: Tewes, Joseph (Hg.) Nichts Besseres zu tun - über Muße und Müßiggang. Oelde 1989. S.27-32.

FISCHER, Thomas: Städtische Armut und Armenfürsorge im 15. und 16. Jahrhundert. Sozialgeschichtliche Untersuchungen am

Beispiel der Städte Basel. Freiburg i.Br. und Straßburg. Göttingen 1979.

FORD, Henry: Mein Leben und Werk. Leipzig 28.Aufl. o.J.

FOUCAULT, Michel: Wahnsinn und Gesellschaft. Eine Geschichte des Wahns im Zeitalter der Vernunft. Frankfurt a.M. 1969 (4. Auflage) (Suhrkamp stw 39).

FOUCAULT, Michel: Überwachen und Strafen. Die Geburt des Gefängnisses. Frankfurt a.M. 1977 (Suhrkamp stw 184.).

FRANK, K.S.: Geschichte des christlichen Mönchtums, 6.Auflage Darmstadt 2010.

FRANKLIN, Benjamin: Benjamin Franklins Leben und Schriften. Dritter Teil. Kiel 1829.

FRANKLIN, Benjamin: Leben und Grundsätze. Stuttgart (1851).

FRANKLIN, Benjamin: Schriften und Correspondenz. Dritter Band. Weimar 1818. Fünfter Band. Weimar 1819.

FRAYDT, P. Leopold: Christenlehr-Predigten auf alle Sonn- und Festtage des ganzen Jahres. Band 1. Innsbruck 1770.

FRIEDELL, Egon: Kulturgeschichte der Neuzeit. München 1974.

FRIEDENTHAL, Richard: Luther sein Leben und seine Zeit. München 1967.

GEHRA, Wolfgang: Christliche Spiritualität und Ökomomie. Organisationskultur und Personalführung in Benediktinerklöstern. St. Ottilien 2009.

GEHREN, Karl C. von: Predigten zur Beförderung des Wahren und Guten. Zweite Sammlung. Kopenhagen und Leipzig 1793.

GETREUE VÄTERLICHE VERMAHNUNG DES SENATUS ACADEMIAE an sämtliche Angehörige der Königlich Preußischen Friedrichs-Universität. Berlin 1710.

GIESECKE, Michael: Der Buchdruck in der frühen Neuzeit. Eine historische Fallstudie über die Durchsetzung neuer Informations- und Kommunikationstechnologien. Frankfurt A.M. 1991.

GLASER, Peter: Gesindeteufel. Leipzig 1564.

GOTHEIN, Marie: Die Todsünden. In: Archiv für Religionswissenschaft. 10. Band, Leipzig 1907 S. 416-484.

GRAU, Dietrich: Das Mittagsgespenst (daemonium meridianum) Untersuchung über seine Herkunft, Verbreitung und seine Erforschung in der europäischen Volkskunst. Siegburg 1966.

GREY, Wilhelm: Carlyle und das Puritanertum. Halle 1937.

GRIMM, Heinrich: Die deutschen „Teufelsbücher" des 16. Jahrhunderts. Ihre Rolle im Buchwesen und ihre Bedeutung. In: Börsenblatt für den deutschen Buchhandel Nr.1002 17.12.1959 S. 1733 - 1790.

GROETHUYSEN, Bernhard: Die Entstehung der bürgerlichen Welt- und Lebensanschauung in Frankreich. 2 Bde. Die Soziallehren der katholischen Kirche und das Bürgertum. Frankfurt a..M. 1978.

GROSS-HOFFINGER, Anton Johann (Hg.): Austria. Zeitschrift für Oesterreich und Teutschland. Leipzig 1833.

GRÜN, Anselm: Der Umgang mit dem Bösen. Münsterschwarzach 1980.

GRÜNEWALD, Hans: Die pädagogischen Grundsätze der Benediktinerregel. München 1939.

HABERMAS, Jürgen: Soziologische Notizen zum Verhältnis von Arbeit und Freizeit. In: Arbeit, Erkenntnis, Fortschritt. Aufsätze 1954-1970. Amsterdam 1970.

HAERTEL: Johann Ernst Cäsar: Zucht, Strafe, Arbeit. Leipzig 1880.

HAUBER, Johann Michael: Andachts- und Erbauungsbuch für katholische Christen. Regensburg 1842.

Hauck, Albert: Kirchengeschichte Deutschlands 6 in 5 Bde. Bd. II. Berlin 1958.

HEDTKE, Reinhold: Erziehung durch die Kirche bei Calvin. Heidelberg 1969.

HEIDEGGER, Martin: Abraham a Sancta Clara. In Heidegger: Aus der Erfahrung des Denkens 1910-1976, S. 1ff. Frankfurt a.M. 1983.

HEIM, Franz Joseph (Hg.): Predigt-Magazin, Band 18 (Kath.) Augsburg 1849.

HEIM: Franz Joseph: Predigten auf die Festtage der seligsten Jungfrau Maria im Laufe des katholischen Kirchenjahres. Augsburg 1855.

HEINRICHS, Richard: Die Arbeit und das Mönchtum in Cassians Schrift: „Von den Einrichtungen der Klöster" In: Der Katholik 72.Jg. Mainz 1892. 2.Bd. S.395-403.

HENSEL, Paul: Thomas Carlyle. Stuttgart 1902.

HERGENRÖTHER, I.V.: Predigten auf die Sonn- und Festtage des katholischen Kirchenjahres. Bd. 1 u. Bd.2. Sulzbach 1836.

HERTLING, Ludwig v.: Antonius der Einsiedler. Innsbruck 1929.

HERZOGLICHE GESINDEORDNUNG. Coburg 1803.

HEUSSI, Karl: Der Ursprung des Mönchtums. Tübingen 1936.

HILPISCH, Stephanus: Geschichte des benediktinischen Mönchtums. Freiburg 1929.

HIMMELSTEIN, Franz Xaver: Predigten auf alle Sonn- und Festtage des ganzen Jahres. 1. Band. Regensburg 1850.

HIPPEL, Robert von: Die strafrechtliche Bekämpfung von Bettel, Landstreicherei und Arbeitsscheu. Berlin 1895.

HIPPEL, Rudolf von: Beiträge zur Geschichte der Freiheitsstrafe. In: Zeitschrift für die gesamte Strafrechtswissenschaft.18. Jg. 1898 S. 417-494 und 608-666.

HIS, Rudolf: Geschichte des deutschen Strafrechts bis zur Karolina. München u. Berlin 1928.

HISTORIA MONARCHORUM IN AEGYPTO (Mönche im frühchristlichen Ägypten) Aus den Griechischen übersetzt, eingeleitet und erklärt von Karl Suso Frank. Düsseldorf 1967.

HOFACKER, Ludwig: Predigten. Stuttgart 1852.

HOLL, Karl: Die Geschichte des Wortes Beruf (1924) in Ders.: Gesammelte Aufsätze zur Kirchengeschichte. III Der Westen. Tübingen 1928. S. 189-219.

HOLZE, Heinrich: Erfahrung und Theologie im frühen Mönchtum. Untersuchungen zu einer Theologie des monastischen Lebens bei den ägyptischen Mönchsvätern, Johannes Cassian und Benedict von Nursia. Göttingen 1992.

HULTSCH, Hellmut: Arbeitsstudien bei Ford. Dresden 1926.

HUNDERT AUSBÜNDIGE NARREN (1709). Dortmund 1978.

JACOBEIT, Sigrid und Wolfgang: Illustrierte Alltagsgeschichte des deutschen Volkes 1550 - 1810. Leipzig, Jena, Berlin 1985.

JAIS, Ägidius: Predigten, die alle verstehen, und die meisten brauchen können. Band 2. Salzburg 1825.

JAIS, Karl: Predigten über einen der wichtigsten Gegenstände der Menschheit. München 1805.

JAIS, Von Karl: Predigten über die wichtigsten Stellen der Evangelien, Band 1 München 1807.

JOHANSEN, Erna M.: Betrogene Kinder, Frankfurt 1978.

JOPT, Uwe-Jörg: Schlechte Schüler - faule Schüler. Düsseldorf 1985.

JUSTIZ UND NS-VERBRECHEN: Sammlung deutscher Strafurteile wegen nationalsozialistischer Tötungsverbrechen 1945 - 1966. Amsterdam 1972.

JÜTTE, Robert: Disziplinierungsmechanismen in der städtischen Armenfürsorge der Frühneuzeit. In: Christoph Sachse und Florian Tennstedt (Hg.) Soziale Sicherheit und soziale Disziplinierung. Beiträge zu einer historischen Theorie der Sozialpolitik. Frankfurt 1986 S.101-118.

JÜTTE, Robert: Obrigkeitliche Armenfürsorge in deutschen Reichsstädten der Frühzeit. Köln Wien 1984.

JUNG, JOCHEN (Hg.): Lob der Faulheit. Salzburg und Wien 1986.

KÄFER, Johann Baptist: Nachgelassene Predigten: Einhundert zweiundzwanzig Festtags-Predigten. Band 1.Landshut 1855.

KÄFER, Johann Baptist: Nachgelassene Predigten. Vierundsechzig gewöhnliche Sonntagsvorträge. Band 3. Landshut 1856.

KAMPSCHULTE, F. W.: Johann Calvin und seine Kirche und sein Staat in Genf, Slatkine Reprints Geneve 1972.

KANT, Immanuel: Werke Bd. VII, Berlin 1917.

KLÄR, Karl-Josef: Das kirchliche Bußinstitut von den Anfängen bis zum Konzil von Trient Frankfurt a.M. Bern, New York, Paris 1991.

KLEIN, Karl: Sämtliche Predigten: Predigten auf die Festtage der Heiligen. Band 5.Mainz 1830.

KLEINKOWSKI, Helga: Das Arbeitshaus in theoretischer und

praktischer Sicht unter besonderer Berücksichtigung des Arbeitshauses in Nordrhein-Westfalen o.O. (1961).

KOCH, Manfred: Faulheit. Eine schwierige Disziplin. Springe 2012.

KOLTITZ, August Gottlob Friedrich: Über die Frage: Sind Gelehrte privilegierte Müßiggänger? o.O. 1758.

KÖNIGSDORFER, Martin: Glaubens-Predigten. Augsburg 1826.

KORTH, Leonard: Mittagsgespenster. Köln 1915.

KRANZ, Heinrich Wilhelm: „Die Gemeinschaftsunfähigen". Ein Beitrag zur wissenschaftlichen und praktischen Lösung des sog. „Asozialenproblems". Gießen 1940.

KRAUSOLD, Friedrich: Von Denen Wunderwercken und vortrefflichen Nutzbarkeiten des Rasp- oder Zucht-Hauses. Merseburg 1698.

KREY, Johann Bernhard: Beiträge zur Mecklenburgischen Kirchen- und Gelehrtengeschichte. Band 1. Rostock 1818.

KRÜNITZ, Johann Georg: Ökonomisch-technologische Enzyklopädie. Berlin 1805.

KUCZYNSKI, Jürgen: Geschichte des Alltags des deutschen Volkes. Bd. 2 1650-1810. Berlin 1981.

LAFARGUE, Paul: Das Recht auf Faulheit. Berlin 1991.

LAMMERS, August: Die Bettel-Plage. Berlin 1897.

LAUBER, Joseph: Vollständiges homiletisches Werk, Band 1.Wien 1793.

LAVALETTE, Robert: Literaturgeschichte der Welt. Zürich 1954.

LESS, Gottfried: Christliche Moral. Göttingen 1777.

LESS, Gottfried: Die christliche Lehre von der Arbeitsamkeit und Geduld in zwölf Predigten nebst einem Anhang. Göttingen 1773.

LIEBERKNECHT, Herbert: Das altpreußische Zuchthauswesen. Charlottenburg 1922.

LOB DER FAULHEIT. Frankfurt a.m. 130. Tausend 1964.

LORIOT, Julien: Sämtliche Predigten auf alle Sonn- und Festtage des ganzen Jahres. 4. Band. Augsburg 1784.

LUTHER, Martin: Sämtliche Schriften Bd.11 und Bd.12. Groß Oesingen 1987.

LUTHER, Martin: Werke. Kritische Gesamtausgabe. Bd. 31 Erste Abteilung. Weimar 1913.

MAIER, Thomas: Baierische Sprichwörter. München 1812.

MAREZOLL, J.G.: Andachtsbuch für das weibliche Geschlecht. Leipzig.

MAREZOLL, J.G.: Predigten vorzüglich in Rücksicht auf den Geist und die Bedürfnisse unsers Zeitalters. Göttingen 1790.

MARX, Karl: Das Kapital Bd. 1. Marx-Engels Werke Bd. 23(MEW) Berlin (DDR) 1972.

MAYER, Franz Xaver: Predigten nach dem Bedürfnisse des gemeinen Mannes. Band 1. München 1786.

MENNE, Edilbert: Leichtfassliche Predigten eines Dorfpfarrers an das Landvolk. Band 1. Augsburg 1793.

MENTZEL, Gerhard: Über die Arbeitssucht. In: Zeitschrift für die Psychosomatische Medizin und Psychoanalyse 25. Jahrgang 1979. Göttingen und Zürich, S.115-127.

MICHL, Anton: Erklärung der festtäglichen Evangelien in kurzen Predigten für das Landvolk. Zweiter Teil. München 1796.

MÖBUS, Annette, SABROWSKI, Anke: Lebensinhalt Erwerbstätigkeit? Berlin 1996.

MONTALBERT, Charles de.: Die Mönche des Abendlandes. 2 Bde. Regensburg 1869.

MÜNCH, Paul (Hg.) Ordnung, Fleiß und Sparsamkeit. Texte und Dokumente zur Entstehung der „bürgerlichen Tugenden". München 1984.

MÜNCH, Paul: Lebensformen in der frühen Neuzeit. Frankfurt a.M. -Berlin, 1992.

MUMFORD, Lewis: Mythos der Maschine. Frankfurt 1977.

NAGEL, PETER: Die Motivierung der Askese in der Alten Kirche und der Ursprung des Mönchtums. Berlin 1966.

NAHRSTEDT, Wolfgang: Die Entstehung der Freizeit. Göttingen 1972.

NASS, Otto: Das Recht auf Feiertagsheiligung. Berlin 1929.

NEGT, Oskar: Lebendige Arbeit, enteignete Zeit. Frankfurt/New York 1984.

NIETZSCHE, Friedrich: Die fröhliche Wissenschaft. Werke in drei Bänden. Bd.2 München 1955.

OHSE, Bernhard: Die Teufelsliteratur zwischen Brant und Luther. Berlin 1961. (Diss.).

OHST, Martin: Pflichtbeichte. Untersuchungen zum Bußwesen im hohen und im späten Mittelalter. Tübingen 1995.

ORDNUNG DES HAMBURGER ZUCHTHAUSES VOM 8. MÄRZ 1622. In: Adolf Streng: Geschichte der Gefängnisverwaltung in Hamburg von 1622 - 1872. Hamburg 1890.

OSCHMIANSKY, Frank; KULL, Silke; SCHMID, Günther: „Faule Arbeitslose?" Politische Konjunkturen einer Debatte. In: WZB-Mitteilungen, Heft 93, September 2001.

OSTWALD, Wilhelm: Der energetische Imperativ. Leipzig 1912.

PALLADIUS: Historia Lausiaca. Kempten 1912.

PASCALE, Blaise: Gedanken. München o.J.

POIGER, Benedict: Predigten für die studierende Jugend: gehalten im Studentenbetsaale zu München. München 1793.

PORSCH, Johann Karl: Über das Betteln: Predigt nach 5. Mos. 15,4. Neustadt an der Aisch 1836.

POST, Werner: Acedia-Das Laster der Trägheit: Zur Geschichte der siebten Todsünde. Freiburg 2011.

PREDIGTEN FÜR BÜRGER UND BAUERN in gemeinfasslicher Sprache. Band 2. München 1793.

PREDIGTEN FÜR HAUSVÄTER UND HAUSMÜTTER, Band 1. Leipzig 1775.

PREDIGTEN ÜBER DIE SONN- U. FESTTAGS-EVANGELIEN DES KIRCHEN-JAHRES: Predigtsammlung ohne Verfasserangabe. Bamberg 1857.

PREDIGTEN ÜBER FREIE TEXTE: Evangelische Zeugnisse süddeutscher Prediger. Stuttgart 1851.

PREDIGTENTWÜRFE ÜBER DIE GANZE CHRISTLICHE MORAL: Ein Handbuch für Stadt- und Landprediger 3 Bde. Liegnitz 1803.

RADBRUCH, Gustav: Zur Einführung in die Carolina In: Die peinliche Gerichtsordnung Kaiser Karls V. von 1532. Stuttgart 1975.

RATZINGER, Georg: Geschichte der kirchlichen Armenpflege. Freiburg 1884.

REINHARD, Franz Volkmar/ HACKER, Johann Georg August: Predigten, Band 6. Reutlingen 1816.

REINHARD, Franz Volkmar: Predigten in den Jahren 1795-1812 bei dem Kurfürstlich- Sächsischen evangelischen Hofgottesdienste. Sulzbach 1804.

REINHARD, Franz Volkmar: Predigten bei dem königlich sächsischen evangelischen Hofgottesdienstes zu Dresden. Sulzbach 1808.

REINHARD, Franz Volkmar: Sämtliche Predigten. 18. Band. Reutlingen 1818.

REINHARD, Franz Volkmar: System der christlichen Moral. Bd.1. Wittenberg 1802.

REINHARDT, Volker: Die Tyrannei der Tugend. Calvin und die Reformation in Genf. München 2009.

RESEWITZ, Friedrich Gabriel: Predigten für die Jugend. Frankfurt und Leipzig 1780.

RESEWITZ, Friedrich Gabriel: Vormittagspredigten. Frankenthal 1784.

RICHEL, Arthur: Armen- und Bettelordnungen. Ein Beitrag zur Geschichte der öffentlichen Armenpflege. In: Archiv für Kulturgeschichte. II. Band Heft 4. S. 393-403.

RIEGER, Georg Conrad: Predigten über auserlesene Stellen des Evangeliums Matthäi. Band 3. Stuttgart 1846.

RIFKIN, Jeremy: Uhrwerk Universum. Die Zeit als Grundkonflikt des Menschen. München 1988.

ROCHOW, Friedrich Eberhard von: Der Kinderfreund. Ein Lesebuch zum Gebrauch in den Landschulen. o.O. 1776.

ROCHOW, Friedrich Eberhard von: Versuch über die Armenanstalten und Abschaffung der Bettelei. Berlin 1789.

ROSKOFF, Gustav: Geschichte des Teufels. Köln 2003.

RUSSELL, Bertrand, Die Kunst des Müßiggangs. Zürich 1950.

RUTHE, Reinhold: Faulheit ist heilbar. Ein Elternratgeber. Wuppertal 1983.

SAAM, Günter: Quellenstudien zur Geschichte des deutschen Zuchthauswesens bis Mitte des 19. Jhdts. Berlin, Leipzig 1936.

SACHSSE, Christoph/Tennstedt, Florian: Geschichte der Armenfürsorge in Deutschland. Vom Spätmittelalter bis zum Ersten Weltkrieg. Stuttgart Berlin Köln Mainz 1980.

SAFFENREUTER, Georg Joseph: Predigten: Predigten auf alle Sonntage des katholischen Kirchenjahres. Band 1. Würzburg 1840.

SATTLER, Georg: Kurze und leichtfassliche Christenlehrpredigten auf alle Sonn- und Feiertage. Band 5. Regensburg 1848.

SCHÄFER, Leopold/ WAGNER, Otto/SCHAFHEUTLE, Josef: Gesetz gegen gefährliche Gewohnheitsverbrecher und über Maßregeln der Sicherung und Besserung mit dem dazu gehörigen Ausführungsgesetz. Berlin 1934.

SCHERER, Augustin: Bibliothek für Prediger: Band 8. Innsbruck 1867.

SCHLINGENSIEPEN-POGGE, Alexandra: Das Sozialethos der lutherischen Aufklärungstheologie am Vorabend der industriellen Revolution. Göttingen 1967.

SCHLUCHTER, Wolfgang: Religion und Lebensführung. 2 Bde. Frankfurt a.. M. 1988.

SCHMIDT, Kurt Dietrich: Grundriss der Kirchengeschichte. Göttingen 1954.

SCHMIDT, Eberhard: Entwicklung und Vollzug der Freiheitsstrafe in Brandenburg-Preußen bis zum Ausgang des 18. Jahrhunderts. Berlin 1915.

SCHOMMARTZ, Philipp Peter: Predigten für den frommen Landmann, auf alle Sonn- und Festtage. Band 1. Augsburg 1779.

SCHREIBER, Horst: Der Wert des Menschen im Nationalsozialismus. In: Andreas Exenberger/Josef Nussbaumer, Von Menschenhandel und Menschenpreisen. Wert und Bewertung von Menschen im Spiegel der Zeit, Innsbruck 2007, S. 83-107.

SCHUBERT, Ernst: Arme Leute Bettler und Gauner im Franken des 18. Jahrhunderts. Neustadt a.d. Aisch 1983.

SCHÜLER-SPRINGORUM, Stefanie: Masseneinweisungen in Konzentrationslager: Aktion „Arbeitsscheu Reich", Novemberpogrom, Aktion „Gewitter" In: BENZ, Wolfgang/DISTEL, Barbara Der Ort des Terrors. Geschichte der nationalsozialistischen Konzentrationslager. Band I: Die Organisation des Terrors, München 2005, S.156ff.

SCHUPPIUS, Johann Balthasar: Sieben böse Geister, welche heutiges Tages Knechte und Mägde regieren und verführen. Zur Abscheuung vorgestellt. In: Ders.: Lehrreiche Schriften, deren sich Beides Geist- als Weltliche, wes Standes und Alters sie auch sind, nützlich gebrauchen können. Frankfurt 1684 S.367-399.

SCHWARZ, Karl: Predigten aus der Gegenwart. Band 2. Leipzig 1862.

SCHWEITZER, Franz-Josef: Tugend und Laster in illustrierten didaktischen Dichtungen des späten Mittelalters. Studien zu Hans Vintlers Blumen der Tugend und zu des Teufels Netz. Hildesheim 1993.

SCRIVER, Christian: Christlicher Seelenschatz in 45 Predigten. Band 2. Stuttgart 1840.

SENETT, Richard: Der flexible Mensch. Die Kultur des neuen Kapitalismus. Berlin 1998.

SINTENIS, Christian Friedrich: Der Mensch im Umkreis seiner Pflichten. Zwei Teile Leipzig 1805-1807.

SOMBART, Werner: Der Bourgeois. Zur Geistesgeschichte des modernen Wirtschaftsmenschen. Reinbek b. Hamburg 1988.

SPURGEON, Charles H: C.h. Spurgeons ausgewählte Predigten. Aus dem Englischen von Balmer-Rinck. Band 2. Basel und Ludwigsburg 1863.

STAATS, Reinhart: Antonius. In: Martin Greschat (Hg.) Alte Kirche I. Stuttgart u.a. 1984 S.236-249.

STEIDLE, Basilius: Die Regel St. Benedikts. Beuron 1952.

STEINERT, Heinz: Max Webers unwiderlegbare Fehlkonstruktionen: Die protestantische Ethik und der Geist des Kapitalismus, Frankfurt am Main /New York: Campus 2010.

STOFFELS, Jos.: Die Angriffe der Dämonen auf den Einsiedler Antonius in: Theologie und Glaube. 2.Jg. 1910. Paderborn 1910. S.721-732 und S.809-830.

STRENG, Adolf (Gefängnisdirektor): Studien über Entwicklung, Ergebnisse und Gestaltung des Vollzugs der Freiheitsstrafe in Deutschland. Stuttgart 1886.

STRENG, Adolf: Geschichte der Gefängnisverwaltung in Hamburg 1622-1872.

STRÖLE, Albrecht: Thomas Carlyles Anschauung vom Fortschritt in der Geschichte. Gütersloh 1909.

STURM, Christoph Christian: Predigten über die Sonntags-Episteln durchs ganze Jahr. Band 1 u. Bd.3 Halle 1774.

STURM, Christoph Christian: Predigten über einige Familiengeschichten der Bibel. Band 2. Hamburg 1785.

TÄGLICHES MORGENGEBET EINES TAGELÖHNERS UND KNECHTES AUF DEM LANDE. o.O. 1776.

TAYLOR, Frederick W:. Die Betriebsleitung insbesondere der Werkstätten. 3. Auflage. Berlin 1914.

TAYLOR, Frederick W:. Die Grundsätze der wissenschaftlichen Betriebsführung. 2. Auflage. München, Berlin 1919.

TELLER, Wilhelm Abraham: Predigten von der häuslichen Frömmigkeit. Berlin 1773.

TEWES, Joseph (Hg.) Nichts Besseres zu tun - über Muße und Müßiggang. Oelde 1989.

THIEL, Helga: Des Teufels Netz, Beobachtungen zur spätmittelalterlichen geistlichen Didaktik. München 1953.

THOMASIUS, Christian: Ausübung der Sittenlehre (1696). Hildesheim 1999.

TILLOTSON, John: Auserlesene Predigten über wichtige Stücke der göttlichen Lehre. Band 1.o.O. 1736. Tübingen 1929.

TREIBER, Hubert/STEINERT, Heinz: Die Fabrikation des zuverlässigen Menschen. Über die „Wahlverwandtschaft" von Kloster- und Fabrikdisziplin. München 1980.

TUGENDBEISPIELE VORZÜGLICH FÜR DIENSTBOTEN. Aus dem Leben der heiligen Zita und des heiligen Isidors. Münster 1835.

UHLHORN, Gerhard: Die christliche Liebestätigkeit. Stuttgart 1895.

UHLHORN, Gerhard: Predigten auf all Sonn -und Festtage des Kirchenjahrs. Hannover 1870.

VEBLEN, Thorstein: Theorie der feinen Leute. Frankfurt a.M. 1986.

VENZKY, George: Verschiedene Arten der geschäftigen Faulheit in der gelehrten Welt. Prenzlau 1752.

VONTOBEL, Klara: Das Arbeitsethos des deutschen Protestantismus von der nachreformatorischen Zeit bis zur Aufklärung. Bern 1946.

WÄCHTER, Carl Eberhard: Über Zuchthäuser und Zuchthausstrafen. Stuttgart 1786.

WAGENMANN, Julius: Einwicklungsstufen des ältesten Mönchtums. Tübingen 1929.

WAGNER, Ignaz: Praktische Predigten für das Landvolk auf alle Sonntage des ganzen Jahres. München 1782.

WAGNITZ, H.B.: Historische Nachrichten und Bemerkungen über die merkwürdigsten Zuchthäuser in Deutschland. Nebst einem Anhange über die zweckmäßigste Einrichtung der Gefängnisse und Irrenanstalten. 2 Bde. Halle 1791.

WALDAU, Georg Ernst: Sammlung vorzüglicher Predigten über alle Sonn-, Fest- und Feiertäglichen Evangelien.1. Teil. Nürnberg 1780.

WALSER, Robert: Ein Vormittag. In: Fritz Kochers Aufsätze. Genf und Hamburg. 1972.

WEBER, Hans-Oskar: Die Stellung des Johannes Cassianus zur außerpachomianischen Mönchstradition. Münster 1961.

WEBER, Hellmuth von: Die Entwicklung des Zuchthauswesens in Deutschland im 17. und 18. Jahrhundert: In: Abhandlungen zur Rechts- und Wirtschaftsgeschichte. Festschrift Adolf Zycha zum 70. Geburtstag. Weimar 1941, S.427-468.

WEBER, Max: Gesammelte Aufsätze zur Religionssoziologie Bd. 1 Tübingen 1988.

WEBER, Max: Die protestantische Ethik und der Geist des Kapitalismus. München und Hamburg. 1965.

WEBER, Max: Wirtschaft und Gesellschaft. Tübingen 1956.

WEBER, Rudolf: Deutsches Armen- und Bettelwesen im 18. Jahrhundert. Köln 1986.

WENDORFF, Rudolf: Geschichte des Zeitbewusstseins in Europa. Opladen 1980.

WENZEL; Siegfried: The sin of sloth. Acedia- In medieval Thought an Literature. North Carolina 1960.

WESTERMAYER, Anton: Bauernpredigten, die auch manche Stadtleute brauchen können. Band 1. Regensburg 1856.

WESTPHAL, Joachim: Faulteufel. Wider das Laster des Müßigganges. 1569.

WINKELHOFER, Sebastian: Vermischte Predigten: Predigten auf die Feste der seligsten Jungfrau. Band 6. München 1832.

WINGREN, GUSTAF: Luthers Lehre vom Beruf. München 1952.

WINTZINGERODA-KNORR, Levin Freiherr von: Die deutschen Arbeitshäuser, ein Beitrag zur Lösung der Vagabonden-Frage. Halle 1885.

WISER, Johann Siegfried: Predigten über weise christliche Erziehung.1. Bd.. Wien 1792.

WISER, Thomas: Vollständiges Lexikon für Prediger und Katecheten. Band 1. Regensburg 1843.

WISER, Thomas: Vollständiges Lexikon für Prediger und Katecheten Band 5. Regensburg 1850.

WISER, Thomas (Hg.): Vollständiges Lexikon für Prediger und Katecheten in welchem die katholischen Glaubens- und Sittenlehren ausführlich betrachtet sind. 13. Band Regensburg 1858.

WISER, Thomas: Der Festtags-Prediger. Band 1. München 1866.

WITTE, Irene M.: F.W. Taylor. Der Vater der wissenschaftlichen Betriebsführung. Stuttgart 1928.

WRIGHT, Lawrence: Clockwork man. London 1968.

WULF, Hans-Albert: „Maschinenstürmer sind wir keine" Technischer Fortschritt und sozialdemokratische Arbeiterbewegung. Frankfurt/New York 1987.

ZANDER, Hans Conrad: Als die Religion noch nicht langweilig war. Die Geschichte der Wüstenväter. Köln 2004.

ZEDLERS UNIVERSALLEXIKON. Leipzig und Halle 1739 22.Band, Spalte 664-671.

ZESEN, Philipp von: Beschreibung der Stadt Amsterdam. In: Sämtliche Werke Bd. 16. Berlin New York 2000.

ZÖCKLER, Otto: Askese und Mönchtum. Zweite Auflage der „Kritischen Geschichte der Askese". Frankfurt 1897.

ZÖCKLER, Otto: Das Lehrstück von den sieben Hauptsünden. München 1893.

ZOLLNER, Johann Evangelist: Predigten für den Bürger und Landmann auf alle Sonn- und Festtage. Band 2. Regensburg 1859.

ZOLLNER, Johann Evangelist: Katechetische Predigten über die katholische Glaubens-, Sitten- und Gnadenmittellehre. Band 2. Regensburg 1865.